아빠의
보물이야기

아빠의 보물이야기

인 쇄 2022년 4월 25일
발 행 2022년 5월 5일

저 자 김원태
발행인 정성택
발행처 maronie

등 록 1981. 5. 21. 제53호
주 소 61186 광주광역시 북구 용봉로 77
전 화 (062) 530-0571~2 마케팅 530-0573
팩 스 (062) 530-0579
홈페이지 http://www.cnup.co.kr
이메일 cnup0571@hanmail.net

값 18,000원

ISBN 978-89-6849-882-4 (93040)

아빠의 보물이야기

김원태 지음

보물상자를 꺼내보며

살면서 우리는 많은 역할을 부여받고 살지만 그 역할의 대상에게 의미 있는 존재가 된다는 것, 더 나아가 선한 영향력을 선사한다는 것이 얼마나 어렵고 소중한 것임을 깨닫게 됩니다. 특히나 오십이 넘는 제자들이 아직도 모임에서 은사님 이야기를 나누며 서로 감사했던 추억을 공유하고, 그분의 한결같았던 열정과 일관된 삶의 여정에 대해 이야기하며 감사할 수 있다는 건 쉽지 않은 일입니다.

교수님 하면 떠오르는 장면이 있는데 준비하신 수업자료를 한가득 들고 땀 흘리며 강의실에 나타나시던 모습입니다. 항상 수업 준비 자료가 많아 학생보다 먼저 오셔서 강의자료를 준비하시고, 수업에 늦는 법도 없으셨습니다. 그때는 그것이 결코 쉬운 일이 아님을 제자들은 몰랐습니다. 본인의 능력이 필요한 곳이라면 언제든 그 자리에 계셨고, 기꺼이 젊은이들의 꿈을 응원하는데 시간과 노력을 아끼지 않으셨습니다. 아나운서가 되고 싶어 하는 제자가 있으면 그것이 한 명이건 몇 명이건 어떠한 대가도 없이 기꺼이 시간을 할애해 주셨고, 학생들이 먼저 지치는 일은 있어도 교수님이 포기하고 그만두는 일은 없었습니다. 최근 전남대 40주년 기념 세미나 토론에서도 아나운서 출신 한 선배가 본인이 아나운서가 될 수 있었던 덕을 교수님께 돌리면서 김원태 교수님의 열정에 대한 감사함을 잊지 못하고 있었습니다.

사진에도 조예가 깊으셔서 사진기자가 되고 싶어 하는 학생들을 모아 보도사진연구회를 이끄셨는데 학과에서 가장 활발한 동아리였습니다. 그 당시 보도사진연구회 출신들의 프라이드는 대단했던 기억이 납니다. 수업 방식은 항상 아이디어가 넘쳐났고, 학생들과 다닌 출사는 셀 수도 없이 많을 것입니다. 교수님이 은퇴하신 후에는 아쉽게도 명맥을 이어가지 못하고 있지만 한때는 전남대 신방과 출신 보도사진기자 학파라고 불릴 정도로 전국적으로 많은 사진기자를 배출하는데 중추적 역할을 해주셨습니다. 동문으로서 참 자랑스러운 부분입니다.

지금이야 익숙한 일일지 모르지만, 아마 전남대에서는 최초로 개인 방송국을 연구실에 차리셔서 수업에 다양하게 활용하셨습니다. 이는 학생들에게 신선한 자극이 되었고 수업 방식도 어느 하나 평범한 것이 없이 항상 창의적인 아이디어가 넘쳤습니다. 미디어를 적극 활용해 학생들에게 다양한 경험과 기회의 장을 열어 주셨습니다. 학교 행사라도 있을라치면 편하게 즐기고 대접받기보다는 행사가 진행되는 동안 열심히 현장을 담으셨고, 수고로운 영상편집 과정도 마다하지 않고 수일 내로 완성작을 만들어 참가했던 사람들에게 큰 추억을 선물해 주시곤 하셨습니다. 은퇴 후에는 드론 촬영한 영상을 보내주셔서 익히 알고는 있었지만 한결같은 모습에 엄지 척을 날리지 않을 수 없었습니다. 항상 새로운 것에 대해 열린 마음과 배움에 대한 열정은 제자로서 고개가 절로 숙여집니다.

여성으로서 인상 깊었던 건 사모님에 대한 존경과 존중이었습니다. 당시 학창 시절 분위기는 지금과 달라서 여성에 대한 배려가 많지 않았고 농담 반 진담 반 여성을 비하하는 발언이 많았던 시절, 문득문득 사모님에 대한 존중과 배려의 모습은 여학생들 사이에서 회

자되곤 했었습니다. 영광스럽게 사석에서 기품 있는 사모님을 뵐 기회가 있었는데 두 분이 주고받는 대화와 배려의 몸짓들을 보면서 나도 저렇게 살고 싶다는 생각을 했었습니다.

아나운서, PD, 국립대 교수라는 직책이 보여주는 화려한 삶의 여정과 달리 권력보다는 평화를, 격식보다는 실질을, 명예보다는 조화를, 본인의 편익보다는 타인에 대한 배려를 항상 선택하셨던 분!

살다 보면 흔들릴 법한 많은 선택과 기회를 맞이했을 텐데 김원태 교수님 하면 누구나 그릴 수 있는 교수님만의 성품과 이미지를 갖는다는 것은 참으로 어렵고 존경스러운 부분이라는 것을 나이가 들수록 깨닫게 됩니다. 책 역시 그 모든 것을 내려놓으시고 '아빠의 보물이야기'라는 조금은 소박한 제목의 책을 출판하신다 했을 때 역시 우리 교수님은 여전하시구나라는 생각이 들었습니다.

항상 새로운 배움에 도전하시고 늘 창조적인 아이디어로 자신의 분야에서 많은 시도를 끊임없이 하셨던, 학생보다 더 학생 같았던, 내 은사님의 삶의 이야기를 아버지의 시각으로 책에 담담히 담아놓으셨습니다. 이제 강단에서 교수님을 뵐 수 없지만, 책으로나마 교수님의 삶의 이야기를 만날 수 있어서 설레고 행복합니다.

살면서 좋은 어른을 만날 수 있다는 것은 더없이 큰 행운입니다. 이 책을 읽으며 독자들도 저와 함께 좋은 어른을 만나는 여정에 함께 하기를 제안하며 글을 마칩니다.

교수님, 오래오래 건강한 모습으로 제자들 곁에 남아있어 주십시오. 감사합니다.

김수정(1988년 입학, 언론학박사)

아빠의 보물이야기

“아빠! 우리집에 놀러와”

“엄마아빠! 결혼사진을 왜 나만 빼고 찍었어?”

이것은 너희들이 자라면서 했던 엉뚱 기발한 말들이다. 내가 너희 4남매를 둔 것을 가지고 어느 동료는 가족적이라기보다는 ‘가축적’이라고 놀린 적도 있었지. 우리는 너희들을 키우면서 매우 행복했었다. 태어나서 첫 울음을 터뜨렸을 때, 스스로 뒤집었을 때, 기고 걷고 뛰게 되어 엄마아빠에게 달려와 품에 안길 때는 세상을 다 안은 것 같은 행복감을 느꼈단다. 옹알이부터 시작해서 엄마아빠를 부르며 말문이 터졌던 4남매가 같이 합창을 했을 때는 천사들의 노래를 듣는 것 같았지. 너희들 넷이서 그렇게 건강하고 씩씩하게 무럭무럭 자라나는 모습을 보는 것은 한 아이를 키우는 부모들에 비하면 4배의 행복이었다.

그런데 경제적으로 매우 힘들었던 때는 딸 셋이 동시에 대학에 다니던 중 IMF가 터졌을 때였던 것 같다. 너희 넷이 모두 영문학을 전공했지만 해외연수는 고사하고 그 흔한 배낭여행도 보내지 못해 미안하기 짝이 없었다. 그렇지만 어려운 가운데서도 매사에 성실하고 창의성이 풍부하게 살아온 너희들이 고맙다.

아빠는 너희들이 뜨거운 가슴 차거운 머리를 가지고 소확행에 만족하는 삶을 살기를 바란다. 그리고 항상 말해왔지만 결과보다는 과정이, 형식보다는 내용이, 금력보다는 실력이 더 소중하다는 것을 새삼 강조하고자 한다. 늘 바른말 고운말을 쓰도록 노력하고 '감사합니다'. '미안합니다'. '사랑합니다.'라는 말을 많이 하기 바란다. 너희들이 동기간에 우애하고 사촌, 손주들과도 자주 어울리는 모습이 참 보기 좋다. 상대방을 격려하고 칭찬하는 참되고 착하고 아름다운 사람이 되어라.

그리고 보니 우리집에는 값나가는 것이 없다. 재산은 물론 저축해 놓은 돈도 없다. 그렇지만 귀한 보물이 있는데 바로 너희들 4남매란다. 너희들은 먹을 것도 입을 것도 용돈도 제대로 챙겨 주지 못했지만 가난은 약간 불편할 뿐이지 결코 부끄러운 일이 아니라는 엄마아빠의 말을 이해하고 잘 따라주었지. 학원에 한번도 보내지 않았지만 너희들은 공부를 열심히 해 원하는 대학에 갔지. 4남매가 결혼한 후 다섯 명의 손주들을 우리 품에 안겨 주었으니 이보다 더 큰 효도가 어디 있겠느냐. 그래서 너희들 4남매는 어느 값 비싼 보석보다 더 귀한 보물이 아닐 수 없다.

나는 우리 보물을 기리기 위하여 흩어져 잊혀지기 쉬운 4남매의 편지를 책에 담아 보존하기로 마음먹었다. 또한 여기에 4남매와 손주들의 의미 있는 날과 귀엽고 아름다운 모습의 사진도 담기로 했다. 편지와 사진을 통해 가족 역사도 되새겨 볼 수 있을 것이다. 그리고 내가 신문 잡지에 기고한 글들도 모아 싣기로 했다.

이 책은 편지 모음, 글 모음, 사진 모음 등 세 분야로 구성했다.

편지 모음은 아빠와 너희들의 편지, 엄마와 너희들의 글, 그리고 지인들과 주고 받은 편지를 모은 것이다. 여기에는 그동안 너희들과의 커뮤니케이션 내용이 그대로 담겨져 있는데 그 당시 우리 가족의 생활상을 들여다 볼 수 있는 귀한 자료가 아닐 수 없다.

글 모음은 내가 칼럼니스트로 신문 잡지에 기고한 글 중 의미있는 몇편을 뽑아서 구성했다. 문화, 정치, 언론, 방송 등에 대한 나의 평론과 논문 그리고 중국문화기행 등이 주요 내용이다. 이 글들은 그때 당시 우리 사회가 어떤 상황에 있었는지, 어떻게 변화해 왔는지를 내 시각에서 본 것으로 부분적으로나마 그때 사회를 비쳐볼 수 있는 거울이기도 하다. 논문은 전공자가 아니면 대체로 읽기에 딱딱한 편이라서 이해하기 쉬운 대중문화 관계 논문 몇 편과 북한언론에 관한 논문을 실었다. 글재주가 딸려 글을 쓸 때마다 수정에 수정을 거듭하면서 썼기 때문에 하나하나가 힘든 작업이었지만 결과물이 나왔을 때는 산고 끝에 탄생의 기쁨을 느끼곤 했다.

'남는 것은 사진밖에 없다'는 말이 있지만 사진 모음에는 여기저기 흩어져 있는 가족 사진들 중 중요한 것들을 한군데로 모아서 정리해 보았다. 요즈음 같은 컴퓨터 시대에 사진을 주고받기는 쉬워졌지만 얼마 안가서 지워져버리고 마는 것은 매우 안타까운 일이다. 4남매의 결혼식 장면은 친척과 친지들의 얼굴을 한자리에서 찾아볼 수 있어 의미가 있을 것이다. 돌사진을 비롯한 너희들의 어렸을 때 모습과 손주들의 자라나는 모습을 기록한 성장 사진들은 과거의 회상과 함께 자료적 가치도 있을 것이다.

가족 간에 주고받은 정감 있는 편지와 하나하나 어렵게 써내려간 글들, 우리 가족의 과거와 현재의 모습이 담긴 사진들이 실린 이 책을 나는 또 하나의 보물이라고 생각한다.

그래, 나의 시대는 가고 나의 생명도 오래 가지 못하겠지만 가족들 간의 따스한 체온과 오늘이 있기까지 내가 겪었던 삶의 조각들이 책 속에서 살아 숨쉰다. 호랑이는 죽어서 가죽을 남기고 사람은 이름을 남긴다고 하지만 나는 이 책을 남기고자 한다. 이 책은 너희들에게 물려줄 정신적 유산이라고 생각하기 바란다.

목차

문화평론

방송비평

학술논문

중국문화기행

아버님께

아버님께 1

아버님 안녕하십니까?

제사와 구정 치르시느라 고생 많으셨습니다. 건강은 좀 어떠신지요. 저희는 오늘 1월 27일 자로 1단계 정착 작업이 끝났습니다. 즉 아파트와 전화, 이곳 미국 은행 계좌 개설, 미국 주민등록증 발급, 도연이 초등학교 입학, 자동차 인수 및 명의 이전, 자동차보험 가입, 미국 자동차 운전면허 시험 합격 및 면허증 발급, USC 남가주대학 교환교수증 및 도서관 출입증 발급, 케이블 TV 설치, SONY 중고TV 17인치, 무선 자동응답 전화기, 시계 라디오, 주요 기본 식기 구입 등. 따라서 이러한 기본적인 정착 작업이 마무리되는 이후 앞으로는 본격적인 현지 적응 작업에 들어가게 될 것입니다.

걱정해 주신 덕분에 현재까지 잘 진행되고 있고 앞으로도 잘 해나갈 것입니다. 이곳에서 크레디트 카드로 물건을 사면 그 청구서가 한국 국민은행 광주지점 통장에서 자동적으로 빠져 나갑니다. 지난 번 비행기 표값은 외환은행에 미리 대금을 넣어두었기 때문에 그것 역시 자동 결제 되었을 것입니다. 이곳에서 현금이 필요할 때는 국민은행 크레디트 카드를 써서 요구를 하면 돈을 줍니다. 엊그제 500불, 한국 돈 40만 원 정도를 크레디트 카드로 인출했으니까 다음 달 중에 국민은행 통장에서 빠져 나갈 것이니 그렇게 아시기 바랍니다. 7만여원의 자동차 세금이나 2만여원의 면허세는 당연히 내야 될 것들이니 가산금을 물지 마시고 내 주시기 바랍니다. 중앙일보 등의 원고료는 국민은행 통장에 넣어 주시면 되겠습니다. 현재까지 약 4,200불이 지출되었고 특히 국제 전화비가 많이 나오는 편이라서 가급적 횟수를 줄여 우리집 이외에는 생략할 생각입니다.

도연이가 고열로 앓은 적이 있으나 지금은 모두가 건강합니다.

다시 소식 드릴 때까지 안녕히 계십시오.

아버님께 2

아버님 안녕하십니까?

제 생일날 전화 주셔서 대단히 감사했습니다. 한국에서도 그랬지만 아침에 지원엄마가 미역국을 끓여 주어 잘 먹었습니다. 전날에는 잡채를 만들어 주었습니다. 요즈음에는 USC 대학의 조교로 있으면서 최근 박사학위(언어학) 논문이 통과된 김정달씨네 가족과 친밀히 지내고 있습니다. 김정달씨는 30대 중반쯤 되는 사람으로 언어학과에서 7년만에 박사학위를 받게 된 사람인데 제 아파트에서 3~4분 내외의 가까운 아파트에서 살고 있습니다. 그런데 알고 보니 그집 부부가 다같이 외대 영어과 출신이어서 우리 부부와 모이면 자연스럽게 영어과 동창회가 되는 셈입니다. 도연이보다 한살 어린 아이와 5살 된 형제가 있어 도연이와도 잘 어울립니다. 그들 부부와 함께 근처 싼 상점에 쇼핑도 하고 근교에 놀러 나가기도 하는데 4월 중순경에는 두집이 1박 2일 캠핑을 가기로 하였습니다.

도연이는 학교에 잘 다니고 있습니다. 도연네 반 30명이 찍은 사진을 동봉합니다. 2학년 교실이지만 도연이를 비롯한 3명이 1학년 2학기 과정을 배우고 있으며, 옆에 미국 여선생은 영어를 가르치는 분입니다. 도연이는 영어도 제법 잘 따라가고 있으며 학교생활이 재미있다고 해서 아주 다행입니다. 학교는 집에서 13분 정도 걸어가면 되는 거리에 있는데 점심은 700원 정도를 내고 사먹게 되어 있습니다.

머리 깎는 비용이 비싸서 (최하 9,000원) 이발 기계를 사서 깎아준 머리를 하고 사진을 찍었는데 지원엄마는 머리 모양이 자연스럽다고 했습니다.

_1993년 미국 LA에서

외할머니의 편지

민은선

도연엄마에게

네 편지와 비디오 그리고 눈썹 그리는 거 다 잘 받고 비디오 참으로 반갑고 기쁘게 아주 친밀감 있게 다들 잘 보았다. 그리고 英和가 전화해서 미국 소식 너무 잘 들었다. 참으로 기쁘다.

막내 사위

비디오 보내주어 너무 고맙게 잘 보았다. 그리고 英和가 도연이가 너무 잘났다고 미국 와서 더욱 美男이 됐다고 아주 칭찬이 대단하다. 그리고 어제 光州에 문안 전화를 했더니 도연이 할아버지도 安寧하시고 지원이도 아주 명랑하게 잘들 있다고 하니 光州 걱정 말고 잘들 있기 바란다. 서울은 잘들 있다.

도연이 보아라

셋째 이모가 아주 우리 도연이가 잘 나고 착하고 귀엽고 아주 칭찬이 끝도 없더라. 아빠엄마와 이모네 식구들과 잘 있고 미국소식 많이 전해 다오. 외할머니네 서울 식구 다 잘 있다. 그럼 잘들 있거라.

영화더러 편지 답장 받았다고 하고 서울은 다 잘 있고 전화로 다 이야기 해서 따로 편지 안쓴다고 전화해라. 영화는 참으로 동기간에 그렇게 고마울 수 없다고 전해 다오.

막내 사위 보게

아버님 모시고 식구들과 다 安寧들 하다니 참으로 기쁘네. 자네가 보낸 대통령 정교수 임명장 참으로 영광스럽고 한없이 고마우네. 이 임명장을 받기 위하여 얼마나 분투 노력을 했나. 인제 모든 식구들이 행복하게 잘 지내게 되었네. 수경이모도 자네 덕으로 대학교수가 되었으니 여러모로 자네는 우리집에 은인일세. 이제야 더 무엇을 바라겠나. 끝도 한도 없는 영광과 행복을 누리게 되었으니 한없는 축복을 비네.

도연아

우리 도연이 아빠가 대통령 임명장을 받았으니 얼마나 기쁘냐. 우리 도연이는 대학총장님 될 것을 할머니는 축원한다. 아무쪼록 몸 건강하고 씩씩하게 자라다오.

도연엄마에게

네가 내조를 잘하고 네 남편이 유능해 이제 점점 더 잘되게 되었으니 축하한다.

이 신문보고 작은 언니 아들 잘 두었다고 축하하기 바란다.

서울은 다 잘 있으니 안심하여라.

_1993년과 2000년 외할머니 민은선 여사의 편지

딸들에게

너희들이 무척 보고 싶구나. 우리가 떠나온 뒤에도 주변 어른들이 너희들과 할아버지께 잘 해 드리는 것을 보고 이웃 사랑이 참 큰 사랑이란 걸 깨닫기 바란다. 너희들도 앞으로 남에게 베풀며 사는 사람이 되어야 한다.

아빠는 USC 대학에서 세미나에도 참가하고 도서관에서 책도 빌려 보면서 자료수집과 연구를 하고 있다. 그런데 우연히 문화 행사에도 접할 기회가 꽤 있었다. 즉 박인수와 이동원의 클래식과 팝의 만남, 금호 현악 4중주단의 실내악 연주, 오페라의 유령이라는 뮤지컬을 이모 내외와 함께 보기로 예약이 되었단다. 관광이 목적이 아니기 때문에 별로 많이 구경한 곳은 없으나 유명한 그랜드 캐년과 디즈니랜드를 2월 초에 갔었다. 여기 그 사진의 일부를 보내니까 보고 나서 따로 보관해 주기 바란다. 그런데 사진으로 보면 모두가 아름답고 멋진 것 같지만 그런 곳을 찍어서 그럴 뿐 미국이 반드시 다 그런 곳, 살기 좋은 곳은 아니니 너무 환상적으로만 보지 않기를 바란다.

지난번에 보내 준 책과 김은 아주 요긴하게 쓰고 있고 명함은 여기서 찍으려고 하니 3만원 돈이 넘어서 보내 달라고 했다. 아빠엄마는 같이 생활비를 절약하려고 싼 곳만 찾아다니며 물건을 구입하려 노력하고 있고 식사도 하루 2식만 하고 있는데 두 끼만 먹는 것은 비만을 피하려는 건강상의 이유도 있다.

이곳의 물가는 전자제품이 너무 싸고 질이 좋아 탐나는 것이 한두 가지가 아니다. 그러나 각종 수리비는 턱없이 높고 안경 값도 한국의 배 이상, 자동차보험료는 80만원으로 한국의 4배, 의료보험료는 240만원 이상이라 의료보험 가입을 못 했다. 전자제품 중에는 컴퓨터가 80

만원 정도면 한국의 160만원 짜리를 살 수 있고 전축도 35만원 정도면 한국에서 90만원 짜리를 구할 수 있으나 경제 사정상 구입을 미루고 있다. 귀국할 때까지 잘 절약하면 한 가지 정도는 살 수 있을지 모르겠다. 그러나 김민환 교수님이나 다른 교수님처럼 대형 냉장고, TV, 세탁기, 건조기, 피아노, VTR, 전자레인지 같은 부피 큰 고가 전자제품은 전혀 살 생각도 능력도 없으니 기대 하지 않도록 하여라. 그렇지만 책이나 기타 논문 자료는 값을 따지지 않고 구할 생각이다.

이곳에도 아빠 친구들이 많고 또 가끔 만나기도 한다. 서울고 17회 동창회원들이 20명쯤 있는데 매달 첫째 주 토요일에 저녁 회식을 같이 한단다. 의사 회계사 등 성공한 친구도 있고 주유소를 경영하는 친구도 있는 등 대부분 안정된 생활을 하고 있다. 그 중 고3 같은 반이었던 친구 부부와 우리 식구 넷이 코리아타운 한식집에서 저녁을 같이 했는데 고등학교 졸업 후 벌써 28년이나 되었지. 그래도 금방 얼굴을 서로 알아볼 수 있었단다.

콜럼비아 시에 있는 환희네와는 가끔 전화를 주고 받고 하는데 우리더러 놀러 오라고 해서 생각 중이다. 비행기로 5시간 걸리고 다시 차로 2시간을 더 가야 하는데 여행비만 80만 원이 넘어 실현하기 어려울 것 같다. 요즘 이곳 생활은 자리가 잡혀가고 이곳 지리와 교통도 많이 알게 되어 큰 불편은 없이 생활하고 있다.

한국 슈퍼마켓이 있어서 된장 고추장 등은 물론 삼양라면도 살 수 있을 정도로 한국물건이 많아 거의 한식으로 해 먹고 지낼 수 있어 좋다. 4.29 흑인 폭동이나 가끔 일어나는 강도 사건 때문에 걱정할지 모르겠으나 매사에 조심하고 있고 밤에는 되도록 외출을 안하고 있으니 안심하기 바란다.

너희들이 이번 기회를 자기 수련의 좋은 기회로 알고 매사에 현명하게 대처하고 있음을 볼 때 매우 매우 대견스럽다. 그러나 건강을 해치지 않도록 조심하기 바란다. 가족 간의 우애와 화목의 중요함을 깨달았다면 그것처럼 큰 소득도 없을 것이다. 그리고 공부 열심히 하느라고 인간 됨됨이, 즉 인격 수양을 소홀히 해서는 안 된다는 점을 명심하여라. 다음 소식 전할 때까지 안녕!

_1993년 미국 LA에서

4남매의 편지

부모님의 결혼기념일을 맞이하여 새삼스럽게 두분의 은혜를 생각해 봅니다. 저희들 어느 정도 주체성 있게 그리고 훌륭하게 잘 컸습니다. 참으로 감사드리고요, 두 분 행복하세요! **_김지원**

결혼이란 사랑의 결합인 동시에 인생의 꽃이라고 생각해요. 그만큼 결혼은 중요한 것이겠지요. 두 분의 이제까지보다도 더 행복한 앞날을 그리며 두 분께 감사와 사랑의 키스를 무한히 (많게) 드립니다. 항상 즐겁고 평안한 나날 보내시고요. 저희들을 더더욱 사랑해 주세요. 결혼기념일 축하드립니다. 멋진 하루 보내세요. **_김문영**

결혼하시고 지금까지 후회 없이 살아오신 점 참으로 행복하시겠어요. 아빠 엄마 항상 건강하시고 즐겁게 살아 가시길 바라겠습니다. 저희들 아직도 어리고 철도 없지만 사랑의 눈길을 보내 주시고 더 많은 관심 가져 주세요. 결혼기념일 축하드립니다. 멋진 하루 보내세요. **_김연주**

어머니 아버지 결혼기념일 축하드립니다. 어머니 저같이 나쁜 아이를 힘드셔도 저를 키워 주셔서 감사합니다. 어머니 아버지 저같이 나쁜 놈을 위해 많은 일을 해 주셔서 감사합니다. 저를 쫓아내지 않으셔서 감사합니다, 아버지. **_김도연**

_1991년

아빠의 편지

오늘 아침 어버이날이라고 너희들이 카네이션에 카드까지 함께 주어 아빠는 무척 기뻤단다. 특히 "이제 저희들도 다 자랐으니 걱정 끼쳐드리는 일을 줄이겠습니다. 이제부터는 엄마, 아빠 두 분의 생활을 즐기세요."라는 대목을 읽고는 웃음이 나왔었지. 그래 너희들이 정말 엄마, 아빠의 입장을 생각해 줄만큼 많이 자란 것 같아 대견스럽구나. 그런데 너희들은 아빠보다는 엄마와 더 친한 것 같던 걸. 사실 세상의 아빠들이 열심히 돈벌어 오면 생색은 엄마들이 다 내고 아이들은 엄마들한테만 고마와 하니 아빠들은 맨날 밑지는 장사만 하고 있는 셈이구나, 허허허. 하지만 얘들아, 아빠들은 웬만한 일은 일일히 내색하지 않지만 엄마들 못지 않게 자녀들을 사랑한단다. 다만 그 표현 방법이 다르고 역할을 분담했을 뿐이지. 즉, 잘못했을 때 야단치고 벌세우는 악역은 아빠들의 몫이요 달래고 위로하는 천사역은 엄마들의 몫이란다. 아빠들이 그렇게 하는 것은 언젠가는 너희들과 헤어져야 하기 때문에 홀로서기를 준비시키는 뜻도 있는 거야. 아빠 사자가 새끼 사자를 벼랑 아래 내버려 두고 혼자 올라 오기까지 돌봐주지 않는 것은 새끼가 미워서가 아니라 오히려 튼튼한 새끼로 길러내기 위해서 그러는 것과 마찬가지란다.

큰애야! 고등학생이 되면서부터 학교가 멀고 공부할 것이 많아 아주 힘들지? 그렇지만 '힘들다'는 말은 '힘이 많이 든다', '어렵다'는 말은 '쉽지 않다'는 말이지 결코 불가능하다는 말은 아니다. 힘들고 고통이 클수록 최선을 다해서 그것을 이겨낸 후 얻게 되는 기쁨은 더욱 크단다. 그래서 어떤 일에 최선을 다하지 않고도 성공했다고 자랑하기보다는 차라리 최선을 다했으나 실패했다고 당당하게 말할 수 있어야 한다.

모든 일은 결과보다는 그 과정이 더욱 중요한 것이고 어려운 일일수록 도전하는 용기가 더욱 필요한 것이란다.

둘째야! 너는 바야흐로 사춘기가 되어 여드름이 나서 고민을 하는 모양인데 너희들이 어느새 이성에 눈뜬 것을 조금도 부끄러워하거나 어색해 할 일도 감출 일도 아니다. 가슴이 따뜻한 사람만이 사랑을 느낄 줄도 베풀 줄도 아는 법이란다. 다만 누구를 사귈 때 어려워 말고 아빠에게 의논하고 물어보고 그러렴. 아빠도 너만한 시절이 있었기 때문에 충분히 이해를 하고 또 여러가지로 도움을 줄 생각이란다.

셋째야! 너는 친구가 별로 없다고 실망하는 것 같던데 너무 걱정할 일이 아니다. 「레파토리는 많아도 힛트곡이 없다」는 말을 들어 보았니? 사귀는 사람은 많아도 그중에서 진정한 친구가 없을 때 쓰는 말이지. 사실 진정한 친구는 어려울 때 돕는 친구이며 그런 친구는 참 드물단다. 즉, 양보다 질의 문제란 말이다. 그리고 네 주위에서 싫어하는 사람, 미워하는 사람을 만들지 말고 사람들의 좋은 점을 발견해서 그점을 칭찬해 주렴.

나는 앞으로 너희들이 책을 많이 읽는 지혜로운 사람, 큰 꿈과 신념을 가지고 실패를 두려워하지 않고 노력하는 사람, 또 물질적인 행복이 아닌 정신적인 행복을 추구하는 사람이 되어 훌륭한 어른으로 성장하기를 바란다.

너희들을 그 누구보다도 그 무엇보다도 사랑하는 아빠로부터.

_1991년 전남일보

김지원의 글

대를 이은 CUB Woman

Call Sign

"이 곡(불의 전차)이 좋겠니, 저 곡(경기병 서곡)이 좋겠니?"
아빠는 TV가 흔치 않던 시절, 서울과 마산 KBS에서 아나운서로서의 대단한 인기를 뒤로하고 PD로 활약 후 아무런 연고도 없는 광주에서 신문방송학과 교수가 되셨다. CUB 주간 교수가 된 아빠는, "전남대학교에 울려 퍼지는 교가나 애국가 등이 너무 옛날 거라 음질도 안 좋고… 해서 전대 합창, 음대생, 오케스트라 등 총동원해 새로 녹음하려 준비 중이다.

Call sign 배경음악 후보도 두 곡으로 좁혀졌는데 네 생각은 어떠니?" "당연히 불의 전차죠! 경기병 서곡은 음악과 음악 사이에 멘트하는게 불안하게 느껴지지만 Chariots of Fire는 아주 잔잔하고 편안하면서도 감동적이에요!" 어렸을 때부터 동화책을 성대모사해가며 배경음악 깔고 녹음하며 자란 나는 자신있게 답했다. 스머프(대광여고 파란 교복에서 따옴) 방송반에서 활동하던 나와 CUB의 인연은 이렇게 시작되었다.

아빠 빽? CUB 덕!!

같은 여고 영진이, 정원이와 CUB 면접에서 만났을 때 환한 미소로 반겨준 것은 역시 스머프 김미경(28기 PD) 선배였다. 대광여고의 일룡엄니가 왔다고, 얌전해 보이나 시간이 갈수록 재밌는 후배이니 PD를 지원하라고 강권하며… 웬만한 전라도 네이티브 스피커 이상으로 사투리를 잘 구사했기에(?) 아나운서를 지망했는데(??) 다시 표준어를 사용하게 된 것은 CUB 아나운서 선배들의 노하우와 실력 덕이었다.

수습 국원 대면식부터 냉혈한 김광식(28기 기자, 같은 아파트) 학년장은 온갖 군기를 잡고 새벽 7시(?)부터 밤늦게까지 일정을 잡아, 60명이나 되는 영문과 95학번 중 장학금 면제(?)라는 불명예의 핑계 거리가 되어주었다. 정문이든 후문 앞이든 "학내를 지나가는 용봉인 여러분 안녕하십니까? 저희는 CUB 29기 수습국원입니다"로 시작해서 바른 언론을 다짐하며 반복해서 외치던 쪽 팔리던^^; 시간들까지도 내가 좀 더 담대해진 원동력이었다. 내가 전 주간 교수 딸이라는게 호기심이 들었을지는 몰라도 선배님들이든 나든, 아빠의 존재는 서로 떠올리지 않았던 듯하다. 오히려 영문과 후배가 된 내 동생이 영자신문사 기자가 되고 언론 3사 통합으로 북경 연수에 같이 갔을 때 내가 쇼맨쉽을 약간만 발휘했을 뿐인데 "문영아, 김지원 선배가 네 친언니라는 걸 믿으라고??? 거짓말도 그럴 듯한 걸 해야지…" 등의 반응이 있기는 했다.

아빠와 친분이 있던 광주KBS방송국 라디오의 이양자 부장님이 자신의 작품 나레이션을 나한테 시켜보고 싶다셔서 응했다가 광주KBS 개국 54주년 기념 다큐멘터리 "섬진강-영·호남 문화를 찾아서"가 KBS 본사에서 작품상을 수상한 덕에 대학 졸업 후 라디오 리포터가 될 수 있었다. 광주·전남지역의 크고 작은 일을 매일 혼자 녹음기 들고 다니며 취재, 녹음, 편집했는데, 월 1～2회로는 "라디오 전국 연결" 등 본사의 전국 방송에 김치대축제나 비엔날레 현장 등에서 생방송으로 인터뷰해서 출연하기도 했다. 5.18 묘지에 김종필 전 총리가 최초로 참배하러 오는 것을 반대하는 목소리가 많던 당시에는 헌화하고 내려가는 총리 일행을 따라잡고 "직접 헌화하신 소감이 어떠신지요?"하며 모두가 숨죽이고 지켜보는 가운데 조심스레 마이크를 건네니, 총리가 경호원들의 제재를 만류하고 "항상 마음은 있었는데 이제야 와보게 되었다…"는 서두로 성의있는 답변을 듣는 특종을 잡기도 했다. CUB에서의 혹독하고(?) 광범위한 체험들이 빛을 발하는 순간이었다.

전주대, 전북대, 경북대, 여수대 등에서 열리는 대학연합행사에도 참여해보고 해마다 선배님 초청으로 광양제철소를 견학하며 먹어본 스테이크 맛은 잊을 수 가 없다. 총장 이·취임식 생중계나 독일의 철학자 하버마스(Jurgen Habermas)를 비롯해 본교를 찾은 국내외 석학의 목소리를 직접 전달하고 학내 문제점이나 자성의 목소리를 - 교직원이나 외부 기관이 아닌 학생 자치로 용봉인의 의견을 직접 듣는 - 이해관계 없는 순수 언론 유지의 중대한 사명 등은 일반 대학생으로서 쉽게 접할 수 없는 전남대학교 방송국원 시절에만 누릴 수 있는 특권이었다.

한번은 미혼모 쉼터를 취재해서 전국 생방송에 내보내기도 했는데 그 때 인터뷰한 기품 있고 아름다운 정옥희 소장님이 7기 아나운서셨다는 것을 알게 되고 얼마나 반가웠는지 모른다. 코리안 타임이 존재하던 시기에도 항상 철저하게 시간을 지키시던 1기 김경천 의원님의 모습을 비롯해서 각계각층의 선후배님들이 자기 자리에서 최선을 다하는 모습이 얼마나 존경스럽고 CUB인으로서 긍지를 갖게 하는지 모른다. 아직 내로라 할 명함이 없는 경우라도 움츠러들 필요는 없다. 지극히 작은 일에 최선을 다하면 큰일을 하게 될 때가 올 것이고, 그렇지 않더라도 자기 위치를 성실히 지키는 것 자체가 더 큰 일일 것이기에.

29기 즈음에…

김광식 학년장으로부터 살아남고 싶어서인지, 2학년이 되었을 때 8~9명밖에 없어서인지, 29기는 특히 하나로 똘똘 뭉쳤다는 표현이 어울린다. 무지 힘든 상황에서도 '태평천하지~'를 연신 외치던 김기욱 기장을 필두로 남상희, 소미정 기자에, 박봉주, 박정원이 PD, 정한주 단독 엔지니어여서 28기와 노윤덕 실무장을 비롯한 27기 선배들은 한 가족과 같았고 OB선배들의 열정과 관심과 사랑 속에 29기는 힘든 것 보다는 추억과 보람으로 하루하루를 살았던 듯하다. 영진, 하영, 민정, 무연과 함께 했던 시간들도 떠오르는데~~. 선배님들이 국내 3위의 드넓은 캠퍼스를 누비며 벌통 스피커를 새 스피커로 교체하느라 수습인 우리가 사다리 붙잡던 일, 방송국 천장 페인트 칠하던 기억도 난다. 특히 PD가 두 명 밖에 없다보니 '아침의 서곡' 뿐만 아니라 단순한 음악 소개 프로그램 같은 경우는 최인희, 조채현, 내가 아나듀서로서 제작 및 진행까지 맡았다.

4차 산업혁명 시대 - 정서적으로 메말라가는 현대시대에 캠퍼스에 울려퍼지는 축하 사연과 신청곡, 방송제와 용봉 가요제 같은 캠퍼스의 낭만을 책임지는 CUB에서 전공 못지 않게 배우고 얻어가는게 많았다. 팝송을 들려주고 가사를 외국인 따라하며 알아가는 'Active English'는 영문과 후배가 안 들어와도 진행할 수 있게 만들어 본 프로그램인데 언어교육원 외국인 섭외 등이 쉽지 않아 아쉽게도 몇 년 못 가 사라졌다고 한다. 30기, 31기 인물들이 들어왔는데 여력이 없어 내가 신경을 못써줘서인지 멋지게들 잘 했고 강형욱은 인터넷 생방송 등 아빠를 많이 도와드려 개인적으로 고마웠다.

말총머리 인희와 나

인희와 나는 단짝이었다. 나처럼 종교란에는 기독교라고 써도 교회에 다니지 않는 것까지 비슷했다. 그런데 전대 후문 근처 좀 큰 교회 다니다 찬양 인도도 하더니 나한테 "하나님이 너를 사랑하시는데 방황 그만하고 주님의 품으로 돌아오지 그러니?" 하는 게 아닌가? 참 나, 하나님이 교회 다니는 사람만 사랑하나? 그냥 성경 읽고 기도도 하고 그러면 되는거 아닌가? 근데 인희가 사회 보게 된 "문학의 밤"에 어쩔수 없이 갔다가 '하나님을 정말 만나고 싶다면 손을 높이 들고 함께 기도해요' 하는 시간에 어찌나 눈물이 많이 났는지… 온 인류 아니어도, 나 한사람을 위해서라도 예수님이 기꺼이 십자가에서 죽어주셨을 거라는 말씀이 감격으로 다가왔다. 캐나다 갔어도 꼬박꼬박 생일 축하 전화를 했었는데 인희는 내 번호를 다시 알려줘도 한 번도 나한테 전화를 안 해서 더 이상 연락을 안한지 오래긴 하지만, 긴 머리를 하나로 묶고 웃을 때마다 옆 사람을 퍽퍽 때리던 인희가 많이 그립다. 그래도 내가 먼저 연락은 안할거야. ㅋㅋ

CUB 이후로…

이렇게 속 좁고 유치한 나지만 CUB 아나운서들이 봉사하던 맹인복지회관에서 소리신문 녹음하던 경험 덕분에 근육병 김진우 시인의 시를 몇 년 전부터 간간히 녹음해드렸는데 「어이이슈」라는 인터넷 방송으로 유명해진 내 동생 도연이 덕에 최근 그분의 시 열편을 제대로 녹음해드리기도 했다. (유튜브에서 "소추 김진우" 검색*^^*)

미혼 시절 목동 영어 강의 후 분당 갔다가 다시 목동으로 운전하는 길이 무지 피곤했는데 "일어나라, 일어나라!"는 외침 덕분에 올림픽대로 중앙분리대 들이받기 직전, 간신히 운전대를 바로잡고 어디서 나는 소린지 봤더니 “잠자고 있는 한국 교회 성도들이여, 일어나라, 깨어나라!”는 각성의 기독교 라디오방송이 마침 나오고 있었다!! 요즘엔 ‘정말 나쁜 사람은 나뿐인 사람’이라는 멘트를 들었는데 내가 얼마나 나만 알고 이기적인지 돌아보는 계기가 되었다. 나 하나만을 생각하고 가족들, 특히 왜소한데 식구들 돌보느라 헌신만 하시는 울엄마를 도와드리기는 커녕 장성해서까지 계속 나몰라라 했던 내 모습을 떠올렸는데 오죽하면 내 동생 연주는 「우리 엄마는 왜?」라는 책(청소년들이 자기 엄마를 이해하도록 설명해줌)까지 썼을까. 근데 울 엄마를 그렇게 만든 게 ‘나뿐 나’였다는 것은 모르는 것 같다. CUB 선후배들 가운데도 나 때문에 상처 받은 분이 있다면 용서를 구할 뿐이다.

법을 전공한 남편은 법학과 신학을 연결시킨 연구로 법학박사를 취득하고, 신학을 공부한 후 작년(2016)에 목사 안수를 받아 강의, 연구, 사역을 병행하고 있다. 하나님이 부르시고 이끄시는 대로 잘 따라가기를 기대한다.

Never Ending…

4학년과 1학년 두 아이 엄마로서, 나는 가정을 잘 꾸려가는게 가장 큰 숙제겠지만 이제 애들도 좀 커서 한숨 돌리고 나니 전처럼 영어강사나 사투리 교정 및 스피치 강사로 돌아가나 하는 생각이 든다. 어느덧 50기까지 이어 온 전대 방송국… 우리 기수만 제일 힘든 줄 알았건만 해를 이어간 흔적을 보니 눈물이 고이고 후배들이 고마울 따름이며, 몇 명 안 되는 기수를 보완해주기 위해 선후배들이 얼마나 고생했을지가 눈에 보이는 듯하다. 힘들었던 만큼 많은 도움이 되더라는 경험담을 들려주며 격려할 수밖에… CUB 50주년 덕분에 안부도 모르고 지내던 가족들과 상봉하는 - 잊고 있던 보물을 되찾은 이상 내가 어디서 무엇을 하든 CUB인으로서, 어려운 시절 열정 하나로 의미있는 일을 함께 한, 그저 이름만 봐도 행복해지는 CUB인들을 떠올리며 더 자신감 있고 활기차게 나아갈 것이다. CUB Forever!!!

_2017년 '전남대학교 방송국 50년사' 중에서
29기 아나운서 김지원

My Little Turtles

Chonnam National University English Magazine 'Tribune' 1998 English Essay Contest Second Prize

Turtles have two different images. One is that of sluggishness and thick-headedness, and the other is of truthfulness and steadiness. Also, in Korea, turtles stand for long life and faith in common sense.

I had a foreign friend who used to learn Korean from me. Because I was proud of my pronunciation, I could teach her Korean with confidence. I enjoyed meeting her once a week and it was very helpful to me. Through my friend, last November, I first met the turtles for the first time. My friend invited me to her place, and showed me her two baby turtles. At first, I was not very fond of them, though I was curious about them. When she decided to return to America because of the high exchange rate, my friend asked me to bring up the two turtles. I couldn't readily agree. I was not sure that I could care for them, changing the water every other day, etc., or that my family would agree.

However, theses were needless fears. My mother suggested that I exchange the bowl for a larger one. She used to say, "I'm afraid of bringing up pets. If they die, I will be distressed at the situation. And living in nature is most desirable for them." But the turtles needed someone who would feed them and change their water, so my mother assented.

The two turtles moved to a larger house. A large fish basin was too expensive, so I bought a plastic Kimchi case instead. It was not transparent, but I was sure they would like it. My mother told me to buy one more to make it easier to change the water. So, my turtles had a bedroom and a dining room. We spread sand in their bedroom and my father added a palm-sized few rocks. I named the turtles 'Gerbuk-i' in Korean, in two different tones. The more I watched them, the cuter they became. My family usually looked at them, lost in appreciating the peaceful view. When my parents visited the countryside, they brought back fresh water.

This year, they had new family. My sister, who lives in Seoul, got a turtle again. It was smaller than other two. Now, our family complained that calling them in different tones was too difficult, and so we gave them new names. The former two are called Tongtong-i, which means 'round,' and Nubtuk-i; which means 'wide.' The new, smaller addition is-Kurbung-i which is 'sometimes dull.' When Tongtong-i and Nubtuk-i first met Kurbung-i, they looked away and even bit the poor thing's foot. But after few days they played together. They often summon conferences and stand in a row in the water. After eating some natural food like lettuce, anchovy, crab, squid, shrimp, etc, they never look forward to eating their artificial feed. Given the natural food, they eat in an even quarrel with each other, or even snatch it out of other's mouth. It looks really cute and lovely.

When we laid them on the floor to change their water, they crept away quickly. Who says turtles creep slow? It must be defamation. We thought it was funny to see their creeping across the floor, but my mother told us not to touch them so often and said "You are enjoying touching the little animal, but they themselves are searching for a refuge so as not to be eaten." One day, all of our family looked for Nubtuk-i here and there. How fearful we were of treading on him by mistake? It took about ten minutes for my brother to find him near the piano. We heaved a sigh of relief.

Now the three turtles are no longer babies. My family is thinking about which place would be the best shelter for them. The two ponds on our campus were rejected immediately. I witnessed students, including elementary school kids, throwing pebbles or rubbish into the pond. And kids often catch fish or turtles with nets just for fun.

My mother suggests a stream as the best place for these small creatures to reside. Is there anybody to inform us of the best place for my friends to live? I wish we could find the finest place and, after setting them free, we may bring up other baby turtles again.

_Kim Ji-won(Senior, English Language & Literature)

김문영의 글

바람의 딸

바람에 영혼을 싣고 이곳 저곳을 달려왔다.
발이 이끄는 대로, 마음이 가는 대로
황량한 사막의 칠흑같이 어두운 하늘 아래
두려움이 나를 채워 바람의 물음만이 나를 불러
물 같은 영혼이 안개처럼 하얗게 스며들어
타오르는 태양 아래 그림자 되어 고독만이 남아

나를 관통하는 질문
나는 어디에서 와서 어디로 가는 걸까
무엇을 위해 살아왔고, 어떻게 살아갈 것인가
무엇을 갖기 위해 무엇을 잃었는가

Who I am
What I am
Who I will be
What I will be

거대한 자연을 앞에 두고 다시 한번 깨닫는다
자연 앞에서 나는 한낱 미물인 것임을
발버둥쳐도 소리쳐봐도 나의 힘은 미약한 것임을

자유롭게 내 발길이 닿는 곳으로
바람처럼 자유롭게 굴하지 않게

속박되지 않고 굴복하지 않고
너무 많은 걱정과 고민 근심은 바람과 함께

사막을 횡단하며 얻은 통찰과 용기,
고독과 싸워가며 얻은 지혜와 자유

I stand cold and powerless,
mother nature so vast and unforgiving.

We are all miniscule in the grand scheme of things,
But we are free, free like the wind, free to roam and be wild

Life is bittersweet and uncertain
But I stand tall, ready to spread my wings and soar,
Free to roar like the fierce wind and comfort like the summer breeze

I am the daughter of wind

Here I am to evade for a while from solitude and be brave.
Roaming the desert, I found myself filled with passion and insight.

To allow myself to be alone
To help myself to stand alone
To fight against solitude
To survive from loneliness

I admit that I sometimes fear the future,
but I will no more fear the future.
Cause I will survive from what hurts me
and I will get over the agonies.

So, I will stay alive and strong.
Cause I am the daughter of wind.

_2021년(김문영 작사 염명섭 작곡 ‘해머링’ 노래)

김문영의 편지

사랑하는 엄마 아빠께

둘째가 늦은 나이에 드디어 결혼을 하게 되었습니다.

엄마 아빠께 정말 효도를 하고 싶었는데 건강하지도 못 했고 돈을 잘 벌지도 못 했고 거의 마흔이 될 때까지 결혼도 하지 못해서 그동안 실망을 많이 끼쳐 드린 것 같아요.

엄마 아빠를 생각하면 항상 눈물이 먼저 나고 제가 속 썩인 것들, 잘 하지 못한 것들이 먼저 생각나요. 마음은 그렇지 않은데 무뚝뚝하고 밖으로 나돌고 친구들하고만 어울리고 집에서는 대화도 잘 하지 않고….

부모님께 싹싹한 둘째 딸이 되고 싶었는데 성격상 잘 되지 않았어요. 그렇지만 마음은 항상 우리 엄마가 최고 우리 아빠가 최고이셨고 항상 감사하고 자랑스럽게 생각해 왔습니다.

결혼을 앞두니 두렵기도 하고 설레기도 하고 내가 잘 할 수 있을까, 잘하려면 어떻게 해야 할까 하는 고민도 많이 하고 있어요. 한 가지 확실한 것은 제가 부자로 살 수는 없을지 모르고 남들에게 떵떵거리면서 화려하게 살 수 있을지는 모르겠지만 누구보다도 행복하게 잘 살 자신은 있어요.

누구보다도 즐겁고 하루하루 주어진 시간들에 감사하며 살 자신이 있어요. 엄마 아빠 키워 주셔서 감사하고요 제가 한 가정을 이룰 수 있는 힘을 주셔서 감사합니다.

앞으로 아기가 태어나고 새로운 가정을 꾸려 가면서 더욱 행복하고 더욱 건강하게 살게요. 엄마 아빠 감사해요. 존경하고 또 존경하고 사랑합니다. 둘째 문영 올림

_2015년 김문영

한국 여성을 대표하는 이름 '82년생 김지영'

김지영. 우리 곁 어디에나 있는 흔한 이름이 2018년 지금 한국 여성을 대표하는 위상을 얻었다. 2016년 출간된 조남주 작가의 <82년생 김지영> 덕분이다. <82년생 김지영>은 2년 만에 100만부 판매를 돌파했다. 2007년 김훈의 <칼의 노래>(2001), 2009년 신경숙의 <엄마를 부탁해>(2008) 이후 9년 만이다. 가슴을 뜨겁게 하는 이순신 장군, 눈시울을 붉히게 하는 엄마가 아닌 평범한 여성의 이야기, 그것도 페미니즘에 대한 백래시가 상당한 한국에서 그야말로 기적 같은 일이다. 이런 기적은 어떻게 가능했을까?

페미니즘 책이 눈에 띄게 팔리기 시작한 것은 2016년이다. 출판계도 깜짝 놀랄 정도의 판매량은 20대를 위시한 여성들이 주도했다. 한국 사회의 여성혐오를 온라인에 국한된 것으로 애써 부정하던 여성들은 강남역 여성 살인 사건을 통해 '말이 칼이 되는 순간'을 목도했다. 범인은 남녀공용 화장실에 숨어서 여섯 명의 남성을 그냥 보내고, 일곱 번째이자 첫 번째로 들어온 여성을 죽였다. 게다가 범인은 "여자들이 나를 무시해서 그랬다"고 밝혔다. 명확한 증거와 자백에도 불구하고 경찰은 조현병 환자가 저지른 '묻지마 살인'으로 규정하여 여성혐오 사건임을 부정했다. 자발적으로 강남역에 모인 여성들은 "살女주세요" "살아男았다"라고 쓴 포스트잇을 붙이며 슬픔과 분노를 표출했다.

강남역 사건을 계기로 여성들은 일상에서 반복적으로 경험하는 차별을 해석할 언어를 갖기 위해 페미니즘 책을 찾기 시작했고, 이때 <82년생 김지영>이 나왔다. 82년생뿐 아니라 세대를 초월해 여성이라면 누구나 겪는 경험을 담은 이 책은 '나를 이해해주고 설명해주는 내 이야기'였다. 여성들은 김지영에 깊이 공감했지만, 김지영과는 달랐다. 김지영은 고립돼 목소리를 잃었지만, 여성들은 적극적으로 자신의 감정과 생각을 말했고, 소통하고, 연대하고, 실천했다. 또한 주위의 남성들에게 자신의 '자서전' 같은 이 책을 선물했다. 강남역 여성 살인 사건으로 여성혐오의 심각성을 비로소 인지한 남성들은 책을 통해 일상화된 여성혐오를 이해할 수 있게 되었다. <82년생 김지영>의 대중성은 자신을 설명하고 주위의 남성들과 소통하려는 여성들에 의해 지지받고 확산됐다.

이렇게 탄생한 수많은 김지영들은 한국 사회에 젠더 문제를 이슈화시키고 견인했다. 강남역 여성 살인 사건 이후 자신들이 경험한 성폭력, 성차별을 지속적으로 공론화해 올해 미투 운동의 기반을 닦았다. 미투 운동을 계기로 다양한 젠더폭력으로 의제를 확대해 디지털성범죄, 데이트폭력 등 지금까지 주목받지 못했지만 심각한 범죄들을 수면 위로 드러냈다. 페미니즘 교육 초·중·고 의무화와 낙태죄 폐지 청원을 올려 정부의 답변을 받아냈고, 혜화역에 수차례 수만명이 모여 불법촬영 편파수사를 규탄했다. 또한 독박육아, OECD 국가 중 부동의 1위인 성별 임금격차 등 노동 이슈를 제기해 아이돌봄 지원법, 남녀고용 평등법 개정안을 비롯한 '김지영법'이 발의됐다.

페미니즘이 대중화, 세력화되는 동안 줄곧 여성들의 곁에 있었던 <82년생 김지영>은 페미니즘의 대명사가 되었다. 따라서 페미니즘에 대한 백래시도 이 책에 집중되고 있다. 책에 대한 폄하, 여성들의 보편적 경험이 아닌 과장이라는 반응, 책을 언급하거나 영화에 출연하는 여성연예인들에 대한 무차별 공격 등이다. 하지만 이러한 백래시로 페미니즘의 대중화, 세력화를 막기는 버거워 보인다. 책이 논란이 될 때마다 판매량은 급증했다.

<82년생 김지영> 100만부 판매는 폭력과 차별에 침묵하지 않고 자신의 목소리를 내려는 '용기', 가부장적인 한국 사회를 변화시키고자 하는 '도전', 여성혐오에 방관하거나 공모했던 자신에 대한 '성찰', 세력화되는 페미니즘에 대한 백래시까지 다양한 씨실과 날실이 엮인 결과물이다. 이 씨실과 날실은 앞으로도 끊임없이 교차되어 한국 사회의 성차별을 공론화하고 논쟁을 만들고 결국 이길 것이다. 김지영들이 아래로부터 성평등 민주주의를 실현시키고 있다.

2018년 12월 2일 경향신문

_김연주(서울시 젠더자문관)

알쏭달쏭 '엄마 퍼즐'

엄마, '엄마'라는 단어를 들으면 뭐가 떠오르나요? 아마도 자애롭고 희생적이고 사랑이 넘치는 이미지가 떠오를 거예요. 하지만 주위를 둘러보면, 아니 그냥 우리 엄마를 생각해 보기만 해도 그런 이미지에 딱 들어맞는 엄마는 굉장히 드물다는 사실을 쉽게 확인할 수 있죠.

저희 엄마도 그래요. 기본적으로는 헌신적이고 사랑이 넘치는데, 항상 그런 것 같지는 않단 말이죠. 아무리 생각해도 저희 엄마는 참 아리송한 것 같아요. 삼십대 중반인 제가 지금까지 엄마 때문에 깜짝 놀랐던 적이 두 번 있어요.

첫 번째 사건은 대학에 합격하고 서울로 오기 전에 광주 살 때 있었던 일이에요. 가족들은 며칠 후면 제가 서울에 간다고 서운해 했지만, 저는 대학 생활에 대한 기대감 때문인지 그다지 서운하지 않았어요. 그날도 여느 날처럼 가족들과 산책을 하는데, 엄마가 뜬금없는 말을 불쑥 뱉었어요.

"연주야, 연대 가지 말고 여기서 대학 다니면서 엄마랑 살자."

저는 제 귀를 의심했어요. 엄마가? 지금 엄마가 한 말이 맞나? 그렇게 '서울대 서울대'를 외치던 엄마였기에 제가 연세대에 합격했을 때 한편으로 실망하면서도 한편으로 정말 기뻐했거든요. 자식을 좋은 대학에 진학시키는 것이 엄마에게 가장 중요한 목표인 줄로만 알았는데, 엄마 입에서 이런 말이 나오다니요. 저는 엄마 말을 듣자마자 '무슨 그런 말도 안 되는 소리를… 이란 생각과 동시에 다른 사람도 아닌 엄마가 연대를 가지 말라고?'라는 생각으로 머릿속이 복잡했어요. 엄마는 아무 대답도 하지 않는 저를 보며 "아무래도 안 되겠지?"라며 체념하는 미소를 지었답니다.

아마도 엄마는 그 말을 할까 말까 수백 번은 고민했을 거예요. 하나 마나 한 소리니 하지 말아야겠다고 다짐해 놓고서, 당신도 모르게 입밖으로 튀어나왔을지도 모르죠. 그런데 이렇게 딸이 엄마 품을 떠나 혼자 서울에 사는 것을 마음 아파했던 엄마였지만, 제가 서울에 온 후에는 언제 그랬냐는 듯이 전화도 하지 않고 어떻게 사는지 들여다보지도 않았어요. 거의 1년에 한 번씩 이사를 하며 기숙사, 하숙집, 고시원, 자취방을 전전했지만 엄마는 한 번도 와 보지 않았어요.

제가 엄마 때문에 깜짝 놀랐던 두 번째 사건은 서울에 온 지 12년이 흘렀을 때의 일이에요. 갑자기 광주 집에서 택배가 와서 열어 보니 갈비니 전이니 여러 가지 음식이 잔뜩 들어 있었습니다.

"어! 엄마가 왜 이런 걸 보냈지? 무슨 일 있나?"

정말로 깜짝 놀랐어요. 그도 그럴 것이 12년 만에 처음으로 엄마가 음식을 보냈으니까요. 저는 부랴부랴 집에 전화를 걸었어요. 따르릉 소리가 어찌나 길게 느껴지던지요!

"엄마, 택배 왜 보내신 거예요?"

"응, 받았구나? 아빠가 냉장고 좀 비우라고 하셔서."

"아-네."

그제야 마음이 놓였어요. 엄마는 그 후로 가끔 음식을 보냈고, 저는 아빠가 또 냉장고를 비우라고 하셨나 보네. 라고 생각했지요.

이렇게 음식도 보내지 않고 전화도 하지 않고 찾아오지도 않는 등 제 생활에 관여하지 않는 엄마의 태도는 초지일관이어서 심지어 제가 결혼 준비할 때도 한 번도 올라오지 않으셨어요.

엄마 없이 혼자서 준비하는 저를 보다 못한 남편 어머니가 이것저것

챙겨 주셨죠. 사실 엄마의 친구들도 서울에 혼자 있는 딸에게 음식도 보내지 않고 찾아가지도 않는 엄마더러 계모 아니냐며 혀를 내둘렀다고 해요.

"도대체 엄마의 본 모습은 뭐지? 그렇게 명문대 타령을 하더니 연대를 가지 말라고? 게다가 연대 가지 말고 같이 살자고 할 땐 언제고 완전히 방치하는 건 또 뭐야? 함께 살 때는 과잉보호하는 엄마 때문에 피곤할 정도였는데 말이야."

저는 이런 엄마를 이해하기가 쉽지 않았어요. 누가 봐도 일반적인 엄마는 아니었으니까요. 도대체 엄마의 비일관적인 태도를 어떻게 설명해야 할지 몰라 고민하곤 했어요. 하지만 그렇게 고민하면서도 엄마에게 대놓고 물어보지는 못했답니다. 엄마와 마음을 터놓고 얘기할 기회도 없었을 뿐더러, 항상 '가족'을 우선시하는 엄마와, 엄마처럼 살고 싶지 않은 저는 가치관이 너무 달라져 있었어요. 게다가 엄마에게 그런 이야기를 하면 제가 서운해하거나 비난한다고 생각할까 봐 걱정이 되기도 했고요.

하지만 엄마의 비일관적인 태도에 대해 꾸준히 고민하다 보니 엄마의 행동들이 퍼즐처럼 조각조각 맞춰지기 시작했어요. 꽤 시간이 흐른 뒤에 저는 이렇게 결론을 내렸답니다. 엄마는 가족을 위해 희생하면서 사는 삶에 자부심을 느끼는 분이다.

엄마는 그 옛날에 대학원까지 졸업한 재원이었고, 서울에서 중학교 교사를 하며 딸 셋을 낳고 키웠어요. 그러다가 아빠가 광주로 직장을 옮기면서 서른세살에 교사를 그만두었죠. 아빠가 외아들이라 반드시 아들이 있어야 한다고 생각했던 엄마는 광주에서 결국 꿈을 이루었어요. 서른일곱에 남동생을 출산하고 4남매를 키우기 위해 전업주부가 되었어요. 아마도 쉽지 않은 결정이었을 거예요. 하지만 할아버지도 모셔야 하고, 갓난아이를 포함해 4남매를 키워야 하는 상황에서 엄마가 다시 직장을 갖기는 어려웠겠죠. 엄마는 자식들을 좋은 대학에 보내는 것으로, 가족을 위해 희생한 삶에 대한 보상을 원했던 것 같아요. 제가 연세대에 합격해서 그나마 엄마의 기대에 부응했지만, 그래도 서울로 대학을 보내느라 어린 딸과 헤어지기는 싫었던 거죠.

그랬던 엄마가 제가 서울에 온 후에는 왜 '방치'를 했냐고요? 그 온 부분이 저 역시도 가장 맞추기 어려운 조각이었어요. 제가 맞춘 퍼즐은 이런 모양입니다. 엄마는 제가 떠난 후에도 할아버지, 아빠, 언니 둘, 남동생까지 다섯 식구를 돌봐야 했어요. 생활이 불규칙한 할아버지와 아빠는 수시로 밥을 차려 달라고 했고, 엄마는 언제 밥을 차려야 할지 모르니 시장도 편하게 다녀오지를 못했어요. 대학에 다니는 딸이 둘이나 있었지만, "시집가면 다 할 테니까 엄마가 할게."라고 말하며 집안일을 시키지도 않았어요. 오히려 아침마다 깨워 주고 도시락까지 싸 줬죠. 금지옥엽 늦둥이 남동생은 겨우 중학생이었고요. 엄마가 다섯 식구를 두고 저 하나 돌보러 서울에 오지 못하는 상황이었던 거예요. 그렇더라도 전화는 할 수 있는 거 아니냐고요? 여기가 엄마의 특이함이 빛을 발하는 부분입니다. 엄마는 전화를 걸거나 찾아오는 것이 혼자 서울에서 공부하고, 생활비와 학비를 벌고, 친구들을 만나느라 정신 없는 저에게 방해가 된다고 생각하는 분이었거든요. 자신의 돌봄이 딸에게 '방해'가 된다고 생각하는 엄마가 세상에 과연 몇이나 있겠어요. 그래서 저도 엄마가 그렇게 행동하는 이유를 파악하기 어려웠던 거고요.

이렇게 이유를 살피고 나니, 엄마의 행동은 다른 사람들이 봤을 때는 명백한 '방치'지만, 엄마로서는 '배려'였다는 사실을 알게 되었어요. 엄마는 그야말로 무소식이 희소식이라고 생각하면서 제가 궁금하고 보고 싶어도 꾹 참았던 겁니다.

한편으로 저 역시 엄마의 태도에 영향을 미쳤다고 생각해요. 자기 자신은 없이 가족을 위해 희생하면서 사는 엄마가 고마우면서도 굉장히 불만스러웠거든요. 원래 전화 통화를 별로 좋아하지 않는 성격인데다. 어쩌다 한번 엄마에게 전화를 하면 "바쁘지? 목소리 들었으니까 됐다. 엄마가 시간 뺏어 미안하다. 바쁠 텐데 얼른 끊을게." 하면서 무슨 죄지은 사람처럼 서둘러 끊어 버리는 모습이 싫었어요. 그래서 엄마에게 전화를 자주 하지 않았죠. 엄마가 그렇게 행동하는 이유가 궁금하고 그런 행동이 이해가 안 됐지만, 엄마의 삶에 관여하고 싶지도 않았고 고집스러운 엄마를 바꿀 엄두도 나지 않았어요. 엄마에게 신경 쓸 시간도 마음의 여유도 없었던 것이죠. 인정하고 싶지 않지만, 어쩌면 엄마 생각대로 엄마가 정말 '방해가 된다고 여기고 있었는지도 모르겠어요.

저는 오랫동안 퍼즐을 맞추면서 이렇게 생각하게 되었답니다. '엄마의 개인적 성향, 우리 집에서 엄마의 역할, '엄마'에 대한 사회의 이미지에 부응하려는 엄마의 노력, 그리고 엄마에 대한 나의 반응이 상호작용하면서 엄마와 나의 특이한 관계가 만들어졌다.'

저를 비롯해 주위 사람들을 봐도 그렇고, 수많은 문학 작품과 드라마와 영화를 봐도 그렇고, 대부분의 사람들이 엄마에게 느끼는 감정은 '애증'인 것 같아요. 사랑하는데 미운 모순적인 감정이죠. 엄마는 날 사랑하는 것 같기도 하고 아닌 것 같기도 하고, 최고의 엄마인 것 같기도 하고 나쁜 엄마인 것 같기도 하고……. 그래서 누구나 어렸을 적에 엄마는 분명히 새엄마일 거야. 친엄마라면 도저히 나한테 이럴 수가 없어. 내일 당장 친엄마를 찾으러 갈 거야! 라는 생각을 한 번쯤은 해 보는 거겠죠. 그러다가 언제 그랬냐는 듯이 역시 엄마가 제일이야. 내 마음을 찰떡같이 알아주는 사람은, 나를 사랑하고 걱정해 주는 사람은 엄마밖에 없어.라고 생각했을 테고요. 그러고선 엄마의 사랑을 의심하고 엄마를 미워했던 자신에게 죄책감을 느끼기도 하고 말이에요.

엄마에게 느끼는 애증이 굉장히 자연스러운 감정이라고 생각해요. 하지만 여러분에게 꼭 당부하고 싶은 말이 있어요. 애증은 자연스러운 감정이지만, 그것이 당연한 관계로 고착되지 않으면 좋겠어요. 제가 엄마에게 애증을 가지고 있으면서도 그것에 대해 엄마와 소통하지 않았던 것처럼 말이에요. 저는 십대 시절에 너무 당연하고 자연스럽게 엄마를 '나를 위해 살아야 하는 존재'로 취급했던 것 같아요. 엄마가 나에게 얼마나 헌신하는지, 내가 원하는 걸 얼마나 해 주는지 따위에만 신경 썼을 뿐, 엄마가 왜 저런 언행을 하는지, 엄마는 오늘 하루를 어떻게 보냈는지, 엄마의 어린 시절은 어땠는지, 엄마는 행복한지 등등에 대해서는 전혀 관심이 없었어요. 엄마가 나의 기대를 충족시켜 주지 못하는 것에 대해 마음속으로 신경질만 내고 있었죠. 또 엄마와 따로 살게 된 스무 살부터는 나 사느라 바빠서 엄마에게 무관심했고요. 엄마는 내가 소홀해도 언제나 나를 사랑해 줄 것이라고 생각해서 항상 제일 뒷전이었죠.

저는 엄마를 정말로 사랑하면서도 엄마와 소통도 하지 않고 엄마를 이해하려고 하지도 않았던 제 자신이 후회스럽고 마음이 무척 아파요. 가족과의 관계는 오랜 시간에 걸쳐 형성되기 때문에 일단 관계가 굳어지면 좀처럼 바뀌기 어려운 것 같아요. 여러분은 저 같은 후회를 하지 않으면 좋겠어요. 『우리 엄마는 왜?』를 읽으면서 '나' 중심적인 엄마와의 관계에서 한 발짝 나와서 엄마를 엄마 자신, 가족, 그리고 사회와 연관 지어 생각해 보기를 바랄게요. 그렇게 하면 아마도 제가 그랬던 것처럼 여러분도 엄마라는 퍼즐을 조금씩 맞출 수 있을 거예요.

2013년 5월

_김고연주 저 '우리 엄마는 왜?' 책 서문

김도연의 편지

부모님께

엄마, 아빠, 잘 지내시는지요. 훈련소 초반에 너무 시간이 없어 편지 한 통, 게다가 어버이날에조차도 아무 연락 못 드려 죄송합니다. 어버이날은 전국 공통이니만큼 2,500명 훈련병 모두에게 통화 기회를 주지 못하는 게지요. 한두 명이면 모르더라도. 통화는 부모님 생신 때만 가능하고 다른 땐 전화기를 잡을 방법이 없답니다. 그 정도로 훈련소 생활은 통제적입니다.

훈련은 견딜만하지만 가족 보고 싶은 것과 이러한 부자유는 견디기 힘들군요. 편하다는 공군이라지만 훈련소는 크게 다를 바가 없군요. 다만 지금 힘든 만큼 자대 생활이 무난하리라 생각하며 위안 삼고 있습니다.

아버지와 어머니 인터넷 편지 잘 받아 보았습니다. 큰 경사입니다. 아무 문제없이 결혼식에, 사랑하는 누나의 인생의 큰 경사를 참여할 수 있지 않습니까. 그런데 요일이 10일이면 토요일인데 요일이 바뀌었다는 것은 장소도 바뀌었다는 뜻인지요? 저 자신이 공군 졸병이기 때문에 식장이 공군회관이냐 아니냐 하는 데 관심이 좀 간답니다.

결혼식에는 정복을 입고 갈 생각입니다. 빡빡 머리에 정장 입을 수는 없고 군에서 보급 받은 정복을 입습니다. 공군은 특별히 '약복'이라 해서 정장 같은 깔끔한 제복을 지급하거든요. 경찰 제복과 흡사한데 꽤 멋지고 깔끔합니다. 부모님이 흡족해 하시리라 생각됩니다. 여튼 지원

누나에게 진심으로 축하한다고 전해주세요. (하핫, 매형이 대위이니 만나면 "필승!"해야 할지 말지 고민입니다.)

저는 이등병으로 출발해서 병장으로 제대합니다. 정우형의 계급이 상당히 높고 제 입장에선 보기 드문 계급입니다. 지금이 전체 6주의 훈련소 기간 중 3주차 마지막 날입니다. 다음 주만 넘기면 좀 여유가 생기지 싶습니다. 그래도 절반을 넘겼으니 끝이 보여 마음이 놓입니다. 제가 639기인데 638기가 정말 부럽군요. 벌써 이등병 계급장(수료해야 비로소 이등병입니다) 받고 수료를 위해 짐을 정리하고 있습니다. 저도 어서 수료해야지요.

걱정을 좀 하셨겠지만 훈련소에서 얻어맞거나 하는 일은 절대 없습니다. 게다가 우리 소대 담당 조교가 워낙 좋은 사람이라 참 행운이란 생각이 듭니다. 다른 소대는 조교 잘못 만나서 육체적으로 정신적으로 고생을 많이 한답니다. 우리 조교들은 사회에서 만났으면 좋은 형, 친구가 됐겠단 생각이 들 정도입니다. 사격이나 유격 등 훈련도 재밌고 무엇보다도 잘 먹고 운동을 많이 하며 잠을 잘 자니 몸이 확실히 건강해지고 있습니다. 비염도 전혀 느껴지지 않을 정도니 안심하셔도 좋습니다.

* 연주누나 인터넷 편지도 잘 봤어. 진짜 반갑더라. 아가들 너무 보고 싶다-

벌써 훈련소 가산점 꽤 받은 것 같습니다. 게다가 이번 기수는 운이 좋아서 운전 직종에서 좋다는 일반/특수 차량 운전 특기만 모집한답니다. 그 둘 중 한 곳으로만 가는 거죠. 그리고 되도록 경기도 오산으로 가려고 열심히 하고 있습니다.

엄마, 아빠. 아들은 이렇게 건강히 열심히 잘 지내고 있습니다. 아무 걱정 마시고 건강히 지내셔야 합니다. 게다가 누나 결혼이라는 경사도 있으니까요.

항상 그립습니다. 빨리 보고 싶습니다. 다음 편지 때까지 편히 계세요.

사랑합니다.

_2006년 5월 13일 공군 훈련병 아들이 올립니다

고정관념을 깨야 한다는 고정관념을 깨자

유튜브를 위시한 뉴미디어 생태계에서 콘텐츠를 하는 이들이 즐겨 쓰는 표현 중 하나로 '고정관념을 깨라'는 주문이 있다. 여기서의 '고정관념'이란 대개 기성 방송의 문법을 뜻하는데 예를 들어 진행자가 정장을 입는다든지, 정제된 자리 배치 속에서 토크를 한다든지, 존댓말을 쓴다든지 하는 것들이다. 위와 같은 '방송적 요소'들을 발견하면 그들은 곧 공격에 나서곤 한다. '왜 고정관념을 깨지 않느냐'면서.

그런데 따지고 보면 콘텐츠가 발달하다 보면 기성 방송의 요소를 닮아갈 수밖에 없다. 양쪽 모두 주목도 높은 콘텐츠를 미끼로 시청자를 낚아 기업체에게 광고를 판매한다는 비즈니스 모델을 공유하는 상황에서 오늘날의 기성 방송이 갖추고 있는 형태는 뉴미디어에 비해 훨씬 오래 고민해 온 결과이기 때문이다. 고정관념 타파를 외치는 이들도 결국 TV 프로그램처럼 자막을 만들고 타이틀을 붙이며 게스트를 초대하고 간접광고를 하고 있다. 이 마당에 무엇이 고정관념이며 타파의 대상인가.

그들이 기성 방송의 노하우로부터 자유로울 수 없으면서도 고정관념 타파에 집착하는 이유는 특별해져야 살아남기 때문이다. 같은 전장에서는 경쟁이 안 되기 때문에 아예 차별화를 강조하며 자신에게 유리한 쪽으로 전장을 옮기고자 하는 전략이다. 이는 분명 훌륭한 전략이지만 이를 추진하는 과정에 '배척'의 키워드가 만연해 있다는 점이 문제다.

정체도 불분명한 고정관념을 깨는 모습을 보여주는 데 사력을 다하는 그들은 오히려 고정관념을 깨는 모습만을 보여줘야 한다는 새로운 고정관념에 갇혀 자신들의 가능성을 스스로 제한하고 있다.

고정관념을 깬다는 것은 말 그대로 모든 사고방식의 존재가치를 인정하는 것이지 그 자리를 새로운 고정관념으로 대체한다는 뜻이 아니다. '방송스러우니까 하면 안 돼'라는 식의 새로운 고정관념이 아니라 '해도 그만, 안 해도 그만'이라는 자유로운 사고방식이 필요하다. '안 된다'보다는 '해도 돼'가 지배해야 뉴미디어답지 않겠나. 자유의 총량이 늘지 않는다면, 그것은 발전이 아니다.

_김도연(2017년 1월 5일, 미디어 스타트업 'BJN' 칼럼 기고)

김도연의 글

유튜브는 죄가 없다

유튜브를 중심으로 뉴미디어의 시대가 도래한 이래 우리는 심심찮게 유튜브 중독에 대한 우려를 접하곤 한다.

특히 문제가 되는 것은 어린 아이들의 경우다. 틈만 나면 부모님 스마트폰 가져다가 유튜브를 틀어대는 자녀들 때문에 학부모들의 걱정이 이만저만이 아니다. 유튜브에 친숙하지 못한 학부모들의 눈에는 그저 다 똑같은 '이상하고 쓸모없는 영상'들일 뿐일 텐데 소중한 자녀가 그런 데 빠져 있으니 걱정이 될 법도 하다.

그런데 생각해 보면 우리 어른들도 어렸을 때는 대부분 크리에이터였다.

필자만 해도 돋보기나 촛농을 이용해서 벌레들한테 '특히 못할 짓'(?)을 많이 했었고 라이터에 모기약 뿌리며 화염방사기라며 갖고 놀다가 친구 눈썹을 태워먹기도 했다. 로켓 폭죽을 지하주차장에 겨누고 쏘질 않나, 물총 살 돈 없어서 페트병으로 물대포를 쏘고 다니질 않나….

주체 못할 호기심과 에너지를 발산하던 나는 스마트폰만 없었을 뿐 영락없는 실험 크리에이터였다.

아마 이 글을 읽는 많은 '어른'들이 공감할 것이다.

가족끼리 소풍이라도 다니고 학교 끝나면 놀이터에서 친구들과 놀고 그랬으니 호기심이 동하면 뭐든지 해볼 수 있었다. 그런데 요즘의 아이들은 그러지 못한다. 집, 학교, 학원이 일상의 대부분인 데다가 늘 공부의 압박을 받고 있지 않은가.

한창 호기심 넘치는 나이에 이것을 풀 길이 없으니 누군가가 대신 해주는 데 관심이 갈 수밖에. 심지어 유튜브에는 없는 게 없다. 그렇게 아이들은 손바닥만한 화면 속에서 어린 날의 호기심을 달래고 있는 것이다.

유튜브 중독이 걱정되는 학부모에게 묻고 싶다.

'당신의 아이가 유튜브를 멀리 하고 그 시간에 무엇을 했으면 좋겠는가?'라고 말이다. 이 질문에 '공부'라고 대답할 학부모가 있다면, 그냥 자녀에게 유튜브를 허락하라고 말하고 싶다. 궁금한 걸 찾아서 배우는 연습을 하는 이 시간을 선행학습으로 채워 봐야 학부모의 초조함만 위안받을 뿐이다.

또 창의력이 제1의 가치가 될 미래 사회를 살아갈 아이들에겐 조금의 도움도 되지 않을뿐더러 미안한 말이지만 장기적인 관점에서 대학 입시에도 악영향을 미칠 뿐이다. 이래 놓고 나중에 창의력마저 학원에 구걸할 것인가.

유튜브 중독이 걱정된다면 그보다 재미있는 현실을 만들어 주자.

자녀들과 시간을 보내고, 집 밖에 함께 나갈 기회를 자주 만들자. 그게 어렵다면 차라리 유튜브 시청 지도를 하자. '이상한' 수준이 아니라 '정말 봐서는 안 될' 수준의 저질 콘텐츠만 걸러내 주자.

어른들이 아이들의 호기심을 억누르며 공부만을 강요하고 있을 때 유튜브는 아이들의 호기심을 채워 주지 않았나. 유튜브보다 재미있고 유익한 현실을 만들어 줄 게 아니라면 이 점에 감사하며 열린 마음으로 시청 지도를 하자. 유튜브는 도구이며 도구는 사람 쓰기 나름이다.

유튜브는 죄가 없다.

_김도연(2018년 5월 8일 '문화뉴스' 칼럼 기고)

사회문화 현상 이해에 좋은 계기

이의정(전남대 신문방송학과 교수)

현대사회를 매스컴에 의해 중재되는 사회라고 부르는데 이론이 없을 줄 안다. 오늘날 매스미디어의 총아라고 하는 텔레비전이 등장했던 1950년대 내지 1960년대까지만 해도 매스미디어의 영향력이 있느냐 없느냐 하는 문제로 논란을 벌였었지만 이제 매스미디어는 세상을 보여주는 창문 구실을 하고 있고 사회의 각 부분을 연결해주는 핏줄과 같은 역할을 담당하고 있다. 미디어의 영향력의 유무는 논의 밖이 되었고 어떻게 하면 이 사회 현상을 올바로 분석하여 대처할 것인가가 주 관심사가 될 것이다.

저자는 주지하는 바와 같이 대중문화 창조의 현장인 방송국에서 실무자로서 10여년을 종사하였고 이제는 상아탑 안에서 과거의 경험과 실력을 바탕으로 매스컴을 통해 놀라운 속도로 확산되고 있는 대중문화 현상을 분석해오고 있다. 이런 점에서 볼 때 저자는 매스커뮤니케이션과 대중문화 현상에 관한 저술을 낼 수 있는 훌륭한 적임자가 아닌가 생각된다. '매스컴과 대중문화'라는 제목의 책자가 저자에게는 지난 20여년 동안 집중했던 인고의 결실이며 동학도들에게는 오늘의 사회문화 현상을 올바로 이해할 수 있는 좋은 계기가 되리라는 점에서 반가운 일이 아닐 수 없다.

'매스컴과 대중문화'는 크게 5부로 나누어져 있다. 1부 대중사회의

문화현상에서는 대중사회에서 나타나는 대중문화와 민족문화의 갈등과 민족문화의 장래에 대하여 제시하고 있고 2부에서는 대중문화로써의 방송문화 현상과 문제점 및 그 대책을 다뤘다. 3부는 자본사회에서 미디어를 지탱해주고 있는 광고와 PR이 갖고 있는 특정 부문에서의 문제점을 고찰하고 그 해결 방안을 나름대로 제시하였다. 한편 4부에서는 1970년대 후반부터 1980년대 초에 이르기까지 한국의 신문과 방송의 윤리문제를 중심으로 하여 언론의 가치관과 철학을 분석하였고 5부는 여러가지 대중문화 현상에 대한 저자의 문화비평을 통해 대중사회의 현상에 대한 저자의 폭넓은 안목을 보여주고 있다.

언론학도뿐만 아니라 오늘의 대중문화 현상에 관심이 많은 독자 제현께 이책의 일독을 권하는 바이다.

_1986년 전대신문

졸업생들에게

그날은 매우 날씨가 좋았었다. 우리 신방과 창설 10주년을 기념하던 작년 10월 15일, 학교 대운동장에서는 졸업생과 재학생들이 하나가 되어 체육행사를 가졌다. 광주 전남은 물론 서울에서도 졸업생들이 많이 참여해 성황을 이루었다.

나는 이날 졸업생들을 만나 매우 반가웠었다. 그동안 결혼한 졸업생도 있었고 직장을 바꿔 연락이 안되던 졸업생도 만났다. 말썽을 많이 피우던 남학생들이 점잖은 언론인이 되어 인사를 했고 햇병아리 같던 여학생들은 의젓하고 멋진 숙녀가 되어 있었다. 선후배가 함께 어울려 정담을 나누고 스포츠를 즐기는 모습은 참말로 보기 좋았다.

그날 재학생과 졸업생, 그리고 우리 교수들은 지난 10년을 되돌아보고 그동안 창설시부터 지금까지 모두가 일심 협력해서 많은 발전을 이루어 왔음을 스스로 기렸다. 그리고, 앞으로 10년은 모두가 도약하는 10년으로 만들 것을 다짐하였다.

올해 들어 이와 같은 다짐과 기대에 어긋나지 않는 좋은 소식이 연이어 들어왔다. 먼저 우리과 졸업생 중에서 두 명이 박사가 되어 돌아온 것이다. 한 사람은 미국에서 또 한사람은 고려대에서 각각 박사학위를 받고 모교에서 후배들을 위해 봉사하게 된 것이다. 그리고 사진전 중에서 가장 권위가 있고 영예스러운 '보도사진전'에서 본과 졸업생들이 대상과 금상을 휩쓴 것은 대단히 명예로운 쾌거였다. 졸업생들이 졸업 후에도 쉬지 않고 열심히 노력하고 있다는 좋은 증거로 재학생들에게 매우 큰 교훈이 되었다.

또 한 가지는 서울에 있는 졸업생들이 소식지를 만든다는 것이었다 각처에서 활동 중인 커뮤니케이션을 전공한 우리과 졸업생들이 소식지를 만든다는 것은 졸업생들 상호간의 튼튼한 끈이 되고 선후배, 사제간의 다리가 되는 매우 중요한 역할을 하는 것이다. 장차 이런 소식지를 바탕으로 전 동문이 참여하는 총동창회보가 조만간 나오길 기대한다.

끝으로 바쁜 중에도 이러한 좋은 기회를 마련한 졸업생들을 진심으로 격려하는 바이다.

_1991년 전남대 신방과 서울동창회보

도연이네 가족 I편을 보고

김용현(전 MBC 방송인)

도연이는 김교수의 1남 3녀 가운데 막내이자 외동아들이다.

지난해 12월, 김교수가 USC교환교수로 오게 됐을 때 그의 세 딸은 광주에 남겨두고 부인과 아들 도연이만 데리고 왔는데 젊은 사람들 답지 않게 아들, 아들 하다가 마침내 얻은 도연이는 얼마나 똑똑하고 귀염성 있는지, 그야말로 '승어부했다'는 인사를 듣기에 충분했다.

김교수와 그의 부인은 그들이 함께 외국어대학 학생이었을 때 방송을 공부한다고 자주 찾아왔던 인연으로 나와는 아주 반가운 해후였었는데 아드모어 4가에 있는 그의 아파트에 초대받은 것은 지난 여름, 어느 일요일 오후였다.

한참 있다가 방안의 불을 끄더니 비디오 한편을 보여주겠다고 하면서 준비된 화면에 스위치를 켰는데 제목이 '도연이네 가족 I편'이었다.

고등학교 2학년생인 큰딸 지원이, 연년생으로 같은 중학교 3학년생인 둘째 딸 문영이와 셋째 연주, 그리고 초등학교 1학년에 다니는 막내 도연이가 출연했고 할아버지와 엄마 아빠가 보조 출연한 이 가족 비디오는 재미도 있었거니와 썩 훌륭한 한편의 다큐멘터리였다.

지금은 신문방송학과 교수지만 한때 방송국 프로듀서 생활을 했던 김교수의 연출 솜씨와 성우를 거쳐 고등학교 교사 경험을 갖고 있는 부인의 해설이 아마추어 경지 이상의 실력으로 돋보이기도 했지만 장기 자랑과 콩트형식을 빌린 작품 속에서 아이들이 워낙 천연덕스럽고 귀엽게 표현을 했는데 특별히 도연이의 연기는 일품이었다.

요즘 집집마다 홈 비디오 카메라가 많이 보급됐는데 그것만으로 관광지만 찍을 것이 아니라 이렇게 주기적으로 가족의 역사를 담아 놓는 일을 한다면 후일에 좋은 기록이 될 수 있을 것으로 생각했다. 그리고 그러한 기록은 실은 고향에서 살고 있는 사람들에게보다도 고향을 떠나와 타국에서 새로운 삶을 시작한 우리 이민자들에게 더욱 필요한 것이고, 어떻게 우리가 이 땅에 와서, 어떻게 피눈물의 생활을 일구어가고 있는가의 기록은 어쩌면 영상보다는 문자가 더욱 진솔할는지도 모른다.

며칠 전에는 우리 주변에서 우리와 같이 힘들게 이민 생활을 개척하다가 세상을 떠난 한 어른을 추모하며 그 가족들이 만든 책 '잡초 속의 잔디'라는 조금은 이색적인 출판기념회가 있었다. 당사자들은 겸양의 뜻으로 그분은 아주 평범한 한국인이라고 했고 그 책 또한 한 평범한 한국인의 애환의 역사라고 했다. 그러나 그것은 그렇지가 않다. 공군정훈감까지 지낸 분이 이민 와서 골동품 수리상과 청소와 가드닝을 한 것부터가 결코 평범하지 않은 것처럼 이 땅에 살고 있는 이민자 어느 누구도 평범한 사람이 아니었기에 그 어려운 결행을 했고, 그 숱한 관문과 고초를 겪어가며 새로운 삶을 살아가고 있는 것이다.

바쁘게 하루를 살아가다가도 문득문득 나는 내 앞의 많은 조상과 그리고 영겁으로 내 뒤를 이을 후손들에게 참으로 끔찍한 일을 저질렀구나 하는 책임 의식을 느낄 때가 자주 있다.

그날 출판기념회에서 있은 배선배의 말씀처럼 우리 이민 1세들은 한 씨족사회를 여는 시조임에 틀림이 없다. 한 가계를 여는 시조로서 우리의 조상과 혈통은 무엇이며 누구, 때, 언제, 무슨 연유로 이 땅에 옮겨와 살게 됐는지를 기록으로 남기는 것은 당연한 의무일 것이다.

한줄한줄 틈나는 대로 우리 가족의 이민사를 엮어 가야 한다. 그리고 거기에는 1993년 여름과 가을에 걸쳐 우리 이민자들 모두가 어떤 어려움을 겪었으며 그 어려움을 마침내 어떻게 극복했는지도 소상히 적혀져야 할 것이다.

김교수 일행도 몇 달간의 LA생활을 끝마치고 새학기 강의를 맡기 위해 지난달 한국으로 떠나고 말았는데 그날 본 '도연이네 가족'은 오랫동안 머릿속에 남아 있을 것 같다.

그들은 돌아가서 5년을 주기로 '도연이네 가족 Ⅱ편'과 'Ⅲ편'을 계속해서 만들겠다고 했다. 모쪼록 건강하게들 살고 이곳을 다녀간 모든 사람들에게 LA 생활이 좋은 기억으로 남기를 바랄 뿐이다.

_1993년 미주 중앙일보

최상철 교수님 안녕하십니까?

학기 초가 되어서 그동안 바빠서 연락을 드리지 못했습니다.

중국에서는 짧은 기간 동안이나마 교수님 덕에 즐겁고 보람있는 며칠을 보냈습니다. 교수님께서 작성해 주신 자료는 모두 귀한 자료입니다만 자료의 성격상 다음과 같은 사항을 보충해 주시면 감사하겠습니다.

1. 조선족 언론은 크건 작건 동북 삼성은 물론 중국 전역에 산재해 있는 신문방송사를 모두 기록해야 합니다. 언론사 중에는 정기적인 잡지를 발행하는 곳도 포함시키기 바랍니다. 교수님께서 '잡지사도 넓은 범위의 언론에 포함되지 않느냐'고 말씀하셨습니다만 그 말씀이 옳습니다. 언론사의 자료수도 적고 하니 잡지도 언론사 조사표와 인명록에 포함시키시기 바랍니다. 크고 작은 조선족 언론은 모두 언론사 조사표를 받으시기 바랍니다.
2. 언론인 인명록은 언론인 명사록이 아닙니다. 퇴직한 언론인은 해당이 안됩니다. 한상네트워크는 현재 활동하고 있는 사람들을 서로 연결해서 도움을 주고자 하는 것이 주목적이기 때문입니다. 부장급 이상 인사는 그 사람이 예술인이나 행정가, 기술직 출신으로 순수 언론인이 아니라 할지라도 현재 언론사의 중요한 직책에 있으면 인명록 작성을 부탁드립니다. 물론 정기적인 잡지사도 포함시키시기 바랍니다.

   참고로 미국에는 800명의 언론인 인명록이 작성 중에 있습니다.
3. 우리가 한상 언론팀과 연변대 신문학과 또는 조문학부와 공동 국제 세미나를 개최하려던 계획은 실현하기 어려울 것 같습니다. 현

재 7월 초순에만 가능한 상황인데 그 때에 그곳에 가고자 하는 선생님들이 다른 일들이 많이 겹쳐 불가능하게 되었습니다. 10월 이나 12월 중에 다시 한번 계획을 잡아 보겠습니다. 그 대신 교수님을 한국에 초청하려고 했습니다.

4. 교수님을 4월 29일과 30일의 국제학술회의에 초청하려고 했으나 아드님의 결혼식이 있어서 참석을 못하신다고 해서 매우 아쉽습니다. 다음기회에 교수님을 초청할 수 있도록 하겠습니다. 아마 2학기에 가능할 것 같습니다. 수집하신 자료는 3월말까지 우편으로 저에게 보내주시기 바랍니다.

안녕히 계십시오.

_2005년 한인언론 공동 연구자 연변대 최상철 교수에게 보낸 편지

김성호 교수님께

'한국언론학의 설계자들' 책을 읽고 언론학자의 한 사람으로서 김성호교수님께 수고 많으셨다는 말씀을 드리고자 합니다.

김교수님이 발행하신 이 책의 내용이 언론학자 누구보다도 내게 큰 도움이 되었음에 감사 말씀을 드리는 바입니다. 왜냐하면 집필자들의 대다수가 같은 시대에 언론학을 공부하고 가르치던 사람들이기도 하지만 설계자들이 나와 인연이 많은 사람들이고 책을 통해 그때 그 시절의 언론 상황을 파노라마처럼 다시 돌이켜 볼 수 있었기 때문입니다. 즉 KBS 시절의 노정팔, 최창봉, 서울대 신문대학원 시절의 김규환, 박유봉, 강현두, 차배근, 연세대 박사과정 시절의 최정호, 학계에 나온 이후 김정기, 정진석, 이광재, 김동철, 김학천, 정대철, 오두범 등 많은 가르침을 받고 학문적 교류를 했던 인사들을 지면을 통해 만나 보면서 back to the future, 과거로 돌아가 그분들과 가까이서 대화를 나누는 즐거움을 누렸습니다.

언론학의 설계자요 선구자였던 원로들의 업적은 물론 그들의 투쟁과 고뇌를 되짚어 볼 수 있어서 감회가 새로웠습니다. 설계자들은 각자 자기 위치에서 척박한 이 땅에 언론학이 뿌리 내리도록 설계하고 가꾸어 언론학의 오늘이 있기까지 밑거름이 되고 견인차가 되셨습니다.

원로들의 업적과 공헌도 다시 새겨봐야 할 내용이 많지만 그분들의 체취와 인간적인 모습을 엿볼 수 있게 집필 방향을 설정하신 것은 매우 독특하고 참신한 기획이라고 생각합니다.

김성호 교수가 집필한 방송계 거목 노정팔 편은 흙 속에 묻힌 진주를 발굴한 것과 같다고 생각합니다. 그분이 우리나라 방송사에 얼마나 큰 일을 했는가를 김교수가 아니면 밝혀내지 못하고 묻혀버릴 뻔하지 않았나 생각합니다.

앞으로 이 책이 언론학자와 언론학도는 물론 일반인들에게도 우리 언론학의 뿌리를 알게 하는 필독서가 되기를 바랍니다.

언론학의 뿌리가 튼튼할수록 언론학이라는 나무는 거목으로 성장할 것입니다.

수고하셨습니다.

_2019년 '한국언론학의 설계자들' 저자 광운대 김성호 교수에게 보낸 편지

50년만의 편지

종태형!

보내주신 그대의 책 '아나운서 이종태입니다'를 잘 읽었습니다.

우리가 1970년 KBS 아나운서 시험에 합격해 동기가 된 이래 무려 50년만에 편지 겸 독후감을 써 보냅니다. 그동안 어느새 강산이 5번이나 바뀌었습니다 그려. 세월이 정말 빠르기도 하지요.

종태형!

그대가 70대 노인이라고 할 수 없는 패기와 정열로 지난 날 아나운서의 초상을 모아 책을 낸 것은 우리들에게 신선한 자극이 아닐 수 없습니다.

이 책은 빛바랜 사진을 보며 지나간 세월을 반추하듯이 아름다운 추억을 되새기게 하고 지워버리고 싶은 아픔은 오히려 보석 같은 추억으로 생생하게 되살아나게 합니다.

종태형!

그대는 이 책에서 KBS 전국구 아나운서로 수십년간 근무하면서 몸소 겪은 그때 그 시절의 방송을 잘 그려내 주었습니다. 물 흐르듯 자연스러운 문장과 이웃집 친구가 들려주듯 다정한 필치로 아나운서로서 겪은 일상을 쉽고 재미있게 표현해서 나도 모르게 책 속으로 빨려 들어갔습니다. 현대사의 물결 속에서 방송을 통해 알려진 수많은 얘기꺼리와 그 속에서 중요한 일익을 담당했던 종태형의 역할이 눈앞에 보이듯이 잘 표현되어 있었고 방송의 꽃인 아나운서만이 누릴 수 있었던 명예와 보람과 더불어 피치 못해 저지른 방송사고 등도 자세하게 서술되어 있었습니다. 그대의 자랑스러운 업적과 영광에 찬사를 보내면서도 그대의 실수와 실패담에 더 많은 공감을 하게 되는 것은 그대가 감추지 않고 가리지 않고 절절하게 진실을 얘기했기 때문입니다.

50년 전 우리는 아나운서 합격자 연수과정에서 처음 만났지요. 종태형의 첫 인상은 중키에 미소가 아름다운 얼굴, 재기 발랄한 눈빛의 충청도 토종 청년이었습니다. 그대는 말도 잘하고 노래도 잘하고 또 유모어가 풍부해서 항상 분위기를 밝게 이끌어 주었습니다. 연수가 끝난 후 각 지방방송국에서 근무하느라고 눈코 뜰 새 없이 바쁘게들 살아 왔는데 어느새 세월이 물같이 흘렀습니다.

우리가 나이가 들어 직장에서 은퇴하고 검은 머리는 백발이 되고 얼굴은 주름살투성이요 이는 빠지고 허리는 아프고 건망증은 심하고 당뇨와 고혈압에 시달리고 주머니는 비어 있고 마누라한테 구박 받는 황혼의 삶을 근근히 이어오고 있는 이 마당에 그대의 책은 아름다운 과거, 순수하고 해맑았던 젊은 시절로 돌아가게 해주었습니다. 우리말과 글을 갈고 닦아 최일선에서 바른말 고운말을 보급하는데 긍지와 보람을 느꼈던 우리에게 이 책은 방송 현역으로 뛰던 일이 바로 어제같이 생생하게 생각나게 해주었습니다. 첫방송을 하던 때의 떨림이 아직도 생생한데 지금도 가끔 꿈에서 마이크 앞에서 뉴스를 하는데 소리가 안 나와 당황하다가 깜짝 놀라 깨는 일도 종종 있습니다.

"그래! 나에게, 우리들에게 참 아름답고 보람있는 아나운서 시절이 있었지." 하고 되뇌이며 읽은 이 책은 종태형의 아나운서 시절 이야기를 다룬 회고록이지만 젊은 날의 초상을 기록했다는 점에서 그대의 자서전이라고 할 수 있겠고 같은 시기 비슷한 경험을 가진 우리 동기들 개인에게도 과거를 비춰 보는 거울이자 우리들의 자서전이라고 하겠습니다,

겉으로 보기에는 화려했지만 허울만 좋고 내실은 빈약한, 열심히 방송해도 허공에 사라져 버리고 남는 것은 없어 더욱 허전한 것이 아나운서의 삶이었습니다. 그래서 아나운서에 대한 기록은 매우 적고 그래서 그대의 책은 더욱 소중한 것입니다.

땅거미가 짙어지는 저녁에 어두울수록 더욱 찬란하게 빛나는 노을처럼 그대의 책은 우리들 노년의 삶을 아름답게 비춰주는 한 줄기 서광입니다.

종태형!

그대가 나이도 넘어서고 코로나 바이러스도 이겨내고 새로운 도전을 감행한 것에 큰 박수를 보냅니다. 이러한 그대의 책을 보면서 새로운 용기와 희망을 갖습니다. 나도, 우리도 할 수 있다는 그대의 외침을 온몸으로 받아들이겠습니다.

다시 만날 때까지 안녕히 계십시오.

_2021년 '아나운서 이종태입니다' 독후감

Dating on Sunday

"college life and a career are not to be allowed at the same time"

By Ing-mo Koo

A stillness was lingering on the deserted campus; the westleaning but yet mercilessly flaring sun was beaming, not very often intermitted by the cotton fields of clouds, which turned my winged-mind to P.B. Shelley, who said,

"It was a bright and cheerful afternoon
Towards the end of the sunny month of June
When the north wind congregates in clouds
The floating mountains of the silver clouds
From the horizon and the stainless sky
Opens beyond then like eternity"

Nobody on the campus might have any idea of who she was, but still all never failed to keep in their minds her mellow voice heard every lunch time weekdays over FBS, the school broadcasting station.

Now working for FBS as an ace talent. the heroine of the voice,

Miss Young-hee Ko, will be sharing the dialogue with this reporter.

"For a few days I enjoyed myself bathing at Daechon Beach with my brother, but did nothing else special during the summer holidays. So far the time always seems to overtake me, leaving me out of control of it," said Miss Ko with a coyish, girlish bright beam full on her face. Only a few words, which were just like the sound of a stream with a variety of change in a deep vale, enabled me to be convinced of her colorful career with such broadcasting stations as MBC, KBS and DBS, as a radio talent largely for children's programs.

"A radio talent must be one who has a rich and diverse voice just right for expressing the varied kinds of characters for all events in a radio drama and the like," uttered a very young but seasoned radio talent in that field.

"As a middle school girl," returned the Kyunggi graduate Miss Ko, now in her first year an English-major, "it had been my ardent dream to go on radio as an actress, and at last it had been realized." Miss Ko went on to add that she had spent lots of her senstive middle and high school days working for the broadcasting stations, mainly for MBC, so nothing memorable in her movable days remained in her heart. In the course of chatting, all of my prejudices, such impressions as arrogance and luxury as ordinary college girls give in general, were clearly stamped out by her coyness and kindness. Rare enough to be seen among the coeds, she was characteristic of simpleness and artlessness in her coiffure, make-up, behavior, and clothing; an always dishevelled front hair shadowing her brow, an inborn countenance far from make-up, a humble character within everyone's easy but sincere acquaintance, and a quiet costume with plain colors.

"While I was reading my dialogue as princess of a radio drama over the radio, I once, being absorbed in my role, read the special effects instructions, There was a big flurry in the station," murmured Miss Ko, looking back over those days.

Even at the end of the date, Miss Ko didn't reveal it but she won top place in the DBS examinations for radio talents last Spring, but her eagerness for college life overpowered her desire for a professional radio career to delay it for the time being maybe until her graduation from the university.

_1967, English Paper "Argus"

FBS와 성우 고영희양

신입생 야유회에서 부른 '사랑의 기쁨'의 기타 반주를 해 준 구식 청년을 사랑하게 되는 김미선. 플래시맨이면 의례 갖는 긍지 때문에 갈등 속을 헤매는 그녀는 현실 도피의 생각으로 파월부대에 지원했다가 산화하는 그 구식 청년을 끝내 잊지 못하는 어쩌면 멜로적이라고도 할 수 있는 내용의 이 방송 드라마가 KBS 주최 전국대학방송극경연대회에서 단체 준우승을, 그리고 김미선 역을 맡았던 고영희 양이 개인 연기 부문에서 우승을 차지했다. 점심시간과 방과 후마다 새소식과 음악을 들려주는 FBS 외대방송국의 출품작 '기타를 맨 구식 청년'(김정식 작, 김원태 연출)이 이러한 영예를 차지한 것은 방송국원 모두의 노력의 결정임은 아무도 부인할 수 없다 하겠다. 특히 개인 연기상을 받은 고양희 양은 천부적인 소질을 타고난 재원. 기성 성우의 연기력과 우열을 가릴 수 없을 정도로 능숙한 연기에 주위에서는 보통 때는 말이 없이 새침하게 지내다가도 마이크 앞에만 서면 얼굴에 생기가 돈다고 그녀의 정열을 귀띔해 준다. "아니에요, 전 늘 부족을 느끼는 걸요. 글쎄 연기자에게 소질이 제일 중요하지만 제겐 그렇게 풍부한 소질이 없는 것 같아요."

중2 때부터 마이크 앞에 서기 시작했으니 벌써 연륜으로만 따져도 고참 측에 드는데도 겸손을 사양치 않는 고양이다. "자기 자신을 흡수시키는데 큰 의미를 갖고 있는 것 같아요. 성우라해서 연극이나 영화배우와 조금도 다른 점이 있을 수가 없습니다." 연기에 대한 고양의 해석이다. 단지 연출가의 구상과 자신의 의견이 맞지 않을 때 조그마한 괴로움을 느낀다는 것. 결국은 연출가의 지시에 따라야만 되지만 그 외에는 드라마처럼 마음에 드는 것이 없다는 듯한 뚜렷한 일가견을 내세운

다. 순진한 여자 그리고 슬픔 때문에 느껴야만 하는 여인의 역이 가장 마음에 들지만 허탈 상태에서 웃는 웃음이 가장 어려운 것 같다고 말하는 고양은 슬픈 역을 해내고 나면 흐뭇한 기분까지 느끼게 된다는 것. 전용 스튜디오를 갖는게 꿈인 고양은 이번 경연대회에서 수상하게 된 것은 방송국원 모두가 힘을 합쳤기 때문이라면서 자신의 명예를 애써 감추고 방송국에 초점을 돌렸다.

8년 전에 발족한 FBS는 빈약한 시설에도 불구하고 계속 활동을 해왔으나 잠시 그 활동이 정체되었던 것만은 사실이었다. 학보사와는 달리 학생회 소속으로 되어 있던 것이 기구 개편으로 작년도에 출판공보부에 소속하게 되어 그 활동의 밝은 전망을 안겨 주긴 했으나 아직도 시설의 빈약으로 방송국원의 의욕을 채우지 못하고 있다. 그러나 68년도에 들어서면서부터 FBS의 방송이 어딘가 활력이 있고 달라진 것 같다는 FBS의 청취자는 누구나 가져 본 인상이었다. 이번 출품 드라마에 연출을 맡았던 현 방송국장 김원태군은 제일 시급한 것은 역시 시설 확충이라면서 대외 방송도 계획 했으면 싶지만 KBS뿐만 아니라 DBS나 TBC에서 개최하는 각 경연대회에서의 제패도 꿈이라고 말한다.

"시설 부족 등 여러가지 핸디캡이 있긴 해도 대학방송이기 때문에 언론 방송의 의의를 살리지 못하는 게 제일 큰 불만입니다. 자유스런 주장, 재학생 의견의 철저한 반영 같은 데 방송에 주력을 쏟았으면 합니다."

아카데미즘과 저널리즘 사이에서 방황하고 있는 대학신문의 운명과 비슷한 대학 방송으로서의 고충을 털어놓는 김군은 방송국 활동에서 오는 피로감 같은 것은 느껴본 적이 없다면서 이는 성우나아 엔지니어, 아나운서, 기자 등 12명의 멤버들이 유대가 좋고 자신의 일처럼 알고 열심히 뛰기 때문이라고 설명, 모두가 국보적인 멤버라고 자랑했다.

_1967년 외대학보

문화 생활 속의 나

가을이 되어서 다행이다. 방학 내내 개강을 기다리는 것은 개강과 함께 가을이 온다고 믿은 까닭이다. 문명이 발달된 후로 여름은 특징을 잃었다.

내가 시골서 자랄 때만 해도 분명 나는 여름을 가장 좋아했다. 그 뜨거운 대낮에 동무들과 매미를 잡고 물고기를 잡고 냇가에서 헤엄을 쳤다. 밤에는 늦도록 멍석 위에 앉아 별을 헤며 얘기하다 잠들어버리던 생각이 난다. 추위를 무척 타는 나는 마땅히 여름을 좋아해야 하련만 서울의 여름은 즐거웠던 기억이 없다. 이번만 해도 친구와 만나 이리저리 다니다가 다방에 가기로 하였다. 찌푸리던 날씨에 드디어 비가 쏟아져 무척 쌀쌀했다. 다방은 많았다. 하지만 들어갈 곳이 없었다. 모두 냉방시설이 너무 잘 돼 있어 들어갈 엄두가 안 난 것이다. 따뜻한 곳을 찾던 우리는 결국 감기에 걸려 무척 고생을 하였다.

나는 문화시설을 별로 좋아하지 않는다. 문명의 발달로 많은 것을 잃은 기분이 든다. 이제는 웬만한 자극 정도는 사람의 눈을 끌지 못한다. 조금 전만 하여도 너무나 애틋하고 아름다운 명화들이 많았다. '바람과 함께 사라지다', '애수', '마음의 행로', '폭풍의 언덕' 등 이루 헤아릴 수 없는 명화들이 나를 영화광으로 만들었다. 그런데 요즘의 영화들은 내용은 별로 없고 놀래주기만 한다. 온갖 기교와 눈요기뿐으로 인간미 넘치는 훈훈한 감정을 찾기가 힘들다.

우리나라도 많이 발전했다. 그런데 나는 오히려 불안 속에 살고 있다. 어쩌면 건물도 그렇게 많고 차도 많은지. 어쩌다 거리로 나가면 나는 언제나 시골뜨기가 되어 소외감을 느끼고 만다. 언제나 나는 식은 땀을 흘리며 주먹을 꼭 쥐고 길을 걷는다. 건망증도 심해졌다. 자꾸만

잊는다. 너무나 시끄러운 거리의 소음과 생활 속의 불안이 기억을 씻어 가 버리나 보다.

가을이 되었다. 여성들의 의상이 바뀌어 간다. 의상이며 구두, 머리 모양 모두가 복고풍으로 되어 간다. 그래도 문화시설만큼은 옛날로 거슬로 올라갈 수 없는 것인지. 더운 여름과 추운 겨울 사이에 선선한 가을을 즐길 수는 없는 것인지. 가을 하늘은 맑기만 하다. 옛날과 다름없이 나에게 위안을 주고 맑은 미소를 던져 주는 것은 저 푸른 하늘과 흰구름과 귀뚜라미 소리뿐이다. 파란 하늘을 바라보며 나는 다시 미소를 짓는다.

_1970년 외대학보

「결혼문화」 역작용 없나

잘못된 결혼 풍습을 바로 잡기 위한 의도에서 기획된 「결혼문화」는 매우 시의적절하다고 생각한다. 이는 독자들이 자신과 주변의 결혼 풍속도를 다시 한 번 되돌아보고 자세를 가다듬는 계기가 될 수 있을 것이다.

그런데 결혼문화」 시리즈가 계속되면 될수록 이러한 기획 의도는 빛을 바래고 오히려 역작용을 낳고 있는 것이 아닌가 하는 의구심을 갖게 한다.

즉 '시어머니 리스트'가 있어서 이를 못해 가면 파혼에 이르게 된다든지 알음알음으로 수천만원짜리 혼수를 암시장에서 구입하는 실태를 보도함으로써 오히려 일반 서민들에게 위축감, 소외감, 열등감마저 느끼게 하는 한편 이들을 흉내 내기 위해 무리한 결혼식을 치르는 결과를 가져올 수 있다.

이보다는 어느 명사가 웨딩드레스 대신에 한복을 입고 결혼한 사례라든지, 파고다 공원에서 결혼하고 하객들에게 소주잔을 권한 어느 시인의 경우라든지, 축의금과 혼수가 전혀 없는 미국의 결혼식, 신랑 쪽이 혼수를 부담하는 중국의 결혼식, 조실부모한 신혼부부가 동네 양로원에 결혼 축의금을 희사한 사례 등 소박하고 내실 있는 얘기들을 발굴, 소개함으로써 결혼문화 쇄신에 앞장서야 하겠다. 그리고 무료로 결혼할 수 있는 공공장소와 학교 강당, 혼잡하지 않으면서도 결혼의 의의를 찾을 수 있는 야외 결혼식과 전통 결혼식 등을 집중 소개해 건전하고 내실있는 결혼식을 하도록 유도해야 한다.

수사반장이라는 범죄 드라마는 범죄를 줄이려는 의도에서 기획되었으나 오히려 범죄 수법을 모방하게 하는 결과를 초래한 바 있다. 그동안 금지되었던 호텔 결혼식이 최근 허가된 이때 그렇지 않아도 체면 때문에 허례허식을 일삼는 국민들에게 이 연재물이 혼수의 단가를 높이고 더욱 사치스런 결혼식을 하게 만드는 결과가 되지 않도록 담당자의 사려 깊은 취재가 요망된다.

_1994년 조선일보, 광주시 북구 우산동 고영희

결혼 모범사례 소개하길

4월 12일자 '조선일보를 읽고'란에 실린 '결혼문화 역작용 없나' 제하의 글에 전적으로 동감한다. 고영희씨가 언급한 바와 같이 기획시리즈 '결혼문화'는 원래 의도한 바와는 달리 그에 따른 부작용이 더 크다고 본다. 이 같은 기획을 할 경우 역작용을 충분히 고려해야 할 것이며 오히려 알려진 명사들의 모범적인 사례를 많이 소개함으로써 잘못된 결혼문화는 무지한 졸부들의 병적인 행태임을 진단하는 쪽으로 방향을 잡았으면 한다.

_1994년 조선일보, 서울시 성동구 광장동 유기옥

알뜰하지 않은 알뜰주부

나는 알뜰주부와는 거리가 멉니다. 왜냐하면 우리가 사는 아파트에서 가장 식료품을 많이 사고 수도물 사용량, 쓰레기 배출량, 가스 사용량이 가장 많은 집이 바로 우리집이기 때문입니다. 웬일로 그렇게 많이 먹고 쓰고 하느냐고 묻는다면 부끄러울 뿐입니다. 처음 우리 동네 슈퍼마켓에 갔을 때 식료품을 이것저것 많이 샀더니

"무슨, 잔치 준비하시나 봐요?"

그러는 것이었습니다. 슈퍼마켓 아저씨는 무엇을 사도 한 아름씩 사는 나에게 사은품이니 덤이니 하는 것을 잘 줍니다. 그래서 이 슈퍼마켓에서는 내가 귀빈 대우를 받습니다.

이렇게 슈퍼마켓에서 귀빈 대우를 받을 수 있는 조건을 우리 식구는 완벽하게 갖추고 있습니다. 먼저 식구 숫자입니다. 우리 집 식구 수는 자그마치 7식구나 됩니다. 보통 핵가족의 두 배인 셈입니다. 그리고 3대가 한집에 삽니다. 시아버님과 남편 그리고 아이가 넷입니다. 주위에서는 아이가 넷이나 된다고 하니까 요즘 세상에 둘도 많은데 웬 네 명이냐고 욕심도 많다고 합니다. 어떤 친구는 우리 집은 가족적이라기 보다는 「가축적」이라고 놀리기도 합니다. 가족 수가 많기도 하려니와 가족들이 하나 같이 키가 크고 몸무게가 많이 나갑니다. 우리 아이들 네 명의 평균키는 168센티이고 세 딸의 평균 몸무게도 평균 체중을 넘습니다. (이건 우리 가족의 일급비밀이기 때문에 더 이상 자세히 쓰지 못함을 이해해 주시기 바랍니다.)

다시 말해서 일반 가정보다 두 배 정도 많은 식구가 각자 두배 정도의 왕성한 식성을 가지고 있어 결국 네배 정도의 생활비가 드는 것입니다. 그래서 자연히 소비도 많고 소비의 결과물(쓰레기)과 소비에 드

는 비용(전기, 수도, 가스)도 단연 많을 수밖에 없습니다.

우리 집은 매일 아침마다 전쟁터처럼 한바탕 난리를 치릅니다. 먼저, 일곱 식구가 제각기 종종걸음을 치며 화장실 한 개를 동시에 사용하고자 하니 보통 어려운 일이 아닙니다. 화장실에 못 가서 지각하는 일도 생기다 보니 할 수 없이 화장실이 두 개인 아파트를 울며 겨자 먹기로 구할 수밖에 없었습니다. 그 다음은 도시락 문제인데 식구들 도시락을 제일 많이 쌀 때는 9개까지 쌌습니다. 몇 년 전만해도 아이들 한 명당 점심 저녁용 두 개씩 여덟 개, 남편 것 한 개 등 9개가 기본이었습니다. 그런데 이 도시락 반찬은 만들기도 힘들지만 설거지하기는 또 얼마나 어렵던지…. 그러나 뭐니 뭐니 해도 우리 식구들 모두가 잘 먹고 건강한 것이 고마울 따름입니다.

교육공무원인 아빠의 빠듯한 월급에서 이 대식구를 부양하고 대학을 세 명 보내려니 솔직히 우리 부부는 허리가 휩니다. 그래서 우리는 백화점 같은 곳에서 파는 값비싼 물건은 아예 구경조차 못합니다. 우리 식구가 가장 잘 가는 곳은 우리 집 근처의 말바우 시장입니다. 매주 2, 4, 7, 9일에 서는 이 도시 속의 시골 시장은 물건이 그저 그래도 하여간 싸서 좋습니다. 아이들의 옷가지는 부도 상품으로 헐값에 파는 것을 삽니다. 세 대학생 딸들도 이곳에서 덤핑 옷을 사는 것을 당연한 것으로 알고 있어 다행입니다. 그러나 속으로는 한창 멋부릴 나이의 딸아이들에게 이런 싸구려 옷만 사 입혀 좀 미안한 생각이 들기도 한답니다. 너희들이 좀 이해해 주었으면 좋겠다는 나의 말을 듣고 딸아이들이 심통 부리지 않고 고분고분 싼 옷을 입어주니 그저 감사할 뿐입니다. 그러나 산뜻한 옷을 입고 발랄하게 지나치는 학생들을 볼 때마다 우리 아이들 모습이 떠오릅니다.

우리 집 알뜰살림의 독특한 또 한 가지는 중고품 인생입니다. 우리 집은 중고품 천지입니다. 자동차도 냉장고도 중고, 컴퓨터도 선풍기도 책장도 찬장도 모두 중고품입니다. 아파트에서 내다 버리는 헌 가방,

헌 책상, 헌옷 등은 잽싸게 우리 집에 들여 놓습니다. 우리나라 사람들은 남이 입던 옷은 잘 입지 않지만 무우 자라듯 빨리 크는 아이들의 옷을 사 댈 수가 없어 어려서부터 중고 옷을 자주 사 입혔고 주위에서 버린 옷도 주워다가 세탁해서 입습니다. 그래서 우리 집은 「폐품재활용 모범 가정」으로 지정을 해도 좋을 정도라고 생각됩니다. 우리 친척들은 의례 안 입는 옷들이 있으면 우리 집에 보내 줍니다. 심지어는 미국 친척도 몇 달에 한 번씩 헌 옷을 한 상자씩 보내 줍니다. 아이들이 그 옷을 입고 나가면 속 모르는 친구들이

"어머! 너, 멋져!"

하며 상표만 보고 무척 부러워한다고 합니다. 또는

"얘! 이 옷 어느 백화점에서 샀니? 색깔도 예쁘고 멋있는데."

하면

"응, 그냥 하나 생긴 거야."

하고 대충 얼버무리면 백화점 외제 옷을 입고 다니는 것으로 여긴다고 합니다. 박봉에 시달리는 남편은 이러한 중고품 인생에 관해 처음에는 체면 문제라며 반대도 많이 했지만 이젠 어쩔 수 없이 체념하고 받아들이고 있습니다.

어느 날 남편은

"우리 집은 중고품 천지야. 마누라도 중고품이 다 됐어."

하고 농담을 던지길래

"우리 집에서 50년 이상 오래 된 귀중한 중고품이 하나 있는데 무엇인지 아세요?"

하고 물었더니 남편은

"아니 우리 집에 그런 귀중한 물건이 다 있나?"

하고 매우 의아한 표정으로 물었습니다.

"그럼요. 있다 마다요. 바로 당신이에요."

하고 말했더니 남편은 껄껄 웃었습니다.

우리 중고품들은 신품들(아이들)을 위해 더욱 알뜰하게 살 생각입니다.

우리 집의 이러한 구차한 생활 방식이 남 앞에 내세우기에는 너무 부끄럽다고 생각되지만 잘못되었다고는 생각하지 않습니다. 우리는 우리 집이 부자가 되고 생활에 여유가 많이 생긴다 하더라도 이러한 절약하는 생활 태도를 계속할 것이고 또 그래야 한다고 생각합니다. 독일이나 일본 등 가정에서는 부자나라 사람들인데도 불구하고 우리 집 보다 훨씬 더 검소하게 산다는 얘기를 들었습니다. 빚지면서까지 풍요롭게 살고자 하면 개인 가정도 파산할 뿐만 아니라 나라도 망하게 될 것입니다. 가정 경제를 건실하게 꾸려 나가기 위해서 뿐만 아니라 IMF 한파를 넘기 위해서도 어느 가정이나 근검절약하는 생활 태도를 가져야 한다고 생각합니다.

알뜰하지 않은, 아니 알뜰하지 못한 알뜰 주부는 누가 뭐래도 자부심을 가지고 절약하는 생활을 계속할 것입니다. 우리 가족의 건강과 행복이 바로 이 작은 내손 안에 있지 않겠습니까?

_1995년 고영희

잃어버린 동요

하늘이 높다. 푸르름이 하루하루 더해 가는 것 같다. 5월 가정의 달이다. 온 가족이 가정의 안전과 행복을 오손도손 의논해보고 이끌어 가기 위해 힘을 모아 볼 계절, 이 같은 가정의 달에 첫 행사로 베풀어지는 것이 해마다 맞는 5월 5일 어린이날이다. 어린이날을 앞두고 우리 젊은 세대가 어린이 문제를 한 번쯤 생각해 보는 것도 바람직한 일이 아닐까.

우선 생각해 보고 싶은 것은 범위를 좁혀 방송국 근무자라는 내 자신의 직업과 관련하여 느껴온 광고노래와 어린이의 관계다. 이에 앞서 일반적으로 따지고 넘어가야 할 일은 우리나라 광고방송의 질적 수준이 어느 선에 와 있느냐 하는 점이다. 광고방송이 질적으로 많이 좋아졌다는 것이 항간의 이야기다. 얼마 전까지만 해도 광고방송 하면 시청자들이 염증을 느껴 다이얼을 돌려 벌이던 것이 예사였으나 근래에는 본 프로그램보다 광고방송이 더 재미있는 경우도 많아졌다. 광고방송이 좋아졌다는 것은 새로운 아이디어를 개발 사용했다는 것을 의미한다. 장터에서 손님을 부르듯이 에코까지 넣어가면서 외쳐대던 낡은 광고 유형이 이젠 거의 사라지고 짧으면서도 재미있고 인상적인 광고들이 나타나 환영을 받고 있다 그래서인지 해외의 국제광고경연대회에서 입상한 작품도 여러 편 생겼다.

광고방송 중에서도 가장 시청자들의 귀를 기울이게 하는 것은 역시 광고노래가 아닐 수 없다. 그것은 짧은 방송시간 내에 간단하고도 외우기 쉬운 가사와 곡조를 방송, 그 노래를 시청자가 따라 부르게 함으로써 시청자 본인은 물론 시청자와 그 시청자의 입을 통해 제3자에게도 간접적으로 알릴 수 있기 때문이다. 그러나 문제는 광고 노래가 제법 많아지자 어린이들이 모이기만 하면 광고노래를 합창하는 것이 예사일처럼 되어버렸다는 점이다. 어린이들이 스타킹이나 브래지어 광고노래를 거침없이 합창하고 있는 게 우리 주변의 실정이 아닌가. 지금 어린이들의 세계에서는 동요가 밀려나고 대신 그 자리에 광고노래가 들어서고 있는 것이다.

광고노래 중에서도 가장 경쟁이 치열한 것은 어린이를 대상으로 하는 것이다. 물론 3B 원칙이라고 해서 광고방송에는 어린이가 좋아하는 Beauty(미인), Beast(동물), Baby(아가)를 등장시키는 것이 효과가 크다고 하지만 광고노래를 가장 즐겨 따라 부르는 층이 어린이들인 만큼 광고주와 제작진이 깊은 배려를 거쳐 만들어내야 할 것이다. 어린이들은 광고노래에 나오는 과자를 입버릇처럼 노래 부르며 부모에게 조르고 그것을 못 사주는 부모에게 불만과 반감을 나타낸다. 또 열등감을 갖게 된다.

광고노래 중에는 동요로 만든 것, 즉 동요에서 소재를 구한 것이 있다. 여기서 동요로 만들었다는 이야기는 동요를 배경음악으로 썼거나 가사 또는 곡조를 일부 변경해서 쓰는 경우를 말한다. 동요를 광고 방송에 사용하는 이유는 새로 광고노래를 작곡하지 않아도 되는데다가 동요는 워낙 잘 알려져 있어 친근감이 크고 거기에 곡조나 가사를 약간 바꾸면 새로운 맛이 나 보급시키기에 유리하기 때문이다.

모 화장품은 10년 전부터 어린이들이 즐겨 부르는 노래 '옹달샘'을 편곡해서 화장품 선전의 배경음악으로 쓰고 있다. 일부 어린이들은 이 노래가 원래 화장품 노래인 것으로 잘못 알고 있는 경우도 있다. 또 '고향의 봄'은 가사 중에 나오는 살구 맛이 난다는 모 제과업체의 사탕 제품 선전에 배경음악으로 쓰였고 '리자로 끝나는 말' 노래는 '통통통자로 끝나는 말은 두통 치통 생리통…' 하는 모 진통제 선전에 쓰여 뭣 모르고 따라 부르는 어린이들의 노래에 낯을 붉히게 된다. 이런 식으로 나가다가는 동요 '송아지'는 '소머리표 ○○○', '반달'은 '반달표 ○○○', '산토끼는 토끼표 ○○○'에 쓰지 말라는 법도 없어 걱정이다. 아무리 광고 노래에 기존 동요를 사용하는 것이 효과적이라 하더라도 동요 자체가 지니고 있는 고운 이미지를 특정 상품의 이미지로 둔갑시켜 어린이들의 꿈의 세계에 먹칠을 해서야 되겠는가.

동요는 모두가 어린이들로 하여금 자연을 사랑하고 부모 형제를 공경하며 고상한 인격과 도덕심을 길러주고 조국애를 일깨워주는 내용으로 되어 있다. 동요는 곧 어린이의 건전한 인간 형성에 영향을 주는 것이다. 어린이들은 광고 노래에 그들의 동요를 빼앗기고 동요 대신 물질문명에 오염된 광고노래를 부름으로써 그들의 건전한 정신 발달과 인격 형성에 커다란 지장을 받고 있다. 심지어 애국가와 새마을 노래는 4절까지 다 외우지 못해도 광고노래는 유창하게 잘 부르는 이 현상은 과연 누구의 책임인가.

5월 가정의 달을 맞이하여 우리는 다 같이 어린이들이 정말로 불러야 할 노래가 무엇인지 한번 생각해 봐야 하겠다. 학교와 가정에서는 재미있고 유익한 동요를 많이 가르치고 공공연하게 광고노래를 부르는 일을 막아야 할 것이다. 그리고 광고노래에 사용된 동요는 원래가 그들의 노래임을 알도록 해 주어야 하겠다. 각 기업체는 어린이들의 구매심을 너무 끌게 하는 방향으로 광고노래를 만들어서는 안된다. 이것은 방송 윤리규정에도 위배되는 것이다(제 78조). 또 동요를 광고노래로 쓰는 일은 기업체의 양심에 비추어 적극 삼가야 할 것이다. 한국 방송윤리위원회는 이미 퇴폐적이고 과대 선전을 일삼는 광고노래를 대폭 방송 금지하거나 개작 지시를 내린 바 있다. 어린이들의 동요를 보호하고 그들에게 해로운 영향을 미친다고 판단되는 각종 광고노래를 한시 바삐 규제해야한다.

우리 모두 다 같이 어린이들에게 그들이 잃어버린 동요를 찾아 주자.
김원태 KBS 해외 2부 프로듀서

_1976년 조선일보

엘비스 프레슬리와 서태지

요즘 우리나라에서는 「서태지와 아이들」이 청소년들의 대단한 인기를 끌고 있다. 인기가요 순위에서도 연속 11주 1위를 하는 대기록을 세웠다. 「서태지와 아이들」은 미국 흑인들을 중심으로 유행되고 있는 소위 랩뮤직을 흉내내어 노래하는 것으로 알려졌다. 현란한 춤과 자유분방한 의상, 미국식 발음의 가사가 그들의 특색이며 빠른 리듬과 템포의 노래로 청소년들에게 크게 어필하고 있다. 공부에 시달리고 억눌려 왔던 청소년들의 감정이 이들에게 한꺼번에 분출되고 있다. 얼마 전 광주에서도 있었던 「서태지와 아이들」의 공연에는 수백명의 경찰이 동원되었다. 행여 「뉴 키즈 언더 블록」 공연 때와 같은 불상사가 일어날까 봐 조바심했고 무사히 공연이 끝나자 모두가 안도의 한숨을 내쉬기도 했다.

서태지에게 열광하는 청소년들을 보면서 나는 엘비스 프레슬리를 좋아했던 젊은 시절을 돌이켜 본다. 이제는 가버린 젊은 날의 추억을 아련히 되새기면서 커피 한잔과 함께 그의 노래를 음미해 본다. 솜처럼 부드럽고 사탕처럼 달콤하면서도 생동감 넘치는 노래로 엘비스 프레슬리는 전 세계의 젊은이들을 사로잡았었다. 이제 중년이 된 우리는 그때 모두가 엘비스 프레슬리의 포로였다. 우리는 사랑의 프러포즈를 할 때는 "Love Me Tender"를 불렀고 연인의 마음을 알 수 없을 때는 "Are You Lonesome Tonight"를, 뜨거운 사랑을 호소고자 할 때는 "Burning

Love"를 불렀다.

며칠 전 엘비스 프레슬리 사망 15주기를 맞이하여 TV에서는 그의 추모 특집을 마련하였다. 오랜만에 흑백화면으로 다시 보는 엘비스 프레슬리는 무덤 속에 있는지 15년이 지난 지금에도 필자의 마음을 흔들어 놓았다. 그의 무덤가에는 지금도 추모행렬이 끊이지 않으며 꽃다발이 마를 새 없이 쌓이고 있는 이유를 나는 알 것만 같다.

엘비스 프레슬리 세대인 우리 중년들은, 물론 세대 차이 때문이겠지만, 서태지에 열광하는 청소년들을 이해하면서도 공감을 느끼지는 못한다. 서태지는 참 귀엽다. 그러나 왜 무대에서 시종 겅중겅중 뛰는지, 랩뮤직을 노래하려면 그렇게 이상한 발음으로 우리말 가사를 읊어야 하는 건지, 또 왜 장님이 아닌데도 검은 안경을 써야 하는지 모르겠다.

그런데 우리 대학생들은 서태지 못지않게 엘비스 프레슬리를 좋아한다고 한다. 오히려 그들은 서태지를 중고등학생들이나 좋아하는 다소 유치한 그룹이라고 생각하는 듯하다. 한세대가 지난 흘러간 노래지만 엘비스 프레슬리의 노래는 대학방송국에서도 가끔 틀어주고 있으며 학교 주변의 다방가에서도 자주 듣게 된다. 레코드 가게에서는 아직도 엘비스 프레슬리의 노래가 잘 나간다고 한다. 세월이 흘러도 많은 사람들의 가슴에 남아 있으려면 서태지도 한때의 인기에만 집착하지 말고 보다 폭넓은 음악성을 보여주어야 할 것이다.

아, 그렇다. 정말 인생은 짧고 예술은 긴 것이다. 엘비스 프레슬리는 갔어도 그의 노래가 우리 곁에 남아 있다는 것은 이 삭막한 세상에 그 얼마나 다행한 일인가?

_1989년 전대신문

화염병과 코스모스

올가을 용봉골 캠퍼스는 유난히도 아름답다. 플라타너스와 은행나무가 곱게 물들어 캠퍼스를 화려하게 수놓고 있고 낙엽이 떨어지는 가로수 옆으로 활짝 핀 코스모스가 가을의 정취를 한껏 더해주고 있다. 올가을에는 학교 안 도로변에 코스모스가 많이 피어 있는 것이 여느 가을과 다른 풍경이다. 지난 봄 학생들이 '박승희 열사'의 넋을 계승하자는 뜻으로 심어 놓은 코스모스 씨가 어느덧 크게 자라 가지마다 꽃망울을 터뜨리게 된 것이다. 민주화를 위해 꽃다운 목숨을 바친 여학생을 추모하는 방법으로는 돌비석을 세우는 것보다도 훨씬 상징적이고 아름다운 방법이다.

요즈음 경찰청의 공공기관 경비병력 감축 지시에 따라 전남경찰청도 광주시청 등 행정기관의 경비병력을 이미 철수시켰고 민자당 광주·전남지부, 미국문화원, 광주지방검찰청 등의 경비병력도 대폭 축소시키거나 철수시키기로 했다고 한다. 이렇게 해서 철수시킨 병력은 민생 치안 분야로 전환, 활용키로 했다. 이러한 검찰청의 조치는 학생들의 시위 자체가 많이 줄었고 화염병을 비롯한 강력한 시위도구들이 대폭 줄어든데도 그 원인이 있다고 한다.

'데모'나 '시위'라는 말은 다 같이 대중에게 어떤 부당한 사실이나 억울한 사정을 '알리고' 유리한 여론을 불러일으키기 위한 행위이다. 일종의 홍보성 커뮤니케이션인 것이다. 그러나 그동안 그러한 알리고자 하는 주제가 화염병에 가려지고 왜곡되는 모습을 수없이 보아 왔다. 특히 화염병과 최루탄의 공방전 속에 경찰관이 죽고 어린 여학생이 심한 화상을 입은 이후 화염병은 시위 학생들에게 매우 불리하게 작용했다. 일부 언론은 화염병을 던지는 학생들을 폭력집단으로 표현하기도 했고 소영웅주의자들로 몰아세우기도 했다. 그리고 집단적 화풀이라고 매도하기도 했다. 나는 이러한 일부 여론을 접하면서 간디의 '사티아그라하'

를 생각하곤 하였다. '사티아그라하'란 간디가 주장한 '비폭력저항운동'을 뜻하는 말이다. 영국인의 폭압에 인도인들이 무력으로 맞섰다면 과연 독립을 이룩할 수 있었을까? 여론을 내편으로 움직이게 하려면, 민중을 내편으로 설득하려면 투쟁적인 방법보다는 평화적인 방법이 효과적이다. 그리고 민중을 움직이지 못하면 어떠한 운동도 성공하기 어렵다.

학생들은 근래에 화염병과 최루탄으로 공방전을 벌이던 전투경찰들과 대학교정에서 친선 축구시합을 하고 농어민을 위한 농수산물 직판장을 설치하며 대학가 주변문화를 정화하자는 캠페인을 벌이는 등 투쟁보다는 평화의 모습을 많이 보여주고 있다.

화염병은 투쟁적, 파괴적 이미지가 있고 코스모스는 평화적, 생산적 이미지가 있다. 사람들은 화염병을 좋아하는가? 코스모스를 좋아하는가? 그리고 당신은 화염병을 만들 것인가? 아니면 코스모스 씨를 받을 것인가?

_1990년 전대신문

술잔 돌리기

"짚방석 내지 마라 낙엽엔들 못 앉으랴. 솔불 혀지 마라(켜지 마라) 어제 진 달 돋아 온다. 아해야 탁주 산채일망정 없다 말고 내어라."

이것은 한석봉(韓石峯)의 술을 노래한 시조이다. 선인들의 술 마시는 멋이 이 시조에서 짙게 풍긴다. 우리 조상들은 이 시조에서 보는 바와 같이 술을 자연과 더불어 음미하는 멋스러움을 지녔다. 술맛이나 술 종류보다도 분위기에 취했으며 권커니 잣거니 하면서도 주도에 어긋나지 않고 예의에 벗어나지 않게 마셨다. 친구와 오순도순 정담을 나누다가 취흥이 도도해지면 시를 한 수 읊곤 했다. 어느 시조, 어느 문장을 보아도 '폭음', '고성방가', '인사불성' 같은 뜻을 나타내는 말은 없다. 심지어 기생들까지도 풍류를 아는 예술가들이 아니었던가.

그런데 현대인들의 술자리는 선인들 같은 풍류와 낭만이 없고 무척 살벌하기까지 하다. 여기서 현대인들의 술자리 불문율을 몇 가지 나열해 보자.

술을 마실 때는 한 장소에 오래 머무르지 않는다. 2차, 3차를 가야 직성이 풀린다. 이곳 저곳 술집을 순례하다 보면 밤이 깊어지게 되고 자연히 술마셨다 하면 귀가가 늦어지는 것이 상례처럼 되었다.

술자리에서는 꼭 노래를 한 곡조 '뽑아야' 한다. 한국은 서양처럼 파티문화가 발달하지 않아 술과 춤이 어우러지는 파티식 술자리는 찾아보기 어렵다. 그렇지만 천성적으로 노래를 좋아하는 것이 한국사람들인지라 술과 노래가 항상 붙어 다닌다. 노래 없이 술을 마셨으면 '노래방'에 가서라도 노래를 꼭 불러야 만이 직성이 풀리는 것이다.

술자리에서는 안주와 함께 누구를 꼭 '씹어야' 한다. 이때 가장 인기있는 안주감은 직장 상사이다. 그러나 직속 상사와 같이하는 자리에서는 더 높은 상사가 공동의 안주감이 된다.

술을 마시면 없던 호기가 생겨난다. 팁도 분별없이 듬뿍 주고 음주운전도 예사로 감행한다. 술은 많이 먹을수록, 특히 독한 술을 잘 먹을수록 남자답다고 생각한다. 그래서 '폭탄주'가 등장한다. 이름 그대로 폭탄주는 인체 건강에 치명적이어서 폭탄주로 인한 사망기사가 심심찮게 나오는데도 말이다.

각 개인의 주량과는 상관없이 뿌리 깊은 전통인 술잔 돌리기를 빼놓지 않는다. 자기 차례가 왔을 때 사양하면 안된다. 그래서 '노털카'라는 말도 생겼다. '노털카'란 돌아가는 술잔을 받으면 상에 놓지도 말고 마시고 난 빈 잔을 털지도 말고 '카–'하는 소리를 내지도 말아야 한다는 것이다. 이것을 어기게 되면 벌주 한잔이 또 돌아온다.

이렇게 해서 과음하게 되면 횡설수설하고 아무데서나 자기도 하며 남의 집 아파트를 자기 집인 줄 알고 들어가기도 하는 등 각가지 술주정이 나오게 된다. 그런데 모든 술주정은 화제꺼리가 되며 그 정도가 아무리 심했어도 다음날 술깬 사람이 '술때문에' 실수를 했다고 하면 너그러이 용서를 해준다. 이때 그 술꾼을 나무라면 속 좁은 사람 취급을 받는다.

어쨌든 현대인들은 빨리 빨리, 많이많이 마시느라고 매우 바쁘다. 몇 년전 술집 영업시간이 밤 12시까지로 앞당겨진 후부터는 그전보다 '더 빨리', '더 많이' 마시게 되었다.

한 해 동안의 술 소비량을 보면 한국인은 노소를 가릴 것 없이 한해에 소주로 78병씩 마신 셈이며 맥주로는 350병씩 마신 셈이라는 통계가 나왔다. 이러한 음주량은 매년 계속 늘어나는 추세에 있다고 한다. 결국 현대인들이 이와 같이 술을 많이 마시는 이유는 술맛을 즐기며 마음 맞는 친지들과 담소하기 위한 것이 아니라 한마디로 스트레스를 풀기 위한 것이라고 한다. 그러나 스트레스를 풀자고 마시는 술이 위와 같은 음주 관행으로 오히려 새로운 스트레스를 더욱 쌓이게 한다. 그래서인지 모르지만 가장 술을 많이 마시는 40대 사망률이 세계에서 가장 높은 것이 술과 무관하지는 않을 것이라고 생각된다.

중국 사람들은 상대방 술잔의 술이 조금이라도 줄어들면 계속 채워주고 일본에서는 상대방의 술잔이 다 비었을 때 따라주며 미국인들은 안주도 없이 자기 잔에 자기가 따라 마시는 것이 주법이다. 그런데 우리나라만이 예로부터 술잔을 돌리고 또 억지로 마시게 하는 풍습이 있어왔다. 술잔을 돌리다 보면 술이 돌아가고 사람이 돌아가고 지구가 돌아간다. 술잔 돌리기는 술에 약한 사람이나 여성에게는 고역이 아닐 수 없다. '피할 수 없는 잔'을 받아 술을 마셔야만 할 때가 많아짐에 따라 요즈음에는 소위 술깨는 약이 불티나게 팔리고 있다. 간장을 보호하는 성분이 들어 있다는 이 약만 믿고 과음하는 사람들이 계속 늘고 있는 추세라고 한다.

이처럼 현대인들이 술을 기분 내키는 대로 많이 마시는 것은 이 사회가 현진건의 소설 제목처럼 '술 권하는 사회' 때문일까?

_1990년 광주일보

목포의 눈물

상처를 입고 죽어가던 학 세 마리가 되살아나고 있다.

"사공의 뱃노래 가물거리면 삼학도 파도 깊이 숨어드는데 부두에 새악시 아롱 젖은 옷자락 이별의 눈물이냐 목포의 설움"

문일선 작사 손목인 작곡 이난영 노래 '목포의 눈물'에 나오는 삼학도는 노랫말처럼 아름답던 경관이 그동안 심하게 훼손되어왔다. 1961년 삼학도와 갓바위를 잇는 1,200 미터의 방조제가 축조되면서 뭍으로 연결되어 버린 삼학도는 무연단 디미와 저유소, 윤락가들이 들어서면서 황폐화되어왔다. 그러던 것이 삼학도를 살리자는 시민운동과 목포시의 노력으로 1995년까지 환경을 정비하고 시민공원으로 새롭게 태어나게 된 것이다.

이로써 목포는 예향의 명소가 하나 더 늘게 된다. 유달산 기슭에는 자연과 멋진 조화를 이루는 조각공원과 난공원이 있고 바닷가에는 남농이 생전에 기증한 수많은 작품과 수석으로 꾸민 남농기념관, 동양화의 진수를 모아놓고 또 이 고장 출신 교수가 기증한 세계적 희귀 조개를 전시하고 있는 향토문화관이 있다. 목포는 이 고장을 사랑하는 사람들이 피땀 흘려 이룩해 놓은 진정한 예향인 것이다.

'목포의 눈물'에서 나오는 '눈물'은 여러 가지 의미의 눈물이다. 가사에는 '이별의 눈물이지만 일제시대 때는 나라 잃은 백성들의 '아픔의 눈물'을 대변하였고 6.25전쟁 때는 피눈물이었으며 5.18 민주화운동 때는 '분노의 눈물'이었다. 그리고 목포가 낙후되어 제자리걸음을 할 때는 '서러움의 눈물'이었다. 그러나 이제 대불공단의 주축도시로, 대중국 무역의 전초기지로, 그리고 삼학도의 시민공원 조성으로 새롭게 태어나는 '목포의 눈물'은 기쁨의 눈물이 될 것이다.

'목포의 눈물'에는 바로잡아야 할 것이 있다. '…삼학도 파도 깊이 숨어드는데…'가 맞는 가사이나 많은 사람들이 '…삼학도 파도 깊이 스며드는데…'로 잘못 부르고 있는 것이다. 가사의 내용으로 볼 때 '숨어드는데'는 노래가 파도소리에 묻혀 점점 사라져버린다는 뜻이나 '스며드는데'는 노래가 바닷물 속으로 배어들어간다는 뜻이므로 말이 성립되지 않는다. 그런데도 '스며'로 노래하는 것은 처음부터 잘못 알고 있거나 아니면 발음하기 쉬운 쪽으로 노래하려는 일반인들의 속성 때문이 아닌가 생각된다. 목포시 공보실에서 1989년에 펴낸 가사집 '목포의 노래'에는 '숨어드는데'로 정확히 쓰여 있으나 대부분의 대중가요 가사집에는 '스며드는데'로 나와 있다.

가장 확실한 판별기준이 되는 이난영의 노래는 분명히 '숨어드는데'로 되어있고 광주출신 김연자도 '숨어드는데'로 맞게 노래하고 있다. 그런데 1969년에 세워진 유달산의 '목포의 눈물비'가 '스며드는데'로 되어 있는 것은 안타까운 일이다. 삼학도가 시민공원으로 새롭게 태어난 것은 뒤늦게나마 다행한 일이다. 그러나 목포는 물론 온 민족이 사랑하는 이고장의 대표적인 노래가 잘못 불려지고 잘못 표기된 것을 바로잡는 일은 세 마리의 학을 살리는 일보다 더욱 중요하고 시급한 일이 아닐 수 없다.

_1993년 광주일보

자동커피 한잔 드실까요

따뜻한 난롯가에서 따끈한 한 잔의 커피가 생각나는 계절이다. 커피 한잔을 나누며 마음 맞는 친구와 오순도순 정겨운 대화를 나누고 싶다. 우리대학 동료 교수 한 분은 연구실에 원두커피 열매를 사다 놓고 커피 맛을 즐긴다. 알 커피를 수동분쇄기를 돌려 갈아낸 다음 뜨거운 물을 붓고 필터를 받쳐 진한 커피를 우려내는 것이다. 연구실에 은은하고 그윽하게 퍼지는 커피 향내도 그러려니와 씁쓰름하면서도 달착지근한 맛은 더욱 일품이다. 이른 바 쓴맛단맛 다보는 것이다. 그러나 일반인들은 이러한 절차와 시간을 낼 마음의 여유가 없어 대체로 다방을 찾게 마련이다. 그런데 음악도 없고 레지도 마담도 없는 다방이 있다. 심지어 의자 탁자도 없는 다방이 전국 도처에서 매우 성업 중이다. 바로 자동판매기 다방이다. 이 다방은 얼마나 편리한가. 동전 몇 닢이면 되는 값싸고 편리한 다방. 시간이 절약 되면서도 즉석에서 커피 맛을 즐길 수 있는 다방이다. 그러나 이 다방에서 커피를 마시면 무엇인가 허전한 게 있다. 자동판매기는 종목도 다양해서 지하철 차표도 판매하고 우표, 토큰, 라면, 소화제 판매기도 등장해서 우리나라는 바야흐로 자동판매기 시대에 접어들었다. 세상살이가 참 편리해진 것이다. 안락한 의자, 감미로운 음악이 흐르는 다방에서 부드러운 여자의 손길로 가져다주는 한 잔의 커피는 피로와 긴장에 지친 우리 몸과 마음을 느긋하게 풀어준다. 더구나 다방은 커피 맛 이전에 대화를 나누는 장소라는데 더 큰 의미가 있지 않은가.

그러나 자동 커피판매기와는 말이 통하지 않는다. 가끔 동전만 삼키고 시치미를 뚝 떼기가 일쑤지만 기계를 상대로 떠들어봤자 아무런 소용이 없다. 그저 기계적으로 판매만 하고 있으니 말이다. 기계적이란 말은 다시 말해서 자동적, 획일적이라고 할 수 있고 기계의 성질에는 단순화 규격화의 뜻이 있다. 기계가 성능이 좋아질수록 사람 손이 줄어들고 대화가 필요 없게 된다. 인간이 기계를 지배하는 것 같지만 사실은 기계에 길들여져 인간은 결국 고독해진다. 문명의 발달로 전화도 발달해서 사람들은 먼 곳에 가지 않고서도 상대방과 얘기를 나눌 수 있지만 전화는 대화의 재미를 빼앗아가고 말았다. TV전화가 발명되어 상대방의 얼굴 모습을 보면서 전화를 할 수 있게 되어도 차 한잔 들면서 나누는 대화의 갈증을 풀 수는 없는 것이다. 그리운 사람의 경우는 도리어 더욱 안타까울 뿐이다.

미국, 일본 같이 기계 문명이 발달하게 되면 우리나라도 매우 과학적이고 편리한 생활을 누리게 될 것이다. 그러나 기계문명에서 빚어진 선진국의 비정한 인간관계, 비인간적인 실용주의가 같이 도입된다면 우리 사회는 더욱 삭막해 지리라. 잘 먹고 잘 사는 그들이 우리에 비해 정신질환자가 많고 자살률이 높은 것은 기계로 인한 인간소외가 그 원인이다. 나는 앞으로 이런 날이 오지 않기를 빈다. 자동판매기에서 마침내 따뜻한 밥과 김치가 나오게 된다면 편리하게 앞서 얼마나 기가 막히겠는가.

_1993년 광주일보

컨닝하는 방법

"창피는 한순간, 학점은 영원"

이 말은 컨닝 기술자들의 좌우명이라고 한다. 내가 가르치는 '대중문화론' 시간에 제출한 학생들의 리포트 중 컨닝에 관한 글에 들어 있는 내용이다.

학생들이 자체 조사한 컨닝 방법을 보면 그 기발한 수법에 혀를 내두르게 된다. 그 좋은 머리를 공부하는 데 썼으면 얼마나 좋았겠는가.

그들이 말하는 컨닝 방법에는 먼저 도배형이 있다. 자리를 잘 잡아야 한다는 말과 함께 벽과 책상 위에 시커멓게 도배하듯이 써놓는 형태를 말한다. 대부분의 시험감독은 전체적으로 자리를 한칸씩 옮길 것을 지시한다. 이때 책상까지 들고 옮기는 학생들이 있는데 이들은 혐의가 확실한 학생들이다.

다음은 정밀형이다. 정밀형의 목표는 '최소의 면적에 최대의 내용'이라고 한다. 가장 보편적인 방법은 축소복사로 여러장을 복사한 후 몸 구석구석에 숨기거나 볼펜에 깨알 같은 글씨를 쓰는 경우이다. 그리고 신체형이 있다. 이것은 양쪽 손바닥이나 무릎 등에 써놓는 형태. 여학생들 중에는 무릎에 쓰거나 붙인 채 짧은 치마를 살짝 치켜드는 수법을 쓰는 경우가 있어 남자 선생님들이 적발하는데 매우 난처하다고 한다.

'사전 컨닝'도 있다. 학교 주변의 복사집에서 불티나듯 팔리는 지난해의 교양과목시험 문제지를 사서 공부하는 경우이다. 따라서 이러한 사전 컨닝을 막기 위해서 담당교수들은 지난해와 같은 문제를 피해서 출제하는데 고심하고 있다.

감독 교수의 입장에서 볼 때 대체로 눈동자가 불안한 학생, 몸을 자꾸 움직이는 학생들은 컨닝 가능성이 높다. 감독의 위치도 학생들의 뒷자리에 서있는 것이 컨닝을 적발하거나 컨닝 시도를 막는데 효과적이다.

우리대학에서 컨닝하다가 적발되면 무조건 무기정학을 받으며 적발된 시간 이후의 시험은 0점처리를 하고 있다. 이렇게 되면 한학기 동록이 무위로 돌아가게 된다. 그러나 이러한 처벌이 무서워서가 아니다. 학생들은 자신의 실력을 정정당당하게 평가 받으려는 자세를 잊어서는 안된다. 학생들은 지성의 상아탑에서 꾸준한 노력에 의해 실력을 쌓도록 해야 하며 요행을 바라는 컨닝을 대학에서 깨끗이 추방해야 한다. "요행은 한순간, 실력은 영원"한 것이다.

_1994년 전대신문

휘파람

"저의 별명은 아고(아기 고릴라)랍니다."

"아빠와 엄마의 사랑의 결합으로 태어난 ○○○ 인사 드립니다."

"깜찍하고 귀여운 아이로 소문난 제가 멋진 율동을 보여 드리겠어요."

싱싱하고 풋풋함이 넘치는 신입생들의 재치 있는 자기 소개말이다. 지난 주말 있었던 1박 2일의 신입생 환영회는 꽃샘추위도 아랑곳하지 않고 젊음의 열기가 장성의 남창골을 달구었다. 신입생 환영회 첫날은 교수 소개, 선배들의 학년별 소개, 연극, 신입생 소개와 장기자랑, 캠프화이어, 그리고 이튿날은 등산과 고사(과의 발전을 빌기 위한)의 순서로 진행되었다.

학생들 말대로 '새내기'(풋내기와 비슷한 뜻으로 신입생이라는 뜻)라서 그런지 남녀 신입생들은 아직 서로가 어색하고 쑥스러워 했다. 그들은 처음 이성들과 함께 합법적으로 밤을 보내는 이날이 무척 흥분 되는 새로운 경험인 것 같았다. 그들이 선배들, 교수들과 함께 마음껏 막걸리도 마시고 목청껏 노래도 부르는 가운데 축제의 밤은 깊어만 갔다. 선배들은 보칼팀과 사물놀이 팀을 만들어 흥을 돋구었다. 입시준비에 시달렸을 신입생들은 언제 배웠는지 디스코 춤도 기가 막히게 잘 추었고 '내사랑 내곁에'라든가 '오직 하나뿐인 그대' 같은 대중가요는 물론 '소양강 처녀'나 '두만강 푸른 물에' 같은 흘러간 가요도 멋들어지게 뽑을 줄 알았다. 그들은 아무도 밤잠을 자지 않았다. 선배들과 대학생활에 관해 이야기 꽃을 피우며 긴 밤을 하얗게 밝히는 것이었다. 저렇게 발랄하고 구김살 없는 학생들이 때로는 사랑에 빠지기도 하고 때로는 좌절과 갈등에 허덕이기도 하면서 꿈과 낭만과 도전과 방황의 대학생활을 하게 될 것이다.

신입생 환영회에서는 매우 이색적인 장면이 하나 있었다. 북한의 대중가요가 등장한 것이다. 신입생 환영행사는 그동안 운동권 노래와 민중극 또는 반미적인 프로그램을 보여주는 것이 주된 흐름이었다. 그러던 것이 요즈음에는 의식화 프로그램은 거의 없어지고 보다 재미있고 단합을 유도하는 쪽으로 많이 바뀌어져 가고 있는 것이 눈에 띄었다. 특히 이날 들려준 북한 대중가요 '휘파람'은 선입견과는 달리 북한 노래 치고는 가사가 매우 서정적이고 멜로디도 경쾌했다. 학생들은 '통일전망대'에서 방송된 것을 녹음해서 거기에 맞춰 흥겹게 춤을 추었고 모두가 이 노래를 따라 불렀다.

어젯밤에도 불었네 휘파람 휘파람
벌써 몇달째 불었네 휘파람 휘파람
복순이네 집앞을 지날 때 이 가슴 설레어
나도 모르게 안타까이 휘파람 불었네
휘휘휘 호호호 휘휘 호호호
휘휘휘 호호호 휘휘 호호호

남북의 젊은이들이 한데 모여 분단의 상처를 안고 온 어둡고 긴 겨울을 지나 무거운 이데올로기를 벗어 던지고 같이 '휘파람'을 불고 노래하고 춤출 봄날도 멀지 않으리라.

어느새 남창골에는 영하의 찬바람 속에서도 겨우내 추위에 움추렸던 매화가지가 꽃망울을 터뜨리고 있었다.

_1994년 전남일보

예술의 거리

참새의 혓바닥 같다는 그 이름이 재미있다면서 나의 손님인 중국교포는 예술의 거리 전통찻집에서 작설차(雀舌茶)를 주문하였다. 구성진

단소가락이 끊일 듯 이어지는 가운데 한복을 곱게 차려 입은 종업원과 투박한 다기, 대나무, 삿갓, 장지문 등 한국적 취향으로 꾸민 전통찻집의 실내 장식과 차맛은 그에게 예향의 참맛을 느끼게 해주는 것 같았다.

"이런 맛은 처음이야요. 향기가 은은하고 맛 또한 담백하니까 정신까지 맑아지는 것 같아요."

광주에 와서 그는 한국문화다운 모습을 발견하기 어려웠다고 한다. 거리에 넘치는 자동차의 물결, 라디오에서 흘러나오는 서양음악은 꿈에도 그리던 조국의 참모습이 아니었다. 그러나 그는 이 예술의 거리에 와서야 한국문화의 여러가지 모습을 발견하게 되었다고 반가워하는 것이었다. 그런데 이곳저곳을 둘러보던 그가 판소리 춘향가를 불러주는 데가 이 거리에 있느냐, 대나무 공예품이나 골동품을 살 데가 있느냐고 물었을 때는 나는 대답이 궁했다. 전통찻집을 나서기가 무섭게 빵빵거리며 질주하는 자동차의 행렬을 피해 걸으며 그는 예술의 거리에는 자동차가 안다녔으면 좋겠다고 하였다.

광주 예술의 거리는 1987년 7월 8일 광주직할시 조례 제1643호에 의해 동부경찰서에서부터 중앙로 입구까지 300m 구간에 지정되었다. 91년 2월에는 예술의 거리 번영회가 구성되었고 11월에는 전시장「무등예술관」이 개관되었다. 92년 3월부터는 매달 둘째, 넷째 일요일을 차없는 거리로 조성하고 있고 4월부터는 중앙초등학교 담벽에 차없는 일요일에 한하여 개미시장을 운영하고 있다.

현재 예술의 거리에는 화랑이 23개, 개인화실 9개, 필방 8개, 미술학원 7개, 생활공예 및 민속가구점 5개, 전통찻집 4개 등 총 16개 업종 72개의 예술관련 점포가 있는데 예술관련 업종과 비관련업종은 65:35이다.

이 거리를 광주의 명소로 만들려는 인사들의 노력에도 불구하고 예술의 거리는 여러가지 문제점이 남아 있다. 먼저 이곳에 입주하는 예술

업체들에게는 융자금을 주선해 주고 건물주들에게는 세금감면의 혜택을 주어 문화예술 업체들을 지원해야 한다. 그리고 차없는 거리가 조성되었다고는 하나 한 달에 일요일 두 번 정도로서는 실효성이 적다. 길 건너 충장로 상가가 항상 차없는 거리인데 비해서 이곳에 차없는 거리가 확대되지 못하는 것은 문화가 상업보다 천대받고 있다는 얘기이고 문화시민의 긍지에 손상을 입히는 행위이다. 이 거리의 반에 가까운 중앙초등학교 담벽 130m가 시 위탁 유료주차장으로 사용되고 있어 이 거리를 활성화하는데 큰 장애가 되고 있다. 시에서는 이곳을 놀이마당, 마당극, 개미시장을 항상 열 수 있는 장소로 개발해야한다. 그리고 시민들에게 명동축제 같은 행사를 통해서 대대적으로 홍보해야 한다. 그리하여 초상화도 그리고 민속주도 마시고 지방 특산물도 전시 판매하는 등 시민들의 사랑받는 공간이 되어야 한다. 한국문화를 유리창 안에만 가두어 둘 것이 아니라 거리에서 시민들과 만나 살아 숨 쉬게 만들어야 한다.

소비 향락 도시의 오명을 벗고 이 예술의 거리가 예향 광주의 자존심으로 자리를 굳힐 때 광주는 진정한 예향으로 새롭게 태어날 것이다.

_1994년 전남일보

고냐 스톱이냐

고스톱이라는 이름의 맹랑한 화투놀이가 지금 전국에서 한창 성행하고 있다. 남녀노소를 불문하고 기차간에서도 공항에서도 유원지에서도 모두가 고도리 잡기에 정신이 없다.

일반적으로 고스톱은 안좋은 점이 많이 알려져 있다. 죽치고 앉아 있으니 팔·다리·머리·허리 안 아픈 데가 없고 초조와 긴장 속에 줄곧

피워 대는 담배로 몸이 축나게 마련이다. 한푼 두푼 나간 푼돈이 목돈되어 아깝고 시간도 속절없이 허비돼 놀이가 끝나고 나면 반드시 후회가 뒤따른다. 그러나 얼마간 시간이 지나 한판 벌이자는 유혹이 있으면 못 이기고 빠지고 마는 마약 같은 성분을 가지고 있다.

그럼에도 불구하고 고스톱은 나름대로 이로운 점이 있다는 주장도 만만치 않다. 고스톱 구성원들끼리는 금방 친해지게 되며 서로 간의 성격을 쉽게 파악하게 돼 '고스톱 커뮤니케이션'이라는 말까지 생겼다. 이질적인 사람들이 만나 서로 서먹서먹하고 할 말이 없을 때 고스톱이 윤활유 역할을 한다는 얘기다. 이면 체면 차리지 않아도 되고 지위·신분에 관계없이 자연스레 어울릴 수 있다. 그리고 시간을 보내는데도 제격이다. 긴 여행 중이거나 음식을 기다릴 때 고스톱을 하면 시간 가는 줄 모르게 된다. 초상집의 음산하고 지루한 시간을 고스톱이 메워주지 않는가.

고스톱은 예측불허, 변화무쌍한 맛이 그 묘미라고 한다. 고스톱은 심리적으로는 긴장과 이완을 되풀이하며 연속적인 스릴과 쾌감을 맛보게 한다. 여기에는 투기와 요행심·경쟁심도 작용한다. 그런데 이러한 특징은 다른 화투에도 다 있는데 오로지 고스톱만을 선호하는 이유는 무엇인가. 이 지방의 고유 화투놀이인 삼봉도 점점 밀리고 있지 않은가.

그것은 고스톱만이 가지고 있는 사회적 특성이 있기 때문이 아닌가 생각한다.

첫째, 고스톱은 그 사회의 시대상이 화투에 반영되는 유일한 놀이라는 점이다. 「전두환 고스톱」에 「싹쓸이」가 등장하기도 했고 「오공비리」에 「장세동」이 있었는가 하면 「삼당합당식」 고스톱도 인기가 있었다고 한다. 고스톱 구성원들이 마음대로 규칙을 정해서 새행하는 것도 요즈음 세태와 비슷하다.

둘째, 고스톱은 현사회의 한탕주의를 반영하고 있다. 부동산 투기·증권투기에 인신매매와 떼강도가 설쳐대는, 전국이 하나의 커다란 도

박판과도 같은 이 사회에서 사람들은 진득하게 앉아서 「젊은 베르테르의 슬픔」을 읽거나 모차르트를 감상할 마음의 여유가 없다. 그대신 '짜릿한' 고스톱을 찾는 것이다.

그렇지만 고스톱이 이러한 사회적 특성을 가지고 있다고 해서 고스톱에 과도하게 빠져 드는 행위가 정당화되거나 변명이 될 수는 없다. 우리는 우리에게 어울리는 윷놀이 같은 건전한 놀이문화를 주체적인 의식을 가지고 개발해야 한다.

언제일까? 이 사회에서 고스톱이 완전히 스톱되는 그날은….

_1994년 광주일보

구구단과 짝사랑

"모교의 긴 내력 길이 간직하고
씩씩하게 자라는 우리 동무들
모두들 한데 뭉쳐 나아가는 곳에
광희는 빛나리 영원 무궁토록"

매주 월요일마다 운동장 조회에서 이 교가를 부르면서도 나는 왜 모교가 긴 내력을 가졌는지를 몰랐다. 6.25 직후인 1955년경 광희의 학생 수는 5천명이었고 교실에 비해 학생 수가 너무 많아 한 교실에 2부제, 심지어는 3부제까지 겹치기 수업을 할 수밖에 없었다. 그래서 "…무쇠 같은 팔다리 3천 건아야…."라는 가사의 응원가는 "5천 건아"로 바꾸어 부르기도 하였다.

그런데 그 때 신선 같이만 보이던 교장선생님 만큼이나 나이가 많아진 내가 이제야 모교가 가장 역사가 깊은 학교인지를 알게 되었으니 참으로 어리석은 사람이 아닐 수 없다. 광희초등학교는 올해 서울에서 개교 100주년이 되는 네 개 초등학교 중 하나라는 것이다.

초등학교 2학년 때 피난지에서 돌아와 모교에 편입한 나는 그야말로 촌뜨기 중 촌뜨기였다. 그 때 2학년 선생님 중에는 흰옷을 즐겨 입고 고운 목소리에 늘상 얼굴에 미소가 사라지지 않는 아름다운 여선생님이 계셨다. 어린 생각에 그 분은 화장실 같은 곳은 가실 것 같지 않았고 식사 대신 이슬만 먹고 사시는 분 같았다.

'짝사모'라는 말이 없으니 적당한 표현이 없어 비슷한 말로 짝사랑이라고 쓴다면 어느 샌가 나는 그분을 사모하고 짝사랑하게 되었다. 나는 그 여선생님 앞에만 가면 나도 모르게 괜히 부끄러워 얼굴이 빨개졌다. 그래서 인사만 꾸뻑하고는 도망치듯 뛰어가곤 했다. 나는 학교 운동장에서 여학생들의 머리채를 잡아당기거나 고무줄을 칼로 자르고 도망가는 짓궂은 장난을 치다가도 그 선생님이 운동장에 보이기만 하면 갑자기 얌전한 모범생으로 돌변하곤 했다. 여학생들처럼 선생님 책상에 꽃을 꽂아 놓거나 하지는 않았지만 우리 반이 먼저 끝나면 운동장에서 선생님이 퇴근하실 때까지 기다렸다가 선생님이 교무실에서 나오시면 먼발치에서 뒤따르다 교문 밖으로 사라지신 다음에야 천천히 하교한 적도 많았다. 그런데 그분을 사모하는 어린이가 나만 있는 것은 아니었던 것 같았다. 왜냐하면 그분에 관한 고학년 학생들의 짓궂은 낙서가 여기저기 즐비했으니 말이다. 나는 그런 낙서가 발견될 때마다 애써 지우곤 했으나 역부족이었다.

2학년에 편입한 나는 당장 구구단을 외어야 하는데 암기력이 형편없어 구구단은 나에게 적잖은 고민꺼리였다. 어느 날 그분 교실 옆을 지나가던 중 그 여선생님이 학생들에게 구구단을 가르치시는 모습을 볼 수 있었다. 그런데 구구단을 무조건 외우게 하지 않고 고운 목소리로 노래를 부르시는 것이 아닌가. 나는 교실 밖에서 선생님이 가르치시는 그 반 학생들과 함께 구구단 노래를 배웠다. 그 노래의 멜로디는 '학도가'의 1절이었다. "학도야 학도야 청년학도야…."로 시작되는 이 노래에다 "이이는 사, 이삼은 육, 이사는 팔, 이오는 십…."이라는 가사를 붙여 부르는데 모두가 쉽게 외울 수 있을 것 같았다. 노래를 좋아했던 나는 귀동냥으로 들은 이 구구단을 집에서 열심히 노래 불러 어렵잖게 구구단을 익힐 수 있었다. 우리집 아이들이 2학년이 되었을 때도 노래가사로 구구단을 가르쳐 주었더니 아이들은 재미있어하면서 금방 구구단을 외웠다. 결국 그 선생님의 교육 아이디어는 우리집에서 대를 이어 효과를 발휘한 셈이 되었다.

아, 그런데 그 천사 같은 여선생님은 그 다음 학기에 그만 타교로 전근가시는 것이 아닌가. 그 분에게 말 한마디 나누지 못하고 나의 어설픈 짝사랑은 구구단 노래만을 남기고 허망하게 끝나고 말았다. 나중에 교육부에 스승 찾기 창구가 있다는 것을 알게 되어 여기를 통해 그 선생님을 찾으면 찾을 수도 있을 것이라는 생각이 들었다. 그러나 그분을 만나면 천사가 아님이 밝혀질 것이기 때문에 실망할까 걱정되었다. 그래서 나는 내 마음속에 그냥 추억 속의 천사로 모셔 두기로 했다.

내 인생은 불과 몇 십년밖에 안 남았지만 어린 가슴 속에 천사 선생님을 모시게 해 주었던 광희, 개교 100주년을 맞은 광희는 내 생전은 물론 사후에도 영원 무궁토록 빛을 발할 것을 믿어 의심치 않는다.

_1995년 광희초등학교 100주년 기념 문집

멋있는 남자

"나는 커서 아빠하고 결혼할 거야."

"왜?"

"아빠가 세상에서 제일 멋있는 남자니까."

이렇게 말하곤 하면서 아빠를 따랐던 큰딸이 어느새 커서 올 들어

대학생이 되었다. 그동안 여고에서 공부만 하던 아이가 남녀공학에 들어가니까 남학생들에 관한 관심이 갑자기 많아졌다. 같은 과 신입생 중에 남학생이 몇 명밖에 안된다고 실망스런 얼굴을 하던 그 아이는 짧게 커트 쳤던 여고생 머리를 부지런히 기르고 있다.

그리고 그 힘들다는 다이어트를 시작해 며칠 만에 3kg을 뺐다고 자랑하면서 하루에도 열두 번씩 체중계를 오르내린다. 집사람도 딸아이의 '여자 만들기'에 협조를 아끼지 않아 새옷과 화장품을 사주러 시장을 누비고 다닌다. 하루는 신입 남학생들과 같이 모여 노래방에 갔다 왔다고 하니 동생들이 부러워 죽겠다는 눈치다. 예비대학이다, 미팅이다 하면서 분주한 큰 아이는 아빠가 세상에서 제일 멋진 남자로 알던 소녀적 꿈에서 깨어나 이제 서서히 심리적 '홀로 서기'를 준비하고 있다. 엊그제만 해도 탤런트 차인표에 빠져 있더니 이제는 주변의 멋있는 남자들에게 눈뜨기 시작한 것이다.

오늘날 멋있는 남자는 과연 어떤 사람일까? 일반인들에게 멋있게 느껴지는 남성은 아무래도 만인의 연인으로 텔레비전에 등장하는 인기 탤런트나 영화배우가 아닐까 한다.

MBC의 『사랑을 그대 품안에』는 '차인표 신드롬'이란 말이 생겨날 정도로 차인표의 인기가 하늘을 찌를 듯 했었다. 차인표의 이러한 인기는 여성들의 신데렐라 콤플렉스를 자극했기 때문이라는 분석이다. 즉 여성들은 누구나 상상 속에서 백마 탄 왕자가 나타나기를 기다리고 있는데, 드라마 속에서 돈 많고 잘 생긴 남자가 신분을 뛰어 넘어 구애하는 모습이 백마 탄 왕자처럼 더없이 멋있게 느껴졌다는 얘기다. 그런데 딸아이가 폭 빠져 있던 차인표를 나는 별로 좋아하지 않는다. 나는 딸아이가 남자의 외모와 재력 등 외형적인 면보다는 내면적으로 성숙하고 깊이 있는 남성상을 좋아하기를 바란다. 그래서 차인표 타입보다는 안성기 같은 타입이 더 마음에 든다. 영화배우 안성기는 결코 잘생긴 배우가 아니다. 그러나 그의 연기력은 탁월하다. 그는 인기에 연연하지 않아 텔레비전 드라마에는 출연하지 않고 오직 영화만을 고집하고 있다. 자기 일에 긍지를 가지고 혼신의 노력을 다하는 집념과 승리의 사람이다. 그는 영화마다 완전히 다른 성격의 인물을 창조하고 있다. 『하얀 전쟁』에서는 고민하는 병사로, 『고래 사냥』에서는 유머러스한 거지로, 『투캅스』에서는 부패한 경찰관으로 완벽하게 변신하고 있는 것이다. 그리고 그 흔한 스캔들 하나 없이 영화계의 정상을 고수하고 있다.

멋있는 남자는 여자 쪽에서 볼 때와 남자 쪽에서 볼 때 그 유형이 다르다고 생각한다. 여자에게 매력있는 남자는 여유있는 남자이다. 싱그러운 미소로 늘상 여자를 편하게 해주어 심리적으로 기대고 싶은 사나이이다. 그리고 이해심이 많은 남자이다. 자기도취에 빠져 있거나 잘난 척 하는 남자는 여자의 사랑을 얻지 못할 것이다. 여자를 무시하거나 여자를 이용하려고 하는 남자는 여자로 하여금 '립스틱 짙게 바르고' 떠나가게 만든다. 사소한 잘못과 실수도 껄껄 웃으며 관대하게 넘어가는 남자, 유머가 풍부하고 여자를 보호하려고 애쓰는 사람이 어찌 여자의 마음을 끌지 못하겠는가?

그러나 남자에게 인기 있는 남자는 실질적인 사람, 즉 실력과 능력이 있는 사람이다. 의리와 소신이 있는 사람, 추진력과 통솔력이 뛰어난 사람, 그리고 남을 인정할 줄 알고 끌어주고 밀어주는 사람이다. 자기 분야에 뛰어난 능력이 있고 집념과 끈기로 자기 일을 진지하게 추진하는 사람은 누가 보아도 매력이 있다. 남자들에게는 외모보다는 능력이 더 어필하고 이 사람을 위해서는 죽어도 좋다고 생각할 만한 카리스마가 있는 사람이 멋있게 보이는 것이다. 오히려 옷치장, 몸단장을 하고 멋을 부리고 사치스러운 언행을 하는 사람은 인기가 없다.

우리 딸은 어떤 남자를 좋아할 것인지 궁금해진다. 차인표 스타일일까 안성기 스타일일까?

"너 이다음에 대학 졸업하면 어떤 사람하고 결혼할래?" 하고 물으니 "세상에서 제일 멋진 남자요." 하고 생긋 웃는다.

누구일까? 내 품에서 딸아이를 빼앗아 갈 세상에서 제일 멋있는 그 녀석은.

_1997년 광주은행 사보

입춘대길

이번 겨울은 춥기도 했지만 눈도 참 많이 내려 차나 사람이나 눈길이 미끄러워 고생깨나 했다. 기상대의 얘기로는 16년 만에 온 폭설이란다. 겨우내 언론을 장식한 소식들은 모두 우울한 것들뿐이었다. 노동법 날치기 통과, 이에 따른 전국적인 총파업과 시위로 온 나라가 뒤숭숭하더니 무역적자가 연간 200억불이 넘어섰고 1월 한 달만 해도 34억불이란다. 한보가 파산해서 총수가 구속되어 나라 경제가 기우뚱하는 것 같고 대다수의 정치가가 연루되었다는 소문이 파다하다. 그런가 하면 명예 퇴직자들이 양산되어 고개 숙인 가장들의 한숨이 늘어가고 있다. 아! 이 어둡고 음울한 겨울 소식들은 언제 끝나려나.

그런데 창밖은 찬바람이 쌩쌩 부는 날씨지만 오늘자 달력에는 立春이라는 두 글자가 뚜렷이 적혀 있다. 올 겨울 그렇게 유난히도 기승을 부리던 추위가 어느새 물러가고 얼음짱 밑으로 봄은 소리 없이 다가와 살짝 얼굴을 내밀고 있는 것이다. 그러고 보니 귀가 시리던 겨울바람은 찬 기운이 가시고 문득문득 부드러운 느낌마저 든다. 동장군도 봄기운에는 어쩔 수 없는 모양이다. 겨울이 오면 봄이 멀지 않으리라는 말도 있지 않던가.

이제 곧 개구리는 긴잠에서 깨어나 기지개를 켤 것이고 암탉은 병아리를 깔 것이다. 얼마 안 있으면 여수 오동도에는 붉은 동백꽃이 환하게 미소 지을 것이며 쌍계사 앞 꽃길에는 벚꽃이 흐드러지게 필 것이다. 수줍은 처녀들은 올봄 시집갈 꿈에 부풀어 있고 엄마들은 개구쟁이 첫아이 손을 잡고 초등학교에 입학시킬 날을 손꼽아 기다리고 있다.

그렇다. 행복은 이러한 작은 일들을 기다리는 것에 있는 것 같다. 긴 겨울의 끝에서 이제는 희망의 봄을 기다려 보자. 그리고 모든 궂은 일 흉한 일들이 겨울과 함께 다 지나가고 좋은 일 길한 일들만 생기기를 기원해 보자. 지혜로운 선인들이 했던 것처럼 오늘 대문에다 이렇게 써야겠다. 立春大吉이라고.

_1997년 전남매일

영어회화 콤플렉스

우리나라 사람들은 대체로 영어회화 콤플렉스에 걸려 있다. 길거리에서 외국인이 길을 물을라 치면 얼굴이 빨개져 가지고 기껏 한다는 얘기가 "이리 캄 저리 고 오케이" 식이 고작이다. 그리고 '갈 사람은 가고 남을 사람은 남으라'는 '고맨 고 이즈 맨 이즈', '둘이 먹다가 하나가 죽어도 모른다'는 '투맨 이트 완맨 다이 아이돈 노우'식의 엉터리 영어가 희화적으로 통용되고 있다. 그런데 영어를 안배운 것이 아니고 중고등학교와 대학까지 영어를 공부했는데도 결과가 이렇다. 그 이유는 영어 교과 과정에 생활영어가 없이 읽기와 해석만 가르쳤기 때문이다.

이렇게 영어회화 콤플렉스에 걸린 사람들이 많은 지라 이달 초부터 우리나라 교육사상 처음으로 초등학교 3학년 시간에 영어회화 교육을 시작한데 대해서는 대부분 환영하는 분위기이다, 그러나 영어를 일주일에 두시간만 하는 것이 부족한 듯 싶어 학부모들 중에는 과외를 시키고자 하는 사람이 많다. 이것은 영어회화 콤플렉스에 걸릴 수밖에 없었던 학부모 세대들이 아이들로 하여금 자신들의 전철을 밟지 않고 영어를 자유스럽게 말하도록 하기 위한 뜻에서 나온 것이라고 하겠다. 그래서 교육부에서 초등학생의 영어학원 수강을 막는다는 조치에는 반대 의견이 많은 것 같다. 본인도 사치성 해외 유학도 아니고 부족한 학교교육을 보충하자는 과외는 굳이 제한할 일이 아니라고 본다. 예를 들어서 초등학교에 미술시간이 있는데 왜 미술학원에 또 다니느냐고 문제 삼는 것과 같다는 얘기다. 오히려 교육부가 해야 할 일은 영어회화 시간을 더 늘리고 전문교사 양성, 외국인 확보, 어머니 영어교실 실시 등의 방안을 적극적으로 시행하는 것이라고 생각한다.

바라건대 이번에 시작된 초등학교 영어회화교육을 계기로 우리 아들딸들은 앞으로 영어회화를 유창하게 해서 영어 벙어리인 어른들의 원을 시원하게 풀어 주고 세계 무대를 주름잡는 진정한 세계인으로 자라주었으면 좋겠다.

_1998년 전남매일

참멋과 겉멋

"거울아, 거울아, 이 세상에서 누가 가장 예쁘니?"

'백설공주'에서 왕비가 물었을 때 요술거울은 이렇게 대답했다.

"왕비님이 가장 예쁘지요."

그러나 누가 가장 아름다우냐고 물었다면 요술거울은 결코 왕비라고 대답하지는 않았을 것이다.

'예쁘다'와 '아름답다'는 말은 비슷한 것 같으면서도 의미가 다른 말이다. '아름답다'라는 말의 어원은 '알음답다'였다. 그래서 '아름다운 여성'이라는 말은 예쁘면서도 무엇을 슬기롭게 아는 여성이란 뜻으로, 단정한 용모에 반짝이는 지성미를 갖춘 여성을 의미하는 것이다. 따라서 예쁜 여성과 아름다운 여성은 차이가 난다. 왕비나 미쓰 코리아는 예쁘다고 하지 아름답다고 하지는 않는 것처럼.

여성들은 누구나 예뻐지고 싶어한다. 그래서 여자들은 화장대 앞에서 거울을 보며 정성껏 화장을 한다. 그렇지만 예쁜 모습은 늙어지면 변하게 되나 아름다움은 시간이 갈수록 더욱 빛나는 법이다.

그러면 아름다운 여성은 과연 누구인가? 그것은 이 글을 읽는 여대생 바로 그대들이다. 우리 여대생들은 참말로 아름답다. 잔디밭에서 앙드레 지드를 읽다가 먼산을 바라보는 그윽한 눈, 교정에 핀 한송이 장미꽃잎에서 향기를 맡는 작은 코, 김남조의 시 '아가에게'를 읊을 때 입술에 떠오르는 잔잔한 미소, '아드린느를 위한 발라드'를 피아노로 연주하는 하얗고 긴 손… 이 모두가 얼마나 그림처럼 아름답고 사랑스런 모습들인가.

여대생들은 화장하지 않고 유행을 따르지 않아도 그 발랄한 젊음과 우아함과 지성미로 말미암아 아름다운 향기를 발산하고 있다.

요즈음 여대생들을 포함한 젊은 여성들은 매우 유행에 민감한 듯하다. 그러나 유행을 좇아 사는 것도 제멋이지만 우리 여대생들이 사회의 유행을 따르는 것은 아름다움을 가꾸는 것과는 거리가 있는 것이라고 생각된다. 여대생들은 유행같은 겉멋보다는 문화와 교양으로 여대생들만의 참멋을 창조하여 오히려 사회가 여대생들을 본받도록 해야 한다. 마치 대학가요제가 기존 대중가요계에 신선하고 참신한 바람을 불어넣는 것처럼 말이다.

우리 여대생들은 '꾸미지 말고 가꾸기'를 바란다. 즉, 속은 비어도 겉만 예쁘게 꾸미는 사회인들과는 달리 지성미와 개성미를 한껏 가꿔 진정한 아름다운 여성으로 성장하기를 바라마지 않는다.

_2002년 전대신문

북어국과 장마비

지루한 장마가 계속되고 있다. 방송에서는 '장맛비' 일기예보로 매우 바쁘다. 그런데 이 '장맛비'는 '장마비'로 소리내는 사람들이 '장마삐'로 발음하는 사람들보다 더 많은 것 같다. 더구나 '장맛빗소리'나 '장맛빗줄기'의 경우는 '장마삐쏘리', '장마삐줄기' 등 된소리로 발음하기는 매우 힘들게 된다.

한글맞춤법 제30항 우리말의 사이시옷 원칙 1항, 순우리말로 된 합성어로서 앞말이 모음으로 끝나고 그 뒷말의 첫소리가 된소리로 나는 것에는 사이시옷을 붙여 준다는 규정에 따라 '장마'의 '마'가 모음으로 끝나고 그 뒤 첫소리가 '삐'로 나기 때문에 '장맛비'로표기해야 하는 것으로 설명하고 있다. 그러나 일반인들은 물론 방송인들까지도 '장마비'로 발음하지 '장마삐'로는 잘 발음하지 않는다. 그래서 일기예보에서 '장맛비'라는 표기가 나오고 '장마삐'로 발음할 때마다 부자연스럽고 이질감이 느껴진다. 외국인 학생들에게 '장마비'와 '장맛비'를 보여 주니 '장마비'는 장마+비로 이해하고 장마 때 오는 비라고 쉽게 대답했으나 '장맛비'는 장맛+비로 인식하고 장맛이 나는 비냐고 반문했다.

언론에서 보면 사이시옷을 잘 붙이지 않는 낱말도 많다. 만두국, 뱀사골, 고기국, 등대불, 구두주걱, 보라빛, 국수집, 김치국 등은 사이시옷을 거의 붙이지 않는다. 그리고 국숫+김칫+국으로 이해하면 명사는 '국숫', '김칫'으로 잘못 알게 돼 혼란을 초래하게 된다.

국립국어원은 우리말의 된소리를 억지로 표기하려고 너무 무리하게 집착하고 있다는 생각이 든다. 꼭 된소리를 표기해야 한다면 일기예보에서 '경기찌방', '중부찌방', '제주찌방'이라고 된소리로 발음하니까 '경깃지방' 등으로 사이시옷을 표기해야 하는 모순이 생긴다. 외국인들은 'water'를 '워러' 또는 '워터'라고 하거나 Paris를 '파리' 또는 '빠리'로 발음한다. 우리말도 개인에 따라서 효과/효꽈, 김밥/김빱 등으로 발음하듯이 된소리 발음을 자연스럽게 쓰도록 하는 것이 좋겠고 '북어국'이나 '장마비'도 억지로 사이시옷을 강요하지 말아야 한다.

한글이 소리글자라고 하는 것은 소리나는 대로 적는 글자라는 뜻이 아니고 소리를 쉽게 쓸 수 있는 글자라는 뜻이다. 사이시옷을 붙여 쓰는 순간 원형이 '북엇' 또는 '장맛'이 된다면 글자의 원형을 어렵게 만들 뿐이다. 소리의 원형을 보존해야지 자꾸 사이시옷을 넣어 어렵게 만들면 한글의 세계화에도 별 도움이 되지 않을 것이라고 생각한다.

중국 연변조선족과 북한은 '초불', '홰불' 등으로 쓰나 발음은 '초뿔', '홰뿔'로 한다고 한다. 통일 후의 한글 통일을 위해서도 사이시옷을 무리하게 적용하지 않아야 한다.

불고기는 불고기 그대로 소리나지만 물고기는 일반사람들 대다수가 물꼬기로 발음한다. 한국사람들은 물꼬기라고 하지만 외국인들은 물고기를 그대로 물고기로 발음한다. 그렇다고 외국인들이 물꼬기로 발음하도록 하기 위해서 뭀고기로 표기해야 한다면 얼마나 불편하고 혼란스럽겠는가. 외국인들이 소리글자인 한글을 통해 쉽게 한국어를 배울 수 있도록 사이시옷 같은 예외 표기를 지양하고 사람들에 따라서 편안하게 된소리 또는 예사소리로 발음하게 놓아두면 한글의 세계화에도 훨씬 도움이 되지 않을까 생각한다.

_2009년 한겨레신문

짜장면을 돌려다오

장병들이 휴가 때마다 가장 많이 찾는 음식은 단연 짜장면이라고 한다. 짜장면은 한국 사람이면 누구나 다 좋아하는 음식이며 특유의 맛과 냄새로 사람을 끌어당기는 마법을 지닌 음식이다.

얼마 전까지만 해도 짜장면은 졸업식 날이나 입학식 날, 생일 등 특별한 날에야 먹을 수 있었던 별식이었다. 오죽 짜장면이 실컷 먹고 싶었으면 우리 딸이 '짜장면 집에 시집갈테야'라고 말했을까.

짜장면은 어디든지 신속하게 배달해 준다. 달리는 지하철 안은 물론 마라도까지 배달한다는 광고도 있었다. 값도 싸다. 푼돈으로도 먹는 즐거움을 누릴 수 있게 해주는 서민의 동반자이며 대통령이 짜장면 값을 걱정할 정도로 중요한 서민 대중의 음식이다.

중국 산동성에서 온 화교들이 1905년 인천에서 산동성 짜장면을 개발해 한국형으로 만들어 보급한지 100년이 넘었다. 산동성 짜장면은 중국식 비빔국수의 일종이나 한국의 짜장면은 한국인의 입맛에 맞게 개발해 왔기 때문에 세계 어디에 가도 없는 독특한 한국만의 음식이 되었다. 인천에서는 짜장면 도입 100주년 기념행사를 성대하게 열고 최초의 짜장면집인 공화춘을 보존하는 한편 짜장면 박물관도 만들었다.

그런데 요즈음 신문 방송에 짜장면 대신 자장면이라는 표기가 자주 등장한다. 국립국어원은 외래어 표기법에 자장면을 표준으로 삼는다고 했다며 그 어원이 중국의 炸醬麵(작장면)에서 유래되었기 때문에 그렇게 써야 한다고 주장하고 있다.

그러나 나는 이러한 주장과 표기에 이의가 있다. 그렇다면 삼선짜장, 간짜장, 쟁반짜장은 모두 '삼선자장, 간자장, 쟁반자장으로 발음하고 표기해야 된다는 말인가. 국립국어원 사람들은 중국집에 가서 '간자장 주세요' 라고 말하는지 들어보고 싶다.

SBS가 조사 발표한 바에 따르면 국민의 91.8%가 자장면 대신 짜장면이라고 부른다고 했다. 중국어 표기인 Zhajiangmian을 중국 사람들에게 발음해보라고 했더니 모두가 '짜'로 발음하지 '자'로 발음하는 사람은 없었다. 대중이 짜장면으로 발음하고 원어민도 짜장면으로 발음하면 당연히 짜장면으로 바로잡아 주어야 하는데 왜 자장면으로 계속 표기해야 되는지 이해가 안된다. 이것은 마치 수십년간 잘 다니던 길을 막고 돌아서 가도록 강요하는 것과 같다.

짜장면 하면 짭쪼름하고 달착지근한 짜장면 특유의 맛이 연상되는데 자장면 하면 짜지도 않고 맛도 없는 밋밋한 음식일 것 같은 느낌을 준다. 즉 짜장면의 '짜'자에는 짜다는 의미가 녹아 있다고 생각되는 것이다. 이 글을 쓰다 보니 불현듯 춘장내 물씬 풍기는 짜장면 한 그릇이 먹고 싶어진다.

_2010년 한국 아나운서협회지

황혼이혼, 졸혼 그리고 휴혼

"그대 없이는 못살아 나 혼자서는 못살아 헤어져서는 못살아 떠나가면 못살아" 패티김의 노래 '그대 없이는 못살아'의 노랫말이다. 젊은이들에게는 사랑의 노랫말이지만 노부부들에게는 그대 없이는 아무 것도 할 수 없으니 죽을 때까지 내 곁에서 나를 부양해 달라고 하는 구속의 노랫말이 될 수 있다.

자녀들을 출가시킨 뒤 노후에 가정과 배우자의 구속에서 벗어나 홀로 서기를 실행하고자 하는 황혼이혼의 비율이 해마다 가파르게 상승하고 있다. 통계에 의하면 2009년 총 이혼 건수의 22.8%이던 것이 2014년에는 28.7%로 매년 1% 이상 늘어나고 있고 건수로 보면 3만 2

천건이나 된다. 황혼이혼에 공감한다는 노인들이 70.4%나 되어 우리나라 황혼이혼이 위험수위에 육박하고 있음을 실감하게 된다.

그런데 황혼이혼을 예방하고 부부 갈등을 해소할 수 있는 방안으로 주목받고 있는 것이 바로 졸혼이다. 졸혼이라는 말은 결혼을 졸업하다는 뜻을 가진 것으로 부부가 법적 혼인 관계를 유지하지만 각자 떨어져 살면서 서로 간섭하지 않고 자유로운 생활을 꾸려 가는 삶을 의미한다. 졸혼은 일본 여류작가 스기야마 유미코가 2004년 출판한 "졸혼을 권함"이라는 책에서 비롯되어 일본 결혼 문화의 새로운 트랜드로 확산되고 있고 우리나라에서도 요즈음에 와서 본격적으로 거론되고 있다. 황혼이혼은 법정 다툼 끝에 결혼 생활을 청산하고 각자의 삶을 사는 것이지만 졸혼은 결혼 상태는 유지하면서 독립적으로 자유롭게 생활할 수 있다는 점이 긍정적으로 받아들여지고 있다. 한 결혼정보회사에서 조사한 바에 의하면 졸혼에 대한 찬성이 57%, 반대가 40%로 나타났고 여성의 찬성 비율이 더 높아서 여성의 53%가 찬성인데 비해 남성은 32%만 찬성하는 것으로 밝혀졌다. 특히 노년의 여성들은 수십년간 남편과 시집에 얽매였던 결혼 생활이 지겨워지고 속박에서 벗어나고파 졸혼을 찬성한다고 한다.

탤런트 백일섭(73세)은 얼마 전 졸혼을 선언하고 취미인 낚시와 혼밥 혼술을 즐기며 홀로 살고 있다. 엄앵란(81세)과 신성일 부부는 오래 전부터 서울과 대구에 떨어져 살면서도 돈독한 부부 관계를 유지하는 졸혼생활을 하고 있다. 전원주택의 낭만을 선호하는 남편과 도시생활의 편리함을 추구하는 부인이 떨어져 사는 경우도 역시 졸혼의 형태라고 할 수 있다.

졸혼에 이어 요즈음 휴혼이란 말이 새롭게 등장했다. 졸혼이 결혼 졸업이라면 휴혼은 결혼 휴업이라고 할 수 있다. 결혼 기간 동안 가족 부양을 하느라고 힘들게 살아 왔던 사람이 일정 기간 휴식 기간을 갖고 취미생활도 하면서 사생활을 즐기자는 것이다. '엄마가 뿔났다'라는 드라마에서 김혜자는 가사 노동에서 벗어나기 위해 휴업을 선언하고 집을 떠나기도 했는데 휴혼의 한 형태라고 볼 수 있다. 대학교수들은 6개월 내지 1년간의 안식년을 갖는데 이 기간 동안 하고 싶은 연구도 하고 견문도 넓히고 재충전하고 돌아와 교수생활에 더욱 매진하게 된다. 이와 마찬가지로 결혼 생활에도 휴식 기간을 갖게 되면 개인 생활을 누리고 돌아와 새로운 기분으로 결혼 생활에 임할 수 있게 된다. 이 휴혼은 노부부뿐만 아니라 모든 연령의 부부에게 적용될 수 있다. 특히 시집과의 불화로 이혼하려는 젊은 부인들이 일정 기간 동안 가사노동과 시부모 봉양의 의무를 내려놓고 자기만의 시간과 생활을 갖게 된다면 갈등을 해소하고 화해와 재결합을 할 수 있을 것이다. 이것은 이혼율을 획기적으로 낮출 수 있는 합리적인 방안이라고 할 수 있다. 휴혼 후에 돌아오면 가정과 시집에 더욱 충실한 며느리가 될 것이다.

휴혼을 제도화해서 누구나 원하면 휴혼을 시행할 수 있게 하면 어떨까. 마치 육아휴직을 국가에서 제도적으로 지원하는 것처럼 말이다.

사랑과 정으로 노년에 행복한 결혼생활을 하는 부부들이 많지만 부부간에 갈등과 대립이 날로 극심해지고 서로 간에 미움과 분노가 쌓인다면 황혼이혼이라는 불행한 결말로 치닫기 전에 졸혼이나 휴혼 등 합리적인 해결 방안을 모색해야 할 것이다.

_2018년 전남일보

카네이션이 뭐길래

5월은 여기저기서 카네이션을 많이 볼 수 있어 좋았다. 어버이날과 스승의 날에 한송이 카네이션을 달아 드리며 부모님의 사랑과 선생님의 은혜에 감사를 표하는 모습은 지극히 아름답고 인간적이다. 군사부일체로 스승을 부모처럼 섬기던 우리 사회는 부모와 마찬가지로 스승에게도 자연스럽게 카네이션을 달아드리게 되었을 것이다.

자고로 우리 부모들은 선생님 말씀과 가르침을 잘 들어야 하고 지도편달을 잘 받아야 한다고 하였다. 편달(鞭撻)의 뜻은 채찍과 매이다. 부모들은 스승에게 사랑의 매로 다스려 게으르고 공부 안하고 버릇없는 자녀를 사람 만들어 주십사 하면서 맡겼다. 그래서 예로부터 스승의 그림자도 밟지 않는다는 말이 있었다. 그렇게 스승은 아이들의 사랑과 존경의 대상이었다. 오늘날 어느 누구도 스승의 가르침 없이 어떻게 학문과 지식과 교양을 쌓을 수 있겠는가.

그런데 이번 스승의 날에 이땅의 선생님들은 카네이션 때문에 그 어떤 스승의 날 보다도 가장 쓸쓸한 하루를 보냈다. 김영란법이 발효된 후 처음 맞는 스승의 날에 학생 개인이 선생님 가슴에 한 송이 카네이션을 달아 드리는 것을 허용하지 않은 국민권익위원회의 발표가 선생님들의 가슴에 대못을 박았다. 국민권익위원회에서는 홈페이지에 '스승의 날 청탁금지법(김영란법)에 대한 Q&A'를 만들어 공고했다. 그 주요 내용을 간추려 보면 스승의 날 담임선생님께 카네이션을 드리는 것은 학생대표가 공개적으로 주는 것만 사회 상규상 허용되며 학부모는 교사에게 카네이션을 주는 제공 주체가 아니므로 안된다고 하였다.

그리고 기간제 교사에게는 카네이션이 안되나 방과후학교 교사(강사)에게는 카네이션을 제공해도 괜찮다고 하였다. 학생들이 돈을 모아 5만원 이하의 선물을 하는 것도 안되며 교사와 학생 사이의 선물은 5만원 이하라도 금품 등 수수금지 예외 사유에 해당할 수 없다고 하였다. 졸업생이 모교로 찾아가 선생님, 교수님께 식사나 차를 대접하는 것은 허용될 수 있다고 하였다. 이 규정은 선생님들을 스승의 날이랍시고 학생들에게 억지로 금품을 바치게 하는 염치없는 집단인 것처럼 여기게 만든다. 이런 식이라면 소풍 때 선생님 도시락도 싸서는 안 되며 발렌타인데이 때 초콜릿 금지, 크리스마스나 신년축하 카드도 금지한다고 규정해야 할 일이다. 스승과 제자 사이에 국가 권력이 개입해 이래라 저래라 간섭하고 제약하는 것은 바람직하지 않은 일이라고 생각한다. 권위주의 시대에 국가가 남학생들의 장발을 단속하고 여학생들의 스커트 길이를 제한했던 것처럼 못마땅한 일이다.

이번 스승의 날에 각급 학교에서는 쓸데없는 오해를 피하기 위해서 스승의 날 수업을 안하고 견학을 간다든가 공연을 본다든가 운동회를 하는 등 스승의 날 행사 자체를 하지 않은 곳이 많았다. 선생님들은 스승의 날을 맞아 오히려 사기가 땅에 떨어졌고 긍지와 자부심은커녕 서럽고 부끄럽기 짝이 없다고 하면서 이럴 바에는 스승의 날을 차라리 없애는 게 낫겠다고들 한다. 그들은 카네이션이 문제가 아니고 학생들의 사랑과 존경은 안받아도 좋으니 교권침해나 안받았으면 좋겠다고 장탄식을 한다. 사랑의 매는 커녕 큰소리로 한번 혼내도 경찰에 신고하고 야단 한번만 쳐도 학부모가 교실에 난입해 머리채를 휘어잡는 일이 비일비재하다.

국회의원 이종배 의원실이 제공한 최근 5년간 교권침해 현황을 보면 학생의 교사 폭행이 461건, 교사 성희롱이 459건, 학부모들의 교권침해는 464건이며 해마다 교권침해가 심해지고 있는 것으로 나타났다. 선생님을 사랑과 존경의 대상으로 대하지 않을 뿐만 아니라 폭행과 조롱의 대상으로 삼는 일이 많아지고 있는 것이다. 심지어 섬마을에 부임한 초등학교 여교사를 학부형들이 집단 강간하는 파렴치한 일도 생기지 않았는가. 그래서 학생 지도에 어려움을 겪다 보니 정년보다 일찍 명예퇴직하는 선생님들이 많아진 것도 흔한 일이 되었다.

선생님들이 땅에 떨어진 사기로 어떻게 학생 지도에 희생과 봉사로 헌신할 수 있겠는가. 말 많고 탈 많은 스승의 날을 아예 없애거나 아니면 스승이 자부심과 긍지를 회복하고 교권을 다시 찾도록 해야 한다.

새정부 들어서서 교육개혁을 아무리 외쳐보아도 스승이 움직이지 않는, 스승이 앞장서지 않는 개혁은 그 어떤 개혁도 성공할 수 없다.

_2019년 전남일보

한옥마을에 살어리랏다

"은퇴를 준비하십니까? 따뜻한 남쪽 땅 전남으로 오십시오. 녹색의 땅 전남에는 한옥마을이 있습니다. 전남 땅은 일조량이 가장 많습니다. 생활비·난방비가 적게 듭니다. 공기가 가장 깨끗합니다. 친환경농수산물 생산 1번지로 식품안전 걱정도 가장 적습니다."

이것은 전남도가 한옥 건축 신청자를 유치하기 위해 내놓은 홍보문이다. 은퇴를 앞두고 있었던 나는 이 홍보문을 보고 한옥을 짓고 살기로 결심하였고 함평 주포한옥마을에 집을 지어 현재까지 살고 있다.

한국인들은 마당 넓은 한옥에서 부모님을 모시고 텃밭을 일구고 강아지도 키우며 사는 꿈을 가지고 있다. 한옥은 한국인들의 마음의 고향이다. 어머니의 품속 같은 한옥에서 고향집에 온 것 같은 푸근한 마음으로 몸과 마음을 편히 쉬고자 한다. 목재로 만들어진 한옥은 기둥과 기와지붕의 선이 아름답고 황토흙으로 지어진 구들장 방과 벽에서는 원적외선이 나와 신체 건강에 좋다고 한다.

'살어리 살어리랏다 한옥에 살어리랏다'를 되뇌며 이러한 한옥을 지으려 나서고 보니 건축비가 만만치 않았다. 한옥집 한 채의 건축비는 대체로 광주의 새 아파트 한 채 값과 비슷했다. 그러나 한옥을 지을 때 전남도와 군청에서 4천만원을 현금 지원해 주는 한편 연리 1%로 3년 거치 7년 상환하는 융자금 4천만원 등 모두 8천만원을 지원해주어 건축비에 큰 도움이 되었다.

전남도는 함평, 나주, 담양, 순천, 영암, 장성, 장흥 등 도내 각 지역에 한옥마을을 조성해 왔다. 이것은 인구 감소와 노령화 등으로 어려움을 겪고 있는 전남 마을의 농어촌 주택을 개선하고 소득을 증대시키며 도시민과 도농교류를 할 수 있는 마을공동체를 만들기 위함이었다. 이러한 취지로 전남도는 2005년 12월 전라남도 한옥지원조례를 제정 공포하고 2006년부터는 행복마을과를 신설하여 한옥마을을 적극 추진해오고 있다. 그 결과 2015년에는 전남 한옥마을에 약 2,912명의 인구가 새로 유입되었다. 현재까지 도청에서는 110개 행복마을을 선정해서 1,354채 가구가 한옥을 완공해 거주하고 있으며 551 가구는 추진 중에 있다. 이를 위해 전남도에서는 모두 1,005억원을 투입하였다.

요즈음 전남도의 한옥주택 건축 지원은 내가 집을 지었던 4년 전에 비해 여건이 매우 좋아졌다. 2017년 한옥사업 시행지침을 보면 종전 전남인에 한하였던 한옥신축 신청 자격을 외지사람도 신청할 수 있게 완화해 귀농·귀촌 희망자나 은퇴를 앞둔 사람, 도시 청년들도 손쉽게 한옥을 지을 수 있게 되었다. 그리고 융자금 이자율이 종전의 연리 2%에서 1%로 많이 낮아진 반면 지원금 총액은 현금 3천만원을 포함해서 10년간 2억원까지 늘어나 경제적 부담이 대폭 줄어들었다. 그런데 이렇게 한옥 신청 자격이 완화되고 지원금이 유리하게 변경되었지만 이러한 사실이 잘 홍보가 되지 않아 일반사람들이 잘 모르고 있는 실정이다. 그리고 전남도의 연간 한옥 지원 규모는 점차 축소되고 있어 한옥조성사업이 축소지향으로 가는 것이 아닌가 하는 의구심이 든다. 2012년까지 연간 100억원씩 하던 지원액이 2015년 25억원, 2016년 23억원, 2017년에는 13억원으로 줄어들었다. 이것은 아기 낳을 환경을 계속 축소하면서 아기 많이 낳기를 바라는 것과 같다.

한옥을 찾고 싶고 머무르고 싶고 살고 싶은 전남의 명소가 되도록 하기 위해서는 효과적인 홍보와 체험 프로그램을 적극적으로 실시할 필요가 있다. 전남도는 각 한옥마을과 손잡고 갖가지 홍보와 이벤트를 실시함으로써 한옥의 진정한 가치와 아름다움을 느끼고 체험하게 하는 것이 절실하다. 즉 한옥마을에서 민박체험, 한복입기체험, 농수산물 판매, 전통차 마시기, 국악공연… 등 이벤트를 통해 한옥을 널리 알리는 것이 중요하다.

한옥은 심어만 놓으면 저절로 자라는 꽃나무가 아니다. 정성을 다해 물 주고 거름 주고 햇빛을 쬐어야 아름다운 꽃을 피울 것이다. 보다 적극적으로 홍보를 하고 관리와 육성을 잘 할 때 한옥마을은 전남도의 상징이자 명소로 자리매김될 것이다.

_2019년 전남일보

오빠와 자기

대중가요는 한 시대의 인간관계와 시대상을 반영하는 것이기 때문에 그 시대의 일상적 호칭이 노래 가사에 나타나는 경향이 있다. 노래 제목과 가사에서 나오는 우리나라 남녀간의 호칭은 시대에 따라 '임(님)', '그대', '당신', '너', '자기', '오빠'로 순차적으로 변화되거나 중첩돼 표현됐다. 이중에서 '임(님)'은 존경하고 사모하는 대상에 사용하던 가장 오래된 호칭이다. '임이라 부르리까'(이미자), '님과 함께'(남진), '임아'(펄시스터즈), '님은 먼곳에'(김추자), '님 그림자'(노사연) 등의 대중가요에 두루 쓰였다.

'임(님)'에 이어서 가사에 많이 나온 호칭은 '그대'이다. '그대와 사랑은 옛이야기'(최희준), '젊은 그대'(김수철), '나 항상 그대를'(이선희), '그대 그리고 나'(소리새) 등 많은 곡에서 사용됐다. '임(님)'이나 '그대'는 상대방을 존중하면서도 품격 있게 부르는 말이지만 요즈음 현실 언어에서는 고어처럼 여겨져 잘 쓰지 않는 말이 됐다.

'그대'에 이어서 '당신'이 다수 등장했다. 황금심의 옛노래 '알뜰한 당신'을 필두로 오늘날까지 대중가요에 널리 사용되고 있다. '당신은 모르실거야'(혜은이), '당신도 울고 있네요'(김종찬), '당신은 사랑 받기 위해 태어난 사람'(이수영) 등의 노래가 많이 있다. 그러나 실제 젊은이들 사이에서는 '여보'와 마친가지로 '당신'이라는 말도 어른들이 주로 쓰는 표현으로 여겨져 그들의 언어생활에 잘 쓰이지 않고 있다.

'당신'에 이어서 나온 것이 '너'이다. 이문세의 붉은 노을을 보면 "난 너를 사랑해, 이 세상은 너뿐이야, 소리쳐 부르지만 저 대답 없는 노을만 붉게 타는데"라고 하면서 직설적인 지칭으로 '너'를 쓰고 있다. '그건 너'(이장희), '너에게로 또 다시'(변진섭), '너를 위해'(임재범) 등의 노래에도 '너'가 활용됐다. 이것은 상대방을 친밀하게 부르는 말이기는 하지만 현실 언어에서 반말 또는 낮춤말로 많이 쓰이기 때문인지 요즈음에는 '너'를 사용한 노래를 찾아보기 어렵다.

'너'에 이어서 현재 사회생활에서 많이 쓰이고 있는 '자기'가 노래 가사에 반영됐다. '자기'라는 말은 상대방을 정답고 애틋하게 부르는 살가운 표현이다. 태진아는 '자기'라는 히트곡에서 "자기 귀여운 자기, 자기 소중한 자기, 자기 만나 행복하네요"라고 노래했고 또 '자기가 좋아'라는 노래도 발표했다.

대중가요에서 '오빠'가 등장한 것은 1939년에 발표된 김영준의 노래 "홍도야 울지마라 오빠가 있다. 아내의 나갈 길을 너는 지켜라"라는 가사의 노래가 최초이다. 그리고 동요 '오빠생각'은 "우리 오빠 말타고 서울 가시면 비단 구두 사가지고 오신다더니"하는 노랫말이 오빠 동생 사이의 애틋한 정을 잘 나타내고 있다. 그런데 박현빈의 '오빠 한번 믿어 봐'는 친오빠가 아닌 연인을 오빠라고 부른다. 가수 왁스의 오빠는 "오빠, 그녀는 왜봐, 거봐 그녀는 나빠, 이젠 나를 가져봐"라며 노골적으로 유혹하는 가사까지 나온다.

'오빠'라는 말이 요즈음 남녀 사이에 매우 많이 쓰이고 있다. 90세가 넘은 송해에게 젊은 여자 출연자들이 '오빠'라고 부르는가 하면 미스터 트롯의 임영웅에게 50대 부인이 '오빠'라고 하는 경우도 있었다. 싸이의 '오빤 강남 스타일'이 세계적인 히트를 기록한 뒤 케이팝을 좋아하는 외국여자들이 한국남자만 보면 '오파'라고 부르는 일도 흔해졌다. '오빠'라는 호칭이 친밀감 있고 애교스러운 표현이기는 하지만 너무 많이 사용되는 경향이 있고 특히 결혼 후 아이가 있는 경우에도 오빠라고 하는 것은 자연스럽지도 바람직스럽지도 않다고 하겠다.

국립국어원이 펴낸 '우리말의 예절' 에 보면 결혼 후에 오빠라고 하는 것은 어법에 맞지 않아 결코 써서는 안되는 말이라고 했다. 그래서 '오빠' 대신 바람직스러운 호칭으로 '자기'를 쓸 것을 권하고 싶다. '자기'는 결혼 전 연인 사이부터 노부부간에 이르기까지 두루 쓰이는 정다운 표현이며 상대방이 연하라도 자연스럽게 쓸 수 있는 말이다.

_2021년 남도일보

백발이 아름다워

'백발이 섧고 섧다 백발이 섧고 섧네 나도 어제 청춘일러니 오늘 백발 한심하다. 우산(牛山)에 지는 해는 제경공(齊景公)의 눈물이로구나 분수(汾水)의 추풍곡(秋風曲)은 한무제의 설움이라….'

이것은 박녹주, 성창순 등 많은 명창들이 부른 대표적인 남도소리 단가 '백발가'중 앞 대목이다. 고려의 문신 우탁(1262-1342)은 '한 손에 가시 쥐고 또 한 손에 막대 들고 늙는 길 가시로 막고 오는 백발 막대로 치렸더니 백발이 제 먼저 알고 지름길로 오더라' 라는 시조를 남겼다.

이렇듯 예로부터 백발은 피할 수 없는 늙음의 상징이었다. 그래서 사람들은 백발을 가리기 위해 가발을 쓰거나 모자를 썼다. 그러던 것이 염색약이 개발되면서부터 백발을 감출 수 있는 방법이 생겨났다. 백세 시대에 사회활동과 경제활동도 활발히 하는 노인들이 오직 백발만 아니면 늙은이 대접을 안받아도 되는 길이 열린 것이다.

염색약을 가장 선호하는 사람들은 노년기 여성들이다. 여성들은 누구나 미용과 외모에 관심이 많고 조금이라도 젊어지려고 애쓰는 편이어서 우리 주변에서 백발 할머니를 찾기는 힘들다. 이제 백발은 여성들의 삶 속에서 연령 고하를 막론하고 거의 자취를 감추고 있다.

그런데 유명 가수 패티김의 백발은 의외로 신선했다. 그녀는 공연무대에서 백설처럼 하얀 머리를 주저 없이 드러내 검은 머리를 선호하는 이 시대에 신선한 충격을 주었다. 그런가 하면 62세에 장관이 된 강경화 전 외무부장관은 백발을 휘날리며 세계 외교무대를 거침없이 휘젓고 다녀 찬탄을 자아냈다. 누가 그녀를 늙었다고 생각했겠는가. 그녀는 우리나라의 유일한 여성 외무부장관으로 3년 8개월을 재직하였다. 염색을 하지 않는 이유는 자신의 본모습을 가리고 싶지 않기 때문이라고 하였다. 강경화의 딸이 엄마의 흰 머리가 부끄럽디며 수업 참관을 올 테면 염색하고 오라고 했다는 일화도 있다. 그럼에도 불구하고 그녀는 여성 백발의 선구자 역할을 하였다. 그녀의 영향을 받았음인지 한국 여성들이 염색하지 않고 백발을 받아들이는 현상이 차츰 나타나기 시작하였다.

정치인들 중에는 문재인 대통령이 백발인 것은 이미 잘 알려진 사실이지만 미국의 바이든 대통령은 나이가 80세인데도 불구하고 백발인 채로 세계를 쥐락펴락 하고 있고 한국의 김종인은 81세의 백발이나 정가를 좌지우지하며 킹메이커 역할을 하고 있다. 레이건은 대통령 후보 시절 경쟁자인 카터가 그의 늙음을 지적하자 그는 카터에게 당신의 경험 부족을 탓하지는 않겠다는 유명한 말을 하였다. 가수 노사연은 '바램'이라는 노래에서 '우리는 늙어가는 것이 아니라 조금씩

익어가는 것'이라고 주장하기도 했다.

요즘 같은 백세 시대에 노인들은 경험 많고 원숙한 사고방식을 가진 사람이고 지혜와 경륜과 함께 은빛으로 반짝이는 노인들의 백발은 그의 머리 위에서 월계관처럼 아름답게 빛날 것이다.

_2021년 남도일보

풀 뿌리에도 봄은 오는가

유세 현장을 돌아보고

들판은 은가루 같은 햇살이 쏟아지고 있었다. 근래 드물게 화창한 날씨에 하늘은 구름 한 점 없이 맑았다. 낮 기온은 16도. 전형적인 따뜻한 봄 날씨다. 코끝을 스치는 향긋한 흙냄새를 맡으며 우리 일행(정치부 김성 차장, 사진부 김동현 차장, 본인)이 18일 오후 찾아 나선 유세장은 담양군 고서면 고서초등학교 교정이었다.

고서면에는 면사무소와 지서, 우체국, 농협 등이 있으며 주민들은 대부분 농사를 짓고 있다. 고서는 담양과 창평 사이에 있으면서 광주와도 가깝기 때문에 농산물의 판로를 쉽게 확보할 수 있는 것이 장점이다. 그러나 젊은이들이 대도시로 빠져나가고 학생들도 광주에서 취학하고 있어 젊은 사람 만나기가 어렵고 중년 이상과 노인들이 고향 땅을 지키는 모습이 유세장에서도 여실히 나타났다. 고서면 총 세대수는 1,502세대이고 총 인구수는 5,697명, 그중 남자는 2,821명, 여자는 2,876명이다. 유권자는 대략 3,300명 정도. 그 중 약 10분의 1 정도 되는 300여명(선거관리위원회 추산)의 주민들이 유세장을 찾았다. 유권자의 수에 비해서는 제법 많은 청중이 모인 셈이다. 청중은 대부분 중년과 노년층이었고 여자는 40명 정도, 20대는 손가락을 헤아릴 될 정도밖에 안 되었다.

한 명을 뽑는 고서면에는 세 사람이 후보로 나섰다. 1번 현승호씨(57세)는 평민당 면협의회장이고 2번 조영문씨(52세)는 광주서중 출신인 농민회 고문, 3번 조해근씨(43세)는 한약업자이며 평통위원이었다. 그러나 그는 아무런 통보 없이 유세장에 나타나지 않아 1,2번 두 사람만이 연설을 했다. 현승호씨는 평민당원으로서 국민의 세금이 정권 유지비로 쓰이는 것을 철저히 감시할 것이며 자신을 돕는 것은 곧 김대중씨를 돕는 것이라고 강조했다. 조영문 씨는 군수를 정부에서 임명하는 현 제도의 모순을 지적하면서 참다운 지자체 실현으로 농촌 현실을 개선해 나갈 것을 주장했다. 두 사람은 각각 주어진 연설 시간 20분 중 15분가량을 사용했다. 내 고장 발전에 관해 청사진을 소신껏 제시했지만 상대방에 대한 인신공격은 없었다.

청중들은 삼삼오오 모여 연설 내용을 듣고 있었으며 유세장 안은 깃발과 플래카드는 물론 그 흔한 피켓도 보이지 않았다. 유세장에는 꼭 따라다닐 법한 막걸리 장사나 커피 장사도 없었고 박수 부대도 보이지 않았다. 아직 보수적인 농촌마을이라서 그런지 부녀자들은 청중석 한쪽에 신문지로 고깔모자를 만들어 쓰고 따로 자리를 잡고 앉아 있었다. 연설하는 동안 청중은 대체로 조용했고 1번 후보의 연설이 끝났으나 한 사람도 자리를 뜨지 않고 끝까지 2번 후보의 연설을 경청했다.

과연 이 순박한 농민 유권자들은 후보자에 관해서 그리고 지자체에 관해서 어떤 생각을 하고 있는 것일까. “할아버지는 같은 조씨가 출마했으니 문중 사람을 찍으시겠죠?” 나의 유도 질문에 조용원 할아버지(67세)는 “문중 사람을 따지기 전에 일 잘 할 사람을 뽑아야제” 하고 분명한 어조로 대답했다. “바로 여기서 40여년 전에도 지방자치제 의원 연설이 있었지라…”하며 감회가 새롭다는 박용호 할아버지(73세)는 그 때는 고서면에서만 면의원을 10명씩 뽑았다고 술회하면서 지방의원이 진짜 의원이라고 강조했다. “연설 내용은 1번이 완전 좋아 부르요잉”하는 조재현 아주머니(59세), “2번 당이래야 농민 맴을 시원하게 풀어 주지 누가 하겄오?” 하고 반문하는 김영수씨(45세), “두 사람 다 국민학교 동창 선후배라서 누굴 찍어야할지 죽을 지경이지라우”하던 김기동씨(51세). 이들은 모두 자기 나름대로의 날카로운 눈으로 후보들을 평가하고 있었으며 1번이고 2번이고간에 좋은 연설 내용이 나올 때는 후보를 가리지 않고 박수를 쳤다. 다른 도의 텅빈 유세장에 비해 이곳은 청중이 많은 편이고 엊그제 해남의 한 유세장은 천명이 넘는 인파가 몰렸다고 한다. 확실히 전남 사람들의 정치의식이 높다는 증거이다.

연설이 끝난 후에는 쓰레기로 인산인해를 이루던 여느 선거와는 달리 종이 조각 하나 없이 깨끗한 운동장의 모습은 과연 무엇을 말해주는 것인가? 그 누가 얄팍한 선심 공세로 내 고장의 진정한 일꾼 뽑겠다는 이들의 자존심을 상하게 하고 현명한 판단을 흐리게 할 수 있단 말인가? 우여곡절 끝에 실시되는 기초단체 의원 선거는 조용한 가운데 서서히 무르익어 가고 있었다. 그것은 냉담함이 아닌 냉정한 판단의 모습이었다.

풀뿌리에도 과연 봄은 오고 있는가?

_1991년 광주일보

유세장에 가보시지요

광주동구 3선거구 광역의회 유세 참관기

Y형! 유세장에 가보셨나요? 풀뿌리 민주주의의 제2탄 광역의회 선거 유세가 한창입니다. 30년 만에 실시되는 지방의회 선거가 본격적으로 막을 올리고 있는 이때 저는 어제 오후 4시 광주 최대 격전지인 동구 3선거구 유세장에 갔었습니다.

무등산 기슭에 아담하게 자리잡은 동산초등학교 운동장은 한 마디로 민주주의의 축제판이었습니다. 장내 가득 찬 수천 명의 인파, 떠나갈 듯한 박수 소리, 하늘을 찌를 듯한 함성, 후보자의 구호가 적힌 갖가지

티셔츠들, 각양각색의 선거 팸플릿들이 유세장에 흘러 넘쳤습니다. 신민당 무공천 지구인 이곳에는 1명의 여당 후보와 5명의 무소속 후보가 출사표를 던졌고 불꽃 튀는 득표 경쟁과 용광로 같은 열기가 유세장을 뜨겁게 달구었습니다. 유세 도중 두 번이나 세찬 소낙비가 쏟아졌지만 이 열기를 식히지는 못 했습니다.

3선거구는 지산1,2동과 남금동, 서석동, 학1,2동 등이 해당 구역입니다. 1번 이상훈씨는 민자당 후보이며 행정서사로 도시철도 이설 문제를 공약했고 펜글씨 학원장인 2번 김영희씨는 첨단 공업 단지 유치를 내세웠습니다. 3번 김주배씨는 치과의사로서 조선대 문제 해결을 다짐했고 민주 헌정연구회 상임이사를 역임한 4번 이남봉씨는 노인복지문제, 탁아문제, 청소년 문제에 힘쓰겠다고 했습니다. 5번 이윤정씨는 5.18 민주항쟁동지회장의 경력을 가진 여성 후보로 여성의 사회진출에 밑거름이 되겠다고 약속했고 시민연합 선거대책본부 대변인인 6번 임종진씨는 교통난, 쓰레기 문제 등 도시문제 해결을 내걸었습니다. 그런데 후보자들의 공약은 그 내용이 비슷비슷했고 매우 거창한 여러가지를 두리뭉실하게 제시하는 식이었습니다. 시의원의 공약은 잡화상보다는 전문점 식으로 한두 가지라도 뚜렷한 소신을 가지고 실천해 나가는 게 중요하다고 생각합니다.

Y형! 엊그제 광주일보의 조사에서는 34%의 유권자가 후보자가 누구인지 전혀 모른다고 했고 70%가 아직까지 후보를 결정하지 않았다고 나타났습니다. 특히 여성의 70%는 자신의 선거구조차 몰랐으며 20대 유권자들은 투표 당일날 투표장에 나가지 않을 것이라고 했습니다. 출마자가 누구이며 그의 선거공약이 무엇인지도 모르는 상황에서 냉엄한 유권자로서 판단을 내리고 민주적인 광역의회 의원을 뽑기 위해서는 유세장에서 후보자들을 직접 만나보고 그의 말을 들어보게 되면 가장 정확한 판단을 내릴 수 있지 않겠습니까?

Y형! 유세장에 가보시지요. 유세장은 말의 성찬장으로 말의 재미가

있습니다. 정치 초년병인 기초의회 후보자들에 비해 광역의회 후보자들은 정치 프로답게 모두가 말을 잘했습니다. 맨 먼저 등단한 이남봉 후보는 "이름이 남봉이래도 바람피운 적은 없으며 코미디언 백남봉을 생각하면 이름 기억하기가 쉬울 것"이라고 했고 두 번째로 나온 여성 후보인 이윤정 씨는 "노태우 대통령의 '믿어주세요'는 '속아주세요'이며 3당 합당은 '구국의 결단'이 아닌 '망국의 결단'"이라고 했습니다. 여당의 이상훈 후보는 "민자가 있어야 신민이 있는 것이고 신민이 있으니까 민주도 있는 것"이라고 했고 임종진 후보는 "속태우고 애태우는 노태우를 불태우자" 라는 표어를 인용했습니다. 유세장에 나온 사람들도 각양각색이었습니다. 여성 후보를 지지하는 젊은이들은 구호와 함성으로 후보자를 성원했고 가수 김상희씨는 동료 가수인 이영숙씨의 아버지 이남봉씨를 지원하기 위해 나왔습니다. 유모차에다 갓난아기를 태우고 온 젊은 아기 엄마도 있었으며 모시 적삼을 시원하게 차려 입은 노신사도 있었습니다. 한편 근처에 조선대학교 건물 옥상 위에서는 대학생들이 꽹과리와 징을 치며 큰소리로 특정 후보를 성원했으며 재야 인사인 명노근교수는 특유의 턱수염을 깎은 모습으로 나타나 민의가 어떻게 표출되는지를 지켜보았습니다.

Y형! 신민당 무공천 지구에서 무소속 후보들은 제각기 민주투쟁 경력을 소개하고 선명성을 강조했으며 신민당 또는 김대중 총재와의 유대관계를 부각시켰습니다. 따라서 공약보다는 야당성에, 미래보다는 과거에 더 비중을 두는 것으로 보였습니다. 여섯 후보들은 연설 내용의 대부분을 민주화 투쟁이나 시국 사건에 할애함으로써 지방자치 의원이 아닌 국회의원 선거 유세장을 방불케 했습니다. 그리고 한결같이 웅변조의 높은 목소리로 연설을 해서 동네 이웃집 아저씨 같은 다정한 느낌을 주어야 할 시의원의 이미지 대신 투사 같은 이미지를 보여 손해를 보고 있었습니다. 일부 지지자들 간에 신민당용 옷을 입은 사람들의 특정후보 지지여부 문제로 언성을 높이고 주먹다짐 일보 직전

까지 간 일도 있지만 청중들은 동요하지 않았습니다. 싸우는 모습보다는 빗물에 젖은 수많은 종이 조각을 치우던 지지자들의 모습이 더욱 돋보였습니다. 상대방을 비방하고 인신공격을 하게 되면 유세장의 열기는 광기가 되기 쉽습니다. 그러나 유세가 끝나고 나오면서 상대방 지지자들에게 서로 박수를 보내는 모습에서 광역의회의 밝은 미래를 보았습니다.

Y형! 유세장에 가보시지요. 당신은 유세장에서 뜨거운 민의를 확인할 수 있고 풀뿌리 민주주의가 태동했던 기초의회보다 한 뼘이나 더 자란 민주주의의 성장을 볼 수 있을 것입니다. 그 축제판에서 민주주의의 생수를 마음껏 마셔 보지 않으시렵니까?

_1991년 광주일보

'싹쓸이'는 이제 그만

"도대체 찍을 사람이 있어야지."

"막대기만 꽂아도 당선시켜야 하나?"

"싹쓸이로 밀어 줬어도 지방발전 시킨 게 뭐가 있나?"

이번 선거에서 기존 여야 정당의 정치행태와 공천비리에 실망한 국민들은 13대 때의 투표율보다 훨씬 낮은 투표율을 보여 주었다. 광주는 78.0%에서 70.1%로, 전남은 80.3%에서 75.4%로 투표율이 각각 하락하였다. 각 유세장에 모여든 청중들은 도대체 반응이 없었다. 후보자 이름을 연호해도 박수부대를 동원해도 청중들은 못들은 척 했고 민주발전 약속에도 지방개발 공약에도 꿀먹은 벙어리였다. 김대중 대표가 와서 전남지방 곳곳을 순회해도 바람은 쉬 일어나지 않았다. 불과 4년전에는 민주화의 불길이 온 지방을 뜨겁게 달구웠던 곳이었는데 말이다. 바람이 일지 않으니 여당에서는 이번에는 한번 해볼 만하다고 생각했고 민주당 후보들은 매우 불안해 했던 것이 사실이다. 그러나 광주·전남은 이번에도 투표 결과가 '싹쓸이'로 나타났다. 지방 주민들은 김대중 대표의 얼굴을 봐서 '미워도 다시 한 번' 민주당을 밀어준 것이다. 그러나 이곳에서의 '싹쓸이'는 다른 지방을 자극하고 지역감정을 일으켜 대립과 갈등을 낳게 하는 원인이 되며 지방당의 족쇄를 벗어나지 못하게 만든다. 다행히도 현명한 유권자들은 지난 광역선거에는 광양에서, 이번에는 전북지방 두 군데에서 여당 후보를 뽑아 민주당의 지역당 극복 가능성을 보여 주었다. 지방주민들이 감정적으로 여당이 싫으면 무소속이나 다른 당을 당선시키는 것도 지혜로운 한 방법이다. 시민연합이 이문옥씨를 추대했던 것은 많은 것을 시사해 준다고 하겠다.

이번 14대 총선을 통하여 국민들은 두려운 심판자임이 다시 한 번 입증되었다. 4년 전 여소야대를 만들어 주었던 국민들은 이번에도 여소야대를 창출하여 파벌 싸움을 일삼는 여당과 무능력한 야당을 모두 준엄하게 심판하였다. 국민들은 광역의회에서의 압승으로 자만과 과신에 빠져 있던 여당을 응징하였다. 구국적 결단이라는 3당 합당에 대해서는 여당의 민주계와 공화계 후보자들을 많이 떨어뜨려 그들의 자만을 꾸짖었다. TK에 대해서도 경각심을 일깨워 주었다. TK의 아성인 대구에서는 11개소의 선거구 중에서 8개소에서만 민자당이 승리했고 2개소에서는 국민당이, 1개소는 무소속이 차지하였다. TK에 대한 염증은 투표 참여 기피로도 나타났다. 13대에 비해서 가장 투표율이 하락한 곳이 바로 대구인데 13대 76.9%에서 14대 66.6%로 무려 10.3%나 하락한 것이다. 그리고 이 투표율은 전국에서 가장 낮은 비율이다. 그런가 하면 그러한 민자당을 호남에서는 전북지방에서 두 곳이나 교두보를 마련하게 해주었다. 무서운 질책이요 현명한 판단이 아닐 수 없다.

민주당에 관해서는 수도권과 중부권에 상당수 진출하도록 했고 압도적인 표를 몰아주어 개헌 저지선에 육박하는 의석수를 확보하게 해주었다. 그러나 승리했다고 우쭐해서는 안된다. 부산, 대구, 경남, 경북, 강원, 제주에서 전멸, 지역당으로서의 한계를 노출시켰다. 민주당에 13대보다 20여석을 더 준 것은 민주당이 고와서가 아니고 거대 여당을 견제하기 위한 유일한 대안이라는 때문이었다. 4년전 '싹쓸이'로 밀어주었던 후보들이 이지방의 현안을 해결한 것이 과연 무엇이었던가? 의회 민주주의를 위해서 어떤 기여를 했던가? 청문회의 스타는 모두 다른 당에서 나왔으며 광주시 철도 이설문제나 테크노폴리스 건립문제, 서해안 개발문제 등 많은 현안을 속 시원하게 해결해 놓은 것이 별로 없다는 얘기다. 그러한 그들을 또 한 번 '싹쓸이'로 밀어준 것은 그들이 잘나서가 아니라는 점을 명심해야 한다.

14대 국회의원으로 뽑힌 선량들은 앞으로 비생산적인 반대나 지방주의의 투쟁 일변도에서 벗어나 정책개발과 경제발전, 국토통일에 대한 비전 제시를 통해 새롭게 태어나야 하며 민심의 변화를 재빨리 읽고 스스로 변신해야 한다. 그렇지 못할 때는 국민들의 가차없는 심판을 면치 못할 것이다. 지방주민들은 목이 뻣뻣한 국회의원보다는 부드러운 국회의원, 말 잘하는 국회의원보다 실천하는 국회의원, 그리고 평소에 지역구 관리를 철저히 하는 선량을 원한다. 4년간 어영부영 세월을 보내고 나서도 공천은 곧 당선이라는 등식이 성립될 것이라는 망상은 버려야 한다. 따라서 현명한 주민들이 마지못해 밀어주었던 그 '싹쓸이'를 앞으로는 더 이상 기대하지 말아야 한다.

_1992년 광주일보

김영삼 후보 귀하

안녕하십니까?

나는 3일 오후 2시 광주공원 유세장에 귀하를 만나러 갔습니다. 귀하는 지난 대선 이후 실로 오랜만에 광주시민들 앞에 나타났습니다. 지난달 28일 국민당 정주영 후보의 같은 광주공원 유세에서는 청중들이 김대중을 연호하고 집에 가라는 등의 저속한 야유를 하는 사태가 발생했으며 같은 시간 유세장에서 5백여미터 떨어진 광주 태평극장 앞길에서 대학생 시위대가 유세장에 접근하려다 경찰에 저지된 사실이 있습니다.

따라서 이날 귀하의 유세장에는 얼마나 많은 청중이 모이느냐 하는 것과 불상사가 일어나면 어떻게 하겠느냐 하는 것이 큰 관심사였습니다. 그런데 이날 광주공원은 발 딛을 틈 없이 많은 청중들로 붐볐습니다. 예상치 않게 많은 청중들이 무엇 때문에 귀하의 연설에 모여들었다고 생각하십니까?

귀하를 지지하는 사람들이 광주에 이처럼 갑자기 많이 생긴 것은 아닙니다. 청중들은 귀하를 지지해서라기보다는 귀하의 얼굴을 실제로 보기 위해서 또는 귀하가 어떤 인물인가를 알아보기 위해서 나온 사람들이 대부분이었습니다. 연설의 대목마다 터진 박수소리는 당원들과 녹음된 소리였으며 대부분의 청중들은 차분히 지켜볼 뿐이었습니다. 청중들의 반응도 가지가지였습니다.

어떤 70대 할아버지는

"아무래도 저 양반이 대통령이 될성 싶은데 잉, 얼굴이나 한번 봐볼라고 왔지라우."

대학생인 듯한 한 청년은

"솔직히 맘에 안드는 사람입니다. 5년 전에 후보 단일화도 안했고 또 마산에서 광주사람을 부끄럽게 해 줍시다 라고 한 사람 아닙니까?

그리고 삼당 통합으로 변심한 사람이구요."

"나가 정치는 몰라라. 그란디 가수랑 코미디언들이 나온데서 귀경왔당께."

장사를 한다는 50대 아주머니의 말이었습니다.

귀하가 연설하던 32분동안 걱정하던 불상사는 커녕 끝까지 단 한 번의 야유도 소란도 없이 연설이 끝났습니다. 귀하는 왜 아무런 일 없이 유세가 끝났다고 보십니까? 남총련은 2일 오전 전남대에서 김영삼 후보의 광주 유세에 앞서 기자회견을 갖고 이번 유세는 14대 대통령 선거의 공명 분위기를 확산시키는 중요한 시험대라며 유세에 참석하는 시민들은 야유나 소란 등 지역감정을 유발할 수 있는 일체의 행동을 자제해 줄 것을 촉구한 바 있습니다.

민주당은 김영삼 후보가 야유를 받거나 87년 대선 때와 같은 폭력사태가 유발된다면 이는 지역감정을 또다시 자극, 민주당에 결정적 불이익을 초래하게 될 것이라면서 300명의 정예 당원들을 유세장에 배치해 대비시켰습니다. 국민들의 공명선거를 바라는 정치의식이 성숙해진 이때 이 땅에서 유세장 폭력은 사라져야 하고 또 사라질 것으로 확신합니다.

귀하는 무등산의 무등이라는 말은 격차가 없다는 말이라고 했습니다. 그리고 빈부간, 계층간, 지방간, 학력간, 남녀간 차이가 없어야 한다고 한 말은 설득력이 있었고 귀하의 말을 수화 통역하는 모습은 매우 인상적이었습니다.

귀하는 망월동에 누워 있는 아들딸과 형제자매들의 고귀한 민주혼에 머리를 숙인다고 했습니다. "닭 모가지를 비틀어도 새벽은 온다."라고 암울했던 시기에 귀하가 던진 이 말 한마디는 민주인사들로 하여금 민주제단에 기꺼이 몸을 바치게 했습니다. 울음소리 한번 제대로 못내고 숨져간 수많은 '광주 닭'들 덕분에 이 땅에 민주주의의 새벽은 밝아 왔습니다. 광주시민의 한사람으로서 나는 귀하가 대선의 승패에 관계없이 수많은 '광주 닭'의 희생을 딛고 새벽을 맞이한 사람의 하나임을 잊지 말기를 부탁드리는 바입니다.

안녕히 계십시오.

_1992년 중앙일보

시위병을 치료하자

요즈음 한국에는 시위가 거의 사라졌다. 문민정부가 들어선 이래 군사문화에 대항하여 열병처럼 번지던 시위가 자취를 감추게 된 것이다. 그런데 바다건너 이 땅에는 철늦은 시위문화가 꽃을 피우고 있다. 금년 들어서만 해도 「폴링다운 영화시위」, 「봉제단체 시위」, 「시청앞 촛불시위」, 「비디오 대여업자 시위」 등이 연이어 있었고 4월 29일에는 폭동 1주년을 맞아 한인사회가 대규모 촛불시위를 벌인다고 한다.

그러나 이러한 시위가 목적과는 달리 역효과를 가져오는 일이 많고 한인들의 이미지에 부정적 영향을 미치고 있어 문제이다.

주류사회는 걸핏하면 시위에 나서는 한인들을 어떻게 볼 것인가를 생각해야 한다. '폴링다.운 영화 시위'를 보더라도 주류언론에 보도됨으로써 최다 관객을 동원하게 되어 오히려 한인들을 돈만 아는 수전노로 스테레오 타입화시키는 역효과를 내고 말았다.

한인시위의 공통점을 보면 다른 민족과의 제휴없이 한인들만 모이고, 「억울하다」 또는 「피해자다」 라는 등의 감정적 주장이 주 내용이며 당국자와의 대화로 문제해결의 실마리를 찾으려 하지 않고 일시적 시위로만 그치고 말며 꾸준한 사회운동으로 발전시키지 못한다. 즉 일시적 한풀이가 대부분의 한인시위의 전형이며 따라서 주류사회에는 「떼쓰는 어린아이」로 인식되기 십상이다.

4.29폭동 1주년을 맞아 한인사회가 합동으로 벌이기로 한 아드모어 공원의 촛불시위도 위에서 말한 한인시위의 공통현상을 반복하고 끝내지 않을까 염려된다. 이재성군의 추모식, 대정부 메시지, 조시 낭독 등의 순서와 올림픽가 일대를 행진하는 내용의 이 행사는 미 주류언론의 관심을 끌 수 있도록 진행시켜야 한다는데 합의했다고 한다. 그러나 미 주류언론은 결코 우리 편이 아니라는 점을 명심해야 한다.

만일 행사 도중 흑인들의 공격이 있거나 드라이브 바이 슈팅 등으로 불상사가 생긴다면 그 자리에 나와있는 주류언론에 의해 4·29폭동은 완전히 한흑갈등으로 탈바꿈돼 소개될 것이다. 주류언론에 우리의 억울함을 호소한다고 해서 누가 우리를 동정하겠는가, 또 동정을 구걸해서 무엇하겠는가.

우리를 구원할 수 있는 자는 우리뿐이며 우리가 힘을 기르고 우리 자신을 지키는 일만이 현명한 것이다. 그러나 이 행사를 미 주류언론에 긍정적으로 소개하는 방안이 없는 것은 아니다. 그것은 한인과 흑인이, 나아가서 히스패닉과 백인까지 함께 참여하도록 행사 내용을 재조정하는 것이다. 한인들의 피해보상이나 억울함 호소보다는 폭동의 상처를 딛고 일어서서 얼굴색깔이 다른 민족들이 다같이 손잡고 행진하는 모습을 보여준다면 주류언론에서는 한흑갈등이 아닌 다민족 화합의 장면을 긍정적이며 감동적으로까지 소개하게 될 것이다.

LA는 다민족도시이다. 폭동 1주년 행사뿐만 아니라 평소에도 협력하여 각 커뮤니티에서 문화교류 행사를 꾸준히 열어 다민족 문화도시로 발전시켜야 할 것이다.

_1993년 미주 한국일보

김대중 후보와 TV

* 김후보의 홍보 참모의 요청에 따라 현재의 각가지 텔레비전 토론 및 출연 프로그램들에 대해 모니터하고 이에 따른 본인의 생각을 모아 보았습니다. 텔레비전 속성상 현재의 텔레비전 출연은 김대중 후보께 매우 유리합니다. 왜냐하면 잘생기고 서민적이면서도 위트가 있는 김대중 후보는 여타 후보에 비해서 텔레비전에 더욱 잘 어울리기 때문입니다.

* KBS의 후보들에 대한 현장 체험 프로그램은 이회창 후보나 다른 후보들은 억지춘향 식이어서 이미지상 손해를 보았던데 비해 김대중 후보는 서민적이면서도 순발력 있게 대처해 많은 사람들에게 좋은 이미지를 갖게 했습니다.

* 텔레비전 프로그램은 후보자들의 진을 빼는 측면이 있으나 김대중 후보는 이를 잘 이용하면 득표율 및 인기도 확보에 매우 도움이 될 것입니다.

* 그동안의 선거에서 여당이 텔레비전 토론을 실시하지 않은 이유 중의 하나는 텔레비전 토론을 하면 김대중 후보가 유리할 것이기 때문이었습니다. 그래서 야당 후보들에게는 유세를 통한 바람 조성이 큰 역할을 해왔지만 그렇게 하기 위해서는 청중 동원에 막대한 선거 자금이 들었습니다. 그러나 텔레비전 토론이 활성화된 지금 야당에서는 선거 자금을 많이 들이지 않아도 후보자를 잘 선전할 수 있습니다. 텔레비전 토론을 어떻게 잘 이용하느냐 하는 것이 선거 전략의 제일 큰 부분이라고 하겠습니다.

* 텔레비전에서는 논리적 전개보다는 공감대 형성, 감동적인 장면 등 정서적인 호소가 잘 먹혀 들어갑니다. 이점은 텔레비전의 모순이기도 합니다. 텔레비전은 논리적 매체가 아니고 감성적인 매체입니다. 공약이나 정책 등 지성적인 소구는 신문을 활용하고 텔레비전은 철저하

게 이미지 중심으로 활용해야 합니다.

* 미국의 역대 대통령 중에서 텔레비전을 잘 이용한 후보가 대통령이 된 경우가 많았습니다. 케네디, 카터, 레이건, 클린턴 등은 텔레비전 앞에서 자연스러운 미소와 부드러운 표정으로 시청자들을 사로잡았습니다.

* 대선후보들의 토론에서 김대중 후보는 가족에 관한 얘기를 할 때는 부드러운 미소와 여유를 보여 주었으나 정책 얘기를 할 때는 불만이 많은 사람 같은 표정이 종종 나타나곤 합니다. 확신에 찬 표정에 강한 어조로 얘기해야 국민들에게 신뢰감을 줄 수 있는 것은 사실이나 부드러운 표정으로 얘기해도 충분히 의사는 전달됩니다. 강인한 표정이 유리하다면 케네디, 카터, 레이건, 클린턴은 분명히 패배했을 것입니다.

* 호남 사람들은 김대중 후보의 화술과 유모어, 인간됨 등을 잘 알고 있고 또 그것을 들으려고 유세장에 가기도 했습니다. 그러나 김대중 후보는 텔레비전 출연시 그러한 장점을 잘 활용하지 못하고 오히려 손해를 보아 왔습니다. 그동안의 선거에서 여당에서는 텔레비전에서 김대중 후보의 굳은 얼굴과 격앙된 목소리, 경직된 제스츄어 등 부정적인 인상을 주는 장면만을 모아서 방송하곤 했습니다.

* 강한 것만이 좋은 것은 아닙니다. 때로는 약한 모습이 더 인간적일 수 있습니다. 요즘 김대중 후보의 지지자들은 탁월한 리더쉽에 끌리는 사람이 많지만 그 이전에는 사형 선고 등으로 박해 받는 김대중 후보가 안쓰러워서 김대중 후보를 도와야겠다는 생각으로 김대중 후보를 지지한 적이 많았습니다. 투옥된 국회의원 후보가 당선되는 예와 같은 이치입니다.

* 김대중 후보의 박학다식한 일면을 보여줄 수 있는 장면으로 검토해볼 것이 있습니다. 김대중 후보는 영어회화를 잘한다고 알고 있습니다. 외국기자들과 유창한 영어로 기자회견을 했다는 보도를 본 적이 있

습니다. 텔레비전 프로그램에서 영어회화 실력을 보여줄 수 있는 기회를 마련해보는 것도 좋다고 생각합니다.

_1997년

가장 외롭고 불행한 대통령

지난 2월 2일 박근혜 대통령은 65세 생일을 맞이하였다. 남편도 없고 자손도 없고 근영, 지만 등 남매들도 만나지 못한 채 친척도 친구도 없이 쓸쓸하게 미역국도 아닌 칼국수를 먹는 모습을 보니 너무 안쓰러웠다. 박대통령은 이날 따라 그 어느 때보다도 외로움과 서러움이 뼈에 사무쳤을 것이다. 우리나라에서 65세부터는 노인으로 대접을 받는다. 경노석, 경노할인, 경노우대 등 대섭받는 것은 노인이 된 것을 공인받는 연령이기도 하다. 아시다시피 대학교수들은 65세가 정년이다. 대학교수들은 정년으로 은퇴하면 학업의 무거운 짐을 벗고 자유롭고 여유롭게 노인으로서의 새 삶을 누리기 시작한다.

박대통령은 공주로 여왕으로 가장 화려한 정치인의 길을 걸어 왔다. 무소불위의 권력을 가졌던 박대통령이 국정농단 사건으로 관계자들이 하나 둘씩 구속되고 한솥밥을 먹던 여당 국회의원들도 다수가 대거 탈당했을 때는 팔다리가 떨어져 나가는 아픔과 고통을 느꼈을 것이다. 특검이, 국회가, 촛불이, 언론이 님의 잘못을 추궁할 때마다 비수로 가슴을 에이는 것 같이 쓰라리고 아팠을 것이다. 그러고 보면 이제 박대통령의 곁에는 친박의원들과 변호인단 몇 사람만이 남아 있을 뿐이다. 박대통령이 헌법을 유린하고 비선실세와 국정농단을 감행했기 때문에 초래된 자업자득이고 사필귀정인 것이다. '이럴려고 대통령을 했나 자괴감이 든다'는 말도 십분 이해가 간다.

박대통령은 이제 결단을 내려야 한다. 제발로 내려오느냐(하야) 끌려 내려오느냐(탄핵) 양자 택일이다. 제발로 내려온다면 그 결정은 빠를수록 좋다, 지금도 늦지 않았다. 반기문 전 유엔사무총장이 지지율 2위인데도 불구하고 대권 포기라는 결단을 내린 것은 타산지석이 될 것이다. 그는 날이 갈수록 지지율이 급속도로 떨어지고 대권의 길은 멀어만 가자 더 이상 망신 당하지 않고 자신의 품위를 지키고자 빠른 결단을 내린 것이라고 생각한다. 여야는 물론 국민들도 그러한 결단에 지지를 보내고 있고 우리나라 외교사의 큰 어른으로 남기를 바라고 있다.

박대통령을 꼭두각시로 삼아 국정을 농단하고 사리사욕을 취하려는 세력은 님을 붙잡고 놓아주지 않으려고 할 것이다. 탄핵에 이길 것이라고, 버틸 때까지 버텨서 탄핵 심판을 길게 가져가면 구사일생으로 살아날 것이라고 감언이설로 꾀일 것이다. 최순실이 하자는대로 시키는대로 하던 박대통령은 이제는 지푸라기라도 잡는 심정으로 그들이 시키는 대로 기자회견도 하고 언론인 인터뷰도 했지만 그때마다 여론은 더욱 더 나빠지고 국민들의 분노는 더욱 증폭될 뿐이었다. 하루라도 빨리 하야를 선언하면 더 이상 박대통령을 단죄하기 위한 창겨누기는 무의미해지고 침몰 직전까지 내몰렸던 한국호는 재빨리 안정을 찾고 동력을 재가동할 수 있다.

시간을 끌면 끌수록 불리한 증거와 증언들이 대통령의 목을 옥죄일 것이다. 스스로 내려와서 그간의 잘못을 국민들께 사죄하고 그리고 평범한 65세 노인으로 살기를 바란다. 박대통령이 안 내려오고자 하면 정치도 경제도 외교도 국방도 교육도 모두 다 죽는다. 이미 국정농단 사건으로 한국은 국제사회에서 치명적인 상처를 입고 막대한 손해를 보고 있다. 만의 하나 탄핵이 기각 된다 하더라도 극도의 혼란과 투쟁과 선동이 판치는 암흑 세계가 될 것이며 국격은 땅에 떨어지고 세계의 조롱거리가 되며 한국이 나아가야 할 방향과 동력을 모두 상실하게 된다. 우리 사회는 그동안 어렵게 쌓아온 발전이 빠른 속도로 후퇴하게 된다.

현대사에서 기록된 제발로 내려온 대통령은 닉슨이었다. 닉슨 대통령은 워터게이트 사건으로 탄핵이 결정되기 직전 1974년 7월에 스스로 하야했고 미국 국민들은 그를 더 이상 추궁하지 않고 받아 주었다. 끌려서 내려온 대통령은 브라질의 첫 여성 대통령 호세프였다. 박대통령이 2015년 3월에 만나기도 했던 그녀는 회계장부를 조작한 혐의를 끝까지 부인하다가 작년 8월 31일 탄핵으로 끌려 내려왔다.

스스로 제발로 내려오면 박근혜 대통령에서 박근혜여사로 새 삶을 살게 된다. 그러나 끌려서 내려오면 가장 비참한 대통령으로 한국은 물론 세계 역사에 기록될 것이다. 박대통령은 대학교수들처럼 이 기회에 대통령직 은퇴를 실현하기를 바란다.

여성으로서의 사생활을 존중해달라는 담당 변호사의 말도 있었지만 스스로 은퇴하면 여성으로서 새로 가정도 꾸리고 그동안 못만났던 동생들과 친척들도 만나 가족의 우애와 사랑을 주고 받으면서 제2의 삶을 누릴 수 있다. 온 국민은 누구든지 이러한 박대통령을 사랑하고 존경할 것이다.

박대통령은 대통령 은퇴를 계기로 가장 외롭고 불행한 대통령이 아니라 가장 행복한 여성으로서 새 삶을 누리게 되기를 바란다.

_2017년 전남매일

중국은 사드 보복을 즉각 중단해야 한다

미국의 사드가 한국에 배치되면서 중국의 한국에 대한 보복이 점점 더 심해지고 있다. 중국의 사드 보복은 한국인과 한국 상품 그리고 한국문화와 관광에 이르기까지 폭 넓게 자행되고 있다. 중국은 사드가 중국 본토를 공격하기 위한 것이라며 한국 때리기에 나서고 있지만 이것은 중국의 오해와 억지 주장임을 지적하지 않을 수 없다. 글자 그대로 THAAD는 Terminal High Altitude Area Defense, 즉 종말 고고도 지역 방어장치이며 고도로 날아오는 적의 미사일을 종말단계에서 파괴시키는 방어용 요격 유도탄을 의미한다. 중국은 사드에 포함되어 있는 X-band 레이더가 중국의 군사시설을 탐지하고 감시한다고 주장한다. 그런데 이 레이더는 탐지거리가 800 키로미터 안팎이어서 그 범위가 주로 한반도에 한정돼 있고 중국 군사시설에 대한 탐지는 이 레이더가 아니라 우주에 떠 있는 많은 미국의 군사 위성이나 첩보 위성에서 담당한다.

중국의 사드 보복은 모순된 행동이 아닐 수 없다. 즉 2-3년전 일본에 배치된 X-band 레이더는 탐지 거리가 2,000 키로미터가 넘는데도 항의 한 마디 하지 않았다. 그리고 중국 자신은 흑룡강성에 10층 높이의 초대형 레이더를 설치 운용하고 있고 내몽고에는 탐지거리 3,000 키로미터의 레이더를 설치해 이들 레이더로 남북한과 일본은 물론 러시아와 미국 본토까지 탐지하고 있다. 그러한 중국이 북한 방어용인 사드 배치를 놓고 화풀이를 하는 것은 납득이 가지 않는다.

중국이 사드 배치에 부지를 제공했다고 해서 한국 보복에 나서고 있으나 정작 무기를 제공하는 미국에 대해 보복했다는 얘기는 들어본 적이 없다. 미국이 북한의 도발시 초토화할 수 있는 항공모함까지 출격시켰지만 미국의 맥도날드 햄버거나 코카콜라를 불매했다거나 미국계 월마트를 영업 정지 시키고 미국 관광을 취소했다는 기사를 본 적이 없다. 또한 중국은 중국 내부를 샅샅이 들여다보고 있는 일본을 견제하기는커녕 한국 관광객을 일본으로 돌리고 한국상품 대신 일본상품을 사고 있다.

한국과 중국은 일본으로부터의 독립을 위해 공동 투쟁한 피로 맺어진 동지이다. 그런데 한국 제재의 일환으로 하얼빈의 안중근 의사 기념관을 잠정 폐쇄한 조치는 너무 비이성적이고 대국 답지 않은 행위이다. 중국은 일본이 1937년에 30만 중국인을 무참히 도륙한 난징대학살을 다 잊었는가. 현재도 중국은 일본과 댜오위다오(일본명 센카쿠열도) 분쟁으로 적대적 대립을 하고 있는데 그러한 일본에는 눈을 감고 한국에는 보복을 하고 있다. 중국은 강한 자에게는 약하고 약한 자는 괴롭히는 소인배인가. 그렇지 않다면 사드 보복을 즉각 중단해야 한다.

유엔 안보리는 대북제재 결의 1718호(2006년), 1874호(2009년), 2087호(2013년), 2094호(2013년), 2270호(2016년), 2321호(2016년)를 통해 북한의 탄도 미사일 발사를 금지하고 핵실험을 규탄하였다. 그리고 모든 유엔 회원국이 안보리 대북제재 이행 여부를 평가하기 위한 보고서를 매년 제출하도록 하고 있다. 이와 같이 전 세계가 북한의 도발을 제재하고자 노력하고 있는데 중국이 북한의 미사일과 핵실험은 감싸고 돌면서 한국의 자기 방어적인 조치에 대해 시비를 거는 것은 어불성설이다. 한국은 북한의 핵 위협에도 불구하고 아무런 대책 없이 가만히 있어야만 한다는 말인가. 미국의 사드 배치 내신 한국이 자체 핵무기를 개발한다면 중국은 실질적인 큰 위협에 직면하게 되지 않겠는가. 오늘날 한반도의 전쟁 위험을 제거하기 위해 중국이 시급히 해야 할 일은 북한의 광적인 도발 행동을 막고 핵과 미사일 실험을 중단시키는 것이다.

중국도 이웃 국가인 한국과의 관계가 불편해지는 것은 바람직하지 않을 것이다. 중국도 사드 보복으로 관광 여행업계의 손해가 막심하며 롯데에 납품하던 많은 중소기업들은 도산 위기에 처해지고 있고 실업자들이 양산되고 있다. 중국은 1992년 어렵사리 국교를 맺은지 25년 되는 올해 한국과의 우호관계가 손상되고 경제협력과 민간교류가 중단되지 않도록 사드 보복을 즉각 중단하기를 바란다.

_2017년 전남일보

윤석열 검찰총장에 대한 표창장

정부 조직에는 검찰청이 있고 경찰청이 있다. 그런데 검찰 우두머리는 검찰총장이라 하고 경찰 우두머리는 경찰청장이라고 한다. 조달청, 관세청, 전매청… 등은 모두 청장인데 검찰의 총수만 검찰총장이라고 높여 부르고 있는 것 자체가 문제가 있다고 생각한다. 그것은 검찰 수장이 특별한 존재라는 인식을 갖게 만들 소지가 있기 때문이다.

윤석열 검찰총장은 자신이 막강한 권력을 가진 특별한 존재라는 자의식이 강한 사람이다. 그가 취임시 사람에게 충성하지 않겠다고 한 말은 사람보다 정의의 편에 서서 모든 사항을 법과 원칙에 따라 처리하겠다는 뜻으로 알고 여론은 그를 지지했다. 그런데 알고 보니 그는 검찰조직에 대해 충성하는 것을 신조로 여기고 모든 것을 거기에 초점을 맞추어 온 사람이었다. 검찰개혁이 되면 조직이 힘을 잃게 되니까 어떻게 해서든지 그 조직을 방어하려고 수단과 방법을 가리지 않고 정부 여당에 대한 공격을 멈추지 않고 있다.

표창장 한 장을 수사하느라고 온 나라를 들쑤셔 놓은 윤총장과 자유한국당은 표창장에 특별한 관심이 많다. 정경심 교수의 딸에 대한 표창장 내용을 살펴보면 다음과 같다.

'위 사람은 동양대 인문학 영재 프로그램의 튜터로 참여하여 자료준비 및 에세이 첨삭 지도 등 학생 지도에 성실히 임하였기에 그 공로를 표창함. 2012. 9. 7 동양대 총장 최성해'

그런가 하면 자한당에서 나경원대표가 의원들에게 수여한 표창장 내용은 다음과 같다.

'의원님께서는 조국인사청문회 대책 TF위원으로서 공직후보자의 역량과 자질을 철저히 검증하는데 기여한 공로가 크기에 이에 표창함. 10월 22일 자한당 원내대표 나경원'

큰 주목을 끌었던 두 표창장에서 보듯이 어떤 특별한 '공로'가 있을 때 표창장을 수여함을 알 수가 있다.

윤총장은 검찰총장에 취임한 이후 나름대로 상당히 많은 '공로'를 쌓아 왔다.

수사권과 기소권을 동시에 가지는 세계 유일의 검찰조직 수장으로서 자한당의 패스트트랙 수사를 무한정 뒤로 미루고 자한당에 유리한 내용은 재빨리 압수 수색하고 기소해서 민심이 자한당에게 등을 돌리게 만들고 반사적으로 정부 지지율을 더욱 높여준 공로.

조국 교수 수사와 다르게 증거와 증인이 넘쳐나는 나경원 자녀의 입시 비리, 논문 비리를 수사하지 않음으로써 나경원으로 하여금 자신이 여왕이나 된 듯 자기도취에 빠지게 하고 당대표도 모르게 표창장을 수여하고 각종 매국적인 언행을 마음대로 하게 용인하여 마침내 당대표에서 낙마하게 만든 공로.

피의사실을 멋대로 공표하고 검찰 정보를 보수언론에 전해주고 특종기사로 다루게 하여 검찰과 보수 언론이 공모, 공생하도록 함으로써 결과적으로 보수언론을 모두 불신하게 만든 공로.

왜 검찰개혁이 필요한가를 절실하게 인식한 수백만 국민들이 주말마다 검찰청 앞에서 검찰개혁, 공수처 설치, 조국수호 등을 목이 터져라 외치면서 검찰의 만행을 만천하에 알리게 만든 공로….

마치 아베가 대한국 수출규제를 단행함으로써 일본이 맥주, 자동차, 여행 등에 그동안 얼마나 심각한 경제침략과 무역역조 현상이 있었는지를 깨우쳐 주었다고 반어적으로 말할 수 있듯이 윤총장이야말로 역설적으로 어떻게 인권을 유린하고 어떻게 정치에 야합하는지, 어떻게 언론과 작당하여 공생하는지를 알게 해 국민들에게 검찰의 만행과 검찰개혁의 절실함을 뼈저리게 깨닫게 해준 공로가 있다.

이러한 여러 가지 다채로운 공로를 감안하여 정부는 다음과 같은 내용으로 윤총장에게 표창장을 수여할 것을 권하고 싶다.

'귀하는 조국장관 가족의 수사는 전광석화, 자한당과 나경원의 수사는 지지부진, 보수언론에는 아전인수, 검찰개혁 촛불에는 마이동풍으로 일관하여 결국 정부의 지지율을 높였으므로 그 공로를 치하하여 표창장을 드립니다.'

_2020년 남도일보

'윤서결' 인가 '윤성녈' 인가

제 20대 대통령선거 국민의 힘 윤석열 후보는 '윤서결'로 발음하는 사람도 있고 '윤성녈'로 발음하는 사람도 있다. 방송이나 유튜브에서도 '윤서결'과 '윤성녈'이 뒤섞여 씌어지고 있다. 마치 다른 사람이라고 오인할 수 있을 만큼 분명한 차이가 있는 두 발음이 공존하고 있는 것이다.

지난 2월 11일 대선후보 2차 토론방송이 끝난 후 각 방송사들이 윤석열을 어떻게 발음하는가를 조사해 보았더니 KBS와 SBS, JTBC는 '윤성녈'로 YTN, 채널A, TV조선은 '윤서결'로 발음하였다. 흥미로운 것은 MBN의 경우는 남녀 두 앵커가 '윤성녈'로 발음했지만 야당측 패널로 나온 윤기찬은 '윤서결', 여당측 박진영은 '윤성녈'로 발음하였다. 그러나 이러한 발음 차이는 여당과 야당하고는 상관이 없는 것이었다. 이날 2차 토론회의 사회를 맡은 노동일은 '윤서결'로 불렀는데 지난번 2월 3일 1차 토론의 사회를 본 정관용도 '윤서결'로 불렀다. 그런데 정관용은 지난해 10월 25일 국민의힘 후보자 토론 사회를 보았을 때는 '윤성녈'이라고 해서 한 사람이 동일인에 대해 두 가지로 발음하는 양태를 보여주었다.

정치인 중에는 문재인 대통령을 비롯한 심상정, 홍준표, 유승민, 김종인, 송영길 등은 '윤성녈'로 발음했고 이재명, 이준석, 원희룡, 안철수 등은 '윤서결'로 발음했다. 대체로 6대4 정도로 윤성녈 발음이 많았다.

나는 다음과 같은 몇가지 이유로 윤석열은 '윤성녈'로 발음해야 한다고 생각한다.

첫째, 연음법칙에 의하면 '윤서결'이지만 그것과 상관 없이 윤석열 후보 자신이 '윤성녈'로 부른다는 것이다. 그는 텔레비전에 나와 자신을 '윤성녈'로 칭했는가 하면 부인도 '윤성녈'이라고 불렀다. 이름은 동서양을 막론하고 당사자가 자신을 부르는 대로 불러주는 것이 맞다고 생각한다.

둘째, 명사에는 울림소리 중 콧소리인 'ㄴ'을 첨가하여 발음을 쉽게 하는 것이 일반적이라는 것이다. 이름에는 'ㄴ,ㅇ,ㅁ' 등 울림소리를 많이 넣어 이름을 작명하는 경우가 많다. 발음하기가 쉽고 듣기에도 좋기 때문이다. 석열로 작명이 되어 있지만 부르기 쉽게 석과 열 사이에 울림소리인 'ㄴ'을 첨가하는 것이다. 마치 선율, 분열이 '선뉼', '분녈'로. 김응용, 선동열도 '김응뇽', '선동녈'로 발음하는 것과 마찬가지이다.

세째, 한국의 대통령후보에게는 외국언론도 많은 관심을 갖고 있는데 외국인들도 suk-yul보다는 울림소리가 들어가는 sung-yul이 발음하기 쉽다는 것이다. 그래서 sung-yul로 통일해 주는 것이 좋겠다고 생각한다.

미국의 레이건(Ronald Reagan, 1911-2004) 대통령은 캘리포니아 주지사 시절까지는 리건으로 불리웠다. 대통령에 출마하면서 그는 철자의 변화 없이 레이건으로 발음해 달라고 요청해서 그 이후부터 오늘날까지 레이건으로 불리고 있다.

본인 자신을 '윤성녈'이라고 부르는 윤석열 후보는 언론매체에 '윤성녈'로 불러달라고 요청하는 것이 당사자가 주도적으로 발음의 단일화를 이루는 최선의 길이라고 생각한다.

_2022년 남도일보

은마는 오지 않는다

영화를 비롯한 시각예술을 비평하는 방법은 크게 해설적 비평(expositary criticism), 감상적 비평(appreciative criticism), 평가적 비평(evaluative criticism)으로 구분할 수 있다. 비평의 형태로 볼 때는 과학적 비평과 분석적 비평, 인상적 비평으로 나눌 수 있고 좀 더 전문적인 비평 접근방법으로 세분해 보면 전통적 접근방법, 형태분석적 접근방법, 심리분석적 접근방법, 신화분석적 접근방법, 설명적 접근방법, 심미적 접근방법 등이 있다. 여기서 필자는 한국영화 "은마는 오지 않는다"에 대해서 해설적 비평, 분석적 비평을 설명적 접근방법으로 시도해 보고자 한다.

1991년 연극·영화의 해로 지정된 해에 "은마는 오지 않는다"가 몬트리올의 제15회 세계영화제에서 각본상과 여우주연상을 수상한 사실은 큰 의미가 있는 일이었다. 한국영화도 세계시장에서 당당히 어깨를 겨룰 수 있을 만큼 수준이 높아졌다는 사실을 증명한 셈이다. 특히 이 상의 수상은 "씨받이", "땡볕", "아다다", 등에서 볼 수 있는 것처럼 특정 감독과 특정 배우, 특정 소재(토속적인 소재)라야만이 세계영화제를 겨냥할 수 있었던 것처럼 생각되던 편견을 씻고 작품과 연기가 좋으면 누가 만들고 누가 출연을 해도 세계적인 인정을 받을 수 있다는 사실을 재확인시켜준 계기가 되었다. 그래서인지 "은마는 오지 않는다"는 개봉 전부터 장안의 화제와 기대를 집중시켰다. 그러나 국내에서는 소재가 반미적이라 하여 대종상 심사에 끼지도 못하였다. 그러던 것이 해외영화제 수상 이후에는 해외의 평가에 약한 한국영화관계자들의 압도적인 지지로 백상예술대상에서 최우수작품상, 감독상, 여우주연상, 아역상, 기술상 등 5개부문의 영화상을 휩쓸었다.

"은마는 오지 않는다"의 배경은 6.25전쟁 때의 강원도의 어느 산간마을인 금산리이다. 전쟁의 소용돌이 속에서도 이 마을은 평온한 삶을 지속해 나가고 있었다. 패잔병 토벌작전으로 투입되었던 미군이 이 마을에 주둔하게 되자 아이 둘을 둔 젊은 과부 언례의 운명이 하루아침에 바뀌어 버린다. 날품팔이로 끼니를 연명하던 언례가 어느날 미군들에게 겁탈당하는 사태가 벌어진 것이다. 이곳 주민들은 미군들에 의해 평화스럽던 마을이 위협받게 되자 이 마을의 수호신인 은마장군에게 제사를 지내고 이 마을의 전설에 따라 장군봉에서 장군이 은마를 타고 나타나 외적을 물리쳐 주기를 기원한다. 자식들 때문에 치욕을 무릅쓰고 다시 품을 팔기 위해 동네에 나선 언례는 동네사람들에게서 멸시와 따돌림을 받게 된다. 일거리를 얻지 못해 자식들과 함께 굶어 죽을 위기에 처하게 된 언례는 입에 풀칠을 하기 위해 양공주로 전락하게 된다. 이 마을의 훈장과 동네 사람들은 이러한 언례를 동네에서 추방하고자 하나 언례와 용녀 등 세명의 양공주들은 함께 대항한다. 동네 아이들은 양갈보의 자식이라고 하여 언례의 아들 만수를 놀리는데 언례의 몸파는 장면을 훔쳐보곤 하다가 만수에게 들키고 급기야는 미군의 총격으로 그중 한 아이가 죽게 된다. 아이가 죽은 후 언례에 대해 분노하던 마을 사람들은 술집을 불태워 버리고 갈등은 절정에 다다른다. 미군이 마을에서 철수하게 되자 마을사람들은 고향마을을 포기하고 모두가 피난길에 오른다. 미군에 의해 엄마는 양공주로 타락하고 아들은 두손가락을 잃었지만 엄마를 미워했던 아들은 피난길에서 엄마와 화해하게 된다. 기다렸던 은마 장군은 끝내 나타나지 않았고 집과 전답을 뒤로한 채 마을사람들은 눈오는 추운 겨울날 피난을 떠난다.

안정효 원작 장길수 감독의 "은마는 오지 않는다"는 우리 민족의 아픔과 미국이라는 존재에 대해서 다시한번 생각해 보는 계기를 만들어 준 영화였다. 장길수 감독은 '밤의 열기 속으로', '아메리카, 아메리카', '추락하는 것은 날개가 있다.', '수잔 브링크의 아리랑', '은마는 오지 않는다' 등을 감독했는데 대체로 미국적인 소재와 관련이 있는 작품들이라는 공통점을 가지고 있다. 그것은 그가 어렸을 때 동두천의 미군부대에서 자랐기 때문이라며 미국적인 소재의 일관성을 그 자신의 역사적 경험 위에서 형상화 했음을 인정한 바 있다. 이것은 그가 원작을 선택하고 소화할 때에 그 자신이 경험하고 느낀 미국의 인상을 강하게 투영하고 있다고 볼 수 있다. 그의 작품 속에 나타나는 미국은 미국이 자칭하는 구국의 십자군이나 평화의 사도, 자유의 수호자는 결코 아니며 퇴폐와 타락의 전형이자 육욕과 물욕의 화신, 비인간적이고 몰인정한 인간상으로 그려지고 있다. 그러나 그러한 미국의 모습을 비판적으로 꼬집는 것이 아니라 자연스런 일면으로 소개하고 있다. 미국사회를 담담하게 그리되 긍정적인 면은 별로 나타나지 않게 그려져 있는 것이다. 마을의 수호신이 은마장군이라면 해석하기에 따라서는 6.25전쟁으로 침략을 받은 이 땅을 구해주기 위해 달려온 미군 자체가 은마장군이라고 하겠으나 장길수 감독은 미군의 만행과 퇴폐를 주로 그려서 미군을 이땅의 침략자로 해석하게끔 유도하고 있다.

장길수 감독의 연출은 리얼리즘 기법을 많이 사용하고 있다. 이 작품이 관객들에게 어떤 감동을 주었다면 실지로 있을 수 있고 또한 있어 왔던 상황들을 리얼하게 그리고 있다는 점 때문이다. 실지로 전쟁직후 미군부대가 들어섰던 파주, 동두천, 오산 등에서는 미군문화 및 양공주문화에 밀려 전통문화가 많이 훼손되었다.

"헬로, 쪼코렛또 기브 미, 먹던 것도 좋아요
헬로, 씨가렛또 기브 미, 피던 것도 좋아요"

양공주가 부르던 이 가사의 노래는 당시의 꼬마들이 실지로 미군들을 딸아 다니며 졸라댔던 노래이며 사제 딱총이나 까까중머리, 흑색 고

무신 등은 그대로 1950년대 당시의 사회상이었다. 이 영화는 양공주문화를 매우 사실적으로 그리고 있다. 술팔고 몸파는 모습을 적나라하게 보여주면서 천하고 지저분한 장면, 미군들과 즐기는 장면들을 있는 그대로 그리고 있다. 그들을 세파에 시달리며 사는 나약한 여성이 아니라 즐기며 사는 현실적이며 전위적인 여성으로 그린 것이다.

이 영화는 등장인물이 많지 않으면서도 주제가 매우 강하다. 기승전결이 뚜렷하고 여러가지 대립요소들(전통문화와 미국문화, 양민과 군인, 양공주와 여염집 여자, 전통음악과 서양음악)을 효과적으로 활용하여 관객들을 휘어 잡았다. 그리고 이 영화는 전반적으로 구성이 탄탄한 점을 지적할 수 있다. 언례의 마을에서 일어난 일들을 우선 시간적으로 배열하여 관객들이 시간의 추이에 따라 자연스럽게 영화의 스토리에 빨려들게 했다. 그리고 만수가 맨 처음부터 해설자로 등장하여 각 에피소드를 엮는 끈 역할을 했다는 점을 주목할 필요가 있다. 무릇 좋은 영화로 지칭되는 영화들은 한결같이 구성이 탄탄하다는 특징이 있다.

미군의 부정적인 면이 부각되었으면서도 이 영화는 일부에서 얘기하는 것처럼 반미영화는 아니고 차라리 반전영화라고 보아야 할 것이다. 전쟁이 할퀴고 지나간 마을에는 언례같은 희생자가 항상 생기게 마련이다. 임진왜란 때나 병자호란 때도, 심지어는 파월 한국군 부대 근처의 마을에서도 비슷한 희생자들은 있었다. 미군과 그들에게 능욕 당한 한 미망인을 소재로 전쟁이 어떻게 한 여자를 참담하게 파괴할 수 있는가를 절실하게 그린 것이 돋보였다. 그는 한 여자의 처절한 몸부림을 통해 전쟁의 잔학성을 고발하고 있는 것이다.

그런 몇 가지 높이 살 수 있는 점에도 불구하고 이 영화는 아쉬운 점도 많다. 이혜숙이 몬트리올 세계영화제에서 주연여배우상을 받았지만 그의 연기는 감독이 만들어낸 연기이지 배우가 소화하고 인물을 재창조한 것은 아니었다. 순진한 주부에서 타락의 극치인 양공주로 변신하면서 당연히 보여주어야 할 내면적인 갈등의 모습을 표현하지 못했으며 주민들의 냉대에도 시선만 피해갈 뿐 표정의 변화와 심리적인 고통을 나타내지 못하였다. 다만 이 배우가 원래부터 가지고 있는 가련하고 연약한 이미지가 외국 심사위원들에게 어필했을 것으로 생각된다. 그러나 용녀로 연기한 김보연은 간혹 오버액션이 나타나기는 했지만 전체적인 분위기와 흐름을 잘 잡고 박진감 있는 연기를 펼쳤다. 이혜숙이 예쁘장한 얼굴만 가지고 연기를 한다면 김보연은 온몸으로 혼신을 다해 연기하는 것이 화면 가득히 느껴졌다. 그런데도 김보연이 백상예술대상에서 조연상 하나 받지 못한 것은 이해가 가지 않는 일이다.

촬영과 효과를 너무 안이하게 처리한 것도 아쉬운 점이다. 전쟁이 배경으로 깔려 있으면 폭격장면이나 전투장면이 실감나게 표현되도록 입체적이고 사실적인 촬영을 해야 되는데도 물속이나 산에서 화약만 터뜨리는 원시적인 효과 방법을 쓰고 그 흔한 공중촬영도 없이 군대씬을 처리했다. 이것은 '여명의 눈동자'에서의 박진감 있는 전투 장면과 매우 대조된다. 요즘 세계영화의 흐름은 누가 얼마나 더 박진감있고 실감나는 효과를 만들어 내느냐가 커다란 관심을 끌고 있다. 따라서 스턴트맨과 각종 신무기들이 동원되고 컴퓨터 화면까지 활용되는 추세에 있다.

의상 및 소품도 문제가 있다. 예를 들면 1950년대에는 미니스커트가 없었는데도 양공주들은 짧은 미니스커트를 입고 등장했다. 그들의 의상과 머리 모양은 그대로 오늘날의 것을 사용했다. 그 당시는 모두 짧았던 미군의 머리를 오늘날의 미군처럼 길게 기른 채 출연하게 한 것, 나룻배만이 겨우 건널 수 있는 강건너에 있던 미군트럭이 아이가 총격을 받고 쓰러지자 어느 틈에 마을까지 와서 아이를 싣고 간다든가 초가 마을에 전봇대가 보이는 것 등 적당히 넘어간 대목이 많았다.

장길수 감독은 이 작품의 연출 의도를 '한국전쟁과 참전한 유엔군에게서 수난을 겪는 언례의 비극적 인생 역정을 통해 한국적 전통 가치가 붕괴되어 가는 것을 극명하게 그려내는 것'이라고 말하고 '보다 진지한 자세로 주제에 접근하여 작품의 완성도를 높이되 힘있고 강한 영상을 펼쳐 보이려고 애썼다.'고 밝혔다. 그렇지만 그는 한국적 전통의 가치를 표현하지 못했고 전통이 붕괴되어 가는 사실만 그리는 결과를 초래했다. 무엇이 가치있는 전통인가를 설명하지 못했으며 오히려 능욕 당한 여인을 냉대하는 비합리적 전통과, 미군에게는 항의 한번 해보지 못하고 마을의 수호신에게 제사를 지내는 전통 등을 부각시켜 그가 나타내고자 하는 '전통적 가치'가 무엇인지 의심케 했다. 그리고 영화의 상업성을 너무 염두에 두어 주제를 흐리게 했다. 포스터에 "누구든지 상대해 주지, 우리는 온몸으로 전쟁을 치르는 거야" 라는 대사와 함께 세 양공주를 부각시킨 것, 영화 내용중에서 전라의 여자 모습과 저속한 섹스 장면을 필요 이상으로 과도하게 넣은 것, 양공주들의 연기를 코믹하고 흉겁게 이끄는 등 말초적인 재미를 추구한 나머지 '전통의 가치가 붕괴되는 과정'을 그리겠다는 감독의 연출의도가 많이 빗나갔음은 매우 애석한 일이 아닐 수 없다. 영화는 예술성(movie as an art), 매체성(movie as a communication), 상업성(movie as a business)의 세가지 성격을 가지고 있는 것이지만 상업성이 두드러지면 관객에게 무엇인가를 말하겠다는 매체성은 자연히 약화되는 것이다.

그러나 이 영화는 그러한 문제점을 가지고 있음에도 불구하고 1990년대 초를 장식한 짜임새 있고 수준 높은 영화, 우리 민족의 아픔과 미국의 존재에 대해 새롭고 과감한 시각을 보여준 영화로서 한국영화사에 기록될 만한 영화임에는 틀림이 없다.

흙냄새 물씬 나는 신문을

K형! 지난 4월 7일은 제32회 신문의 날이었습니다. K형은 언론통폐합 이후 8년째를 맞은 이번 신문의 날에 남다른 감회를 느꼈을 것이라고 생각합니다. 8년간의 유형무형의 언론통제와 부당한 간섭을 용케도 잘 견뎌온 K형은 「자유경쟁시대의 신문」이라는 신문주간 표어에서 나타난 것처럼 자유롭게 쓰고 자유롭게 선의의 경쟁을 할 수있는 언론자유의 시대를 맞이하게 되었기 때문입니다.

새마을 비리사건을 비롯한 엄청난 부정부패 사건을 언론이 알고도 모른척 한 것이 아니냐는 따가운 질책과 언론이 너무도 무기력했다는 자기반성이 한창인 이때 나는 K형의 고뇌와 아픔을 절실히 느끼고 있습니다. 자유는 주어지는 것이 아니라 싸워서 빼앗는 것이라는 말처럼 지난 날의 온갖 어려움 속에서도 K형같은 언론인이 때로는 과감한 정면대결로 때로는 행간기사의 우회적 표현으로 신문을 만들었기에 이제 어둡고 추웠던 겨울을 지나 자유라는 밝은 햇볕을 쬐게된 것입니다. 관제언론, 제도언론이라는 비판에 냉가슴 앓던 K형, 이제는 자유경쟁의 시대를 맞아 소신껏 뜻하는 바 신문을 만들어 보시지요.

K형! 이제 신문은 자유경쟁의 시대이자 지방시대의 신문으로 새롭게 출발할 시기가 되었습니다. 이지역신문은 흙냄새가 물씬 풍기는 신문이 되기를 바랍니다. K형, 흙은 순수하지 않습니까? 흙처럼 순박하고 흙처럼 겸손한 것이 또 어디에 있겠습니까? 흙은 어머니의 품속같이 포근합니다. 흙은 한알의 밀알을 썩혀서 수많은 밀알을 거두게 합니다.

흙에서 났으니 흙으로 돌아가야 하는 것이 인생이기도 합니다. 그 흙같이 소박하고 진실한, 흙에서 사는 사람들이 바로 전남인들이 아니고 누구이겠습니까?

이솝 우화에 나오는 「서울쥐와 시골쥐」에서 시골쥐는 흙냄새를 풍겼습니다. 그런데 요즈음 서울에서 발행되는 신문을 들면 진한 시궁창 냄새가 납니다. 그것은 바로 서울쥐의 냄새이기도 합니다. 맛있는 것이 많다고 자랑하는 서울쥐를 따라나섰던 시골쥐가 한조각의 빵을 구하기 위해 고양이와 목숨을 건 숨바꼭질을 벌이는 서울쥐에게서 맡았던 바로 그 시궁창 냄새 말입니다. 시골쥐가 서울쥐를 부러워하지 않듯이 지역신문은 서울의 신문을 흉내내지는 말아야 할것입니다.

전남땅의 70%는 산과 들로 이루어진 농토입니다. 그리고 전남인의 5분의 3은 농어민입니다. 이들에게 필요한 것은 농수산물시세와 기상정보, 새로운 농수산기술과 각종 정책 등일 것입니다. 그러나 이들이 필요로 하는 것을 얼마나 주었는지, 이들에게 소홀한 점은 없었는지 되돌아 보아야 하겠습니다.

농도 전남의 문화는 글자 그대로 흙의 문화입니다. 동양화, 서양화, 사진 등의 시각예술은 이지역의 흙(강산)을 그리고 있고 전남에서 발생한 판소리도 흙냄새가 나는 흙의 문화입니다.

그러나 요즈음 이지역에는 서울 잡탕문화의 아류인 소비향락문화가 판을 치고 있습니다. 신문광고에는 카페, 살롱, 캬바레 광고가 매일 대문짝만하게 실리고 있고 전남의 향토문화는 한구석에 간신히 자리잡고 있습니다. 서울 세종문화회관의 행사, 국립극장의 공연 내용, 각 화랑의 전시작품이 간단없이 소개되고 특별 인터뷰 기사가 나오는데 이러한 기사를 보고 서울까지 감상하러 갈 사람이 얼마나 될는지 궁금합니다.

지역신문은 지역문화의 산실이자 요람이며 교육장이자 문화의 전당이 되어야 합니다. 그러기 위해서는 소비 향락문화를 엄중 경계하면서 흙의 문화를 지키고 또 육성 발전시켜야 할 의무와 책임이 있다고 생각합니다.

흙을 벗삼아 사는 전남인들은 가난하기 때문인지 교육을 받지 못한 사람이 많습니다. 그래서 더욱 그러한 사람들을 위하여, 그리고 한글 세대로서 한자를 잘 알지 못하는 수많은 청소년들을 위하여 한글을 전용하고 가로쓰기를 채택하는 것어 어떻겠습니까? 각종 출판물의 85%와 선거관계 홍보물의 90%가 한글판 가로쓰기를 채택하고 있으며 각종 신문·잡지의 광고는 이미 100% 한글로 제작되고 있습니다. 그것은 한글판 가로쓰기가 읽기 쉽고 알기 쉽기(가독성) 때문입니다.

앞으로 컴퓨터로 편집을 해야 하는 신문사에서는 이 한글판 가로쓰기는 빨리 채택할수록 유리할 것이며 가난하고 많이 배우지 못한 사람들이 많은 흙의 고장 전남에서는 더욱 중요하고 시급한 실정입니다. 신문사 측에서 볼 때도 채자및 조판 시간이 단축되고 독자 수도 늘어나게 되는 이점이 있습니다. 이미 1백년전인 1896년에 창간된 독립신문 제1호는 순한글로 신문을 만들었는데 만인에게 뉴스를 전달하는 오늘의 신문이 아직도 한자를 섞어쓰고 세로쓰기를 고집하는 것은 이치에 맞지 않는 일이 아니겠습니까?

K형! 이지역신문이 의욕적인 기획과 과감한 투자로 이역만리 남미에서 활동하는 전남인을 취재한 '남미의 전라도 사람들'을 감명깊게 읽었습니다. 그 획기적인 기획은 실로 오랜만에 해외에서 묻혀온 전남 땅의 흙냄새를 맡게 해주었습니다. 그것은 남미지역에서 불어왔지만 전남 땅의 냄새였으며 전남인의 땀 냄새였습니다. 그 기사는 전남 사람으로 하여금 전남인의 긍지를 느끼게 하고 세계를 향한 웅지와 희망을 새롭게 불어 넣어준 기사였다고 생각합니다.

이러한 참신한 기획과 과감한 투자는 신문의 무한한 가능성을 보여주는 것이었으며 매우 바람직한 지역신문의 취재 활동이었다고 생각합니다. 그러나 서울에서 사는 더 많은 전남인에 관한 기사는 아직 나오지 않고 있고 그들의 기업과 사회활동 등에 관한 내용은 읽은 기억이 없습니다.

그리고 저명인사나 연예인들이 많이 등장하는 중앙지와는 달리 이 지역신문은 농민, 노동자, 어민, 도시근로자들의 글을 많이 실었으면 좋겠습니다. 그들의 피와 땀과 눈물을 그들의 목소리로 당당하게 말할 기회를 주어야 합니다. 비록 글이 서툴러도 그들 중에서 소박하면서도 진실을 말하는 필자를 찾도록 애써야 합니다. 화려하지만 강 건너 불같은 서울 이야기들은 우리의 이야기가 아니기 때문입니다. 또한 전남지방의 이야기가 중앙지보다 충실하지 못한 경우가 있어서는 안될 것이며 서울지역에서 발생하는 기사들은 전남인의 시각에서 취재하고 여과해서 알려주는 것이 지극히 당연하고도 필요한 일이라고 생각합니다.

K형! 이제 이 지역신문에는 순 전라도 사투리로만 쓰는 사투리 가십란도 생길 때가 되었다고 생각합니다. 지역감정에 관해서는 그것을 해소시키고 순화시키는 방향으로 노력해야 하겠지만 일단짜리 '사투리 가십란'에서 진한 사투리로 가십 기사를 쓰는 것은 지역감정과 무관한 것이며 오히려 이지역에 대한 애착심과 자긍심을 일깨워주는 고정란이 될 수 있을 것입니다.

지방시대에 이 지역신문은 흙에, 대지에 뿌리를 박아야 한다고 생각합니다. 우리가 태어난 곳, 우리가 묻힐 곳이 바로 이 흙이 아닙니까? 뿌리 없는 꽃꽂이는 아무리 그 색깔과 모양이 아름답다해도 생명이 길지 않습니다. 한의 땅, 역사의 땅에서 이 지방을 위한 지역신문이 되려면 대기에 굳건히 뿌리를 박아 흙의 냄새를 진하게 풍기는 신문을 만들어야 합니다.

K형! 당신의 몸에서 나는 흙냄새를 신문을 통해 전남 곳곳에 배달해 주시지 않으시겠습니까?

건투를 빕니다.

_1988년 광주일보

냄비 저널리즘을 버리자

여기 장년의 한 사나이가 있다. 나이는 서른 여섯살. 한창 활동할 나이인 장년에 이르기까지 그는 세파에 시달리며 온갖 풍상을 겪어 왔다. 그는 사회에 큰 영향을 끼치는 사람이지만 강한데는 약하고 약한데는 강하며 주위의 눈치를 잘 살피는 사람이다. 그는 매우 감정적이고 흥분을 잘하지만 곧 잊어버리는 성격이다. 그는 앞일에 대한 철저한 계획이나 대비가 없이 즉흥적으로 일을 처리하는 경향이 있다. 그는 곧 냄비와 같은 성격을 가지고 있다. 냄비에 물을 끓이면 대번에 끓어 오르고 놓아두면 곧 식어 버리듯이 그는 즉흥적이며 비계획적인 사람이다. 제36회 신문의 날을 맞이하는 오늘 바로 이 냄비 기질의 사나이와 같은 우리 신문이 심기일전하여 새롭게 태어나기를 기대해 본다.

제36회 신문의 날에 선정된 표어는 「사회에는 正義를, 독자에겐 信賴를」이었다. 이러한 표어가 선정된 것은 정의로운 사회를 건설하고 신뢰받는 신문이 되자는 뜻일 것이다. 그러나 뒤집어 보면 그동안 한국의 신문이 이러한 표어가 새삼스러워질 정도로 사회에는 정의를 세우지 못하고 독자에게서는 신뢰를 받지 못해 왔다는 반증이기도 하며 또한 신문이 그 사실을 잘 알고 있다는 증거이기도 하다. 언론자유를 위한 투쟁으로 언론의 자유가 어느 정도 신장된 이때에 신문계의 다음 과업은 이 「냄비 저널리즘」에서 벗어나는 일이다.

오늘날의 한국신문이 사회정의를 구현하지 못하고 독자들의 신뢰를 받지 못하고 있는 것은 바로 이 「냄비현상」 때문이다. 독자들이 믿지 못하겠다는 것은 거짓이라는 말이라기보다는 「믿음직스럽지 못하다」는 뜻이다. 즉 너무 가볍고 쉬 끓고 쉬 식는다는 말이며 깊이 생각하고 넓게 취재하고 날카롭게 분석하지 않고 그때그때 즉흥적으로 지면을 메꾸어 나가고 있다는 말이다. 그래서 감정적이고 센세이셔널한 보도, 주먹구구식의 추측보도가 마구 춤추게 된다.

「냄비현상」의 예는 곳곳에서 발견된다. 먼저 박종철, 이한열, 이철규 사건 등은 발생 당시에는 뜨겁게 보도하다가 곧 까맣게 잊어버렸으며 권투나 축구경기 등 국제경기가 있을 때 신문은 「이기면 영웅, 지면 역적」을 만든다. 선거 보도의 경우는 선거를 마치 게임을 보고 즐기듯 정책대결과 후보자의 견해보다는 인물중심, 흥미위주로 보도하는 것이 관행이 되고 있다. 외국의 경우 신문이 후보자의 스캔들을 파헤쳐 도덕성을 심판하고 있는데 우리 신문이 후보자들 중 상당수가 전과자라는 보도만 해놓고 누가 무슨 죄를 저질렀는지를 밝히지 않은 것은 국민의 알권리를 무시한 것이요 직무유기이다. 남북대화를 다룰 때는 공존논리보다는 냉전논리로 북한의 경직성, 비민주성, 낙후된 경제만을 집요하게 물고 늘어져 결과적으로 대화에 역효과를 낸 적도 적지 않았다. 구 소련의 명칭은 「러聯」, 「CIS」, 「蘇聯」으로 세가지가 다 쓰이고 있어 혼란스러우며 심지어는 한 신문에서 이 세가지 명칭이 다 나오는 적도 있다.

지방지의 경우에도 그 나름대로의 「냄비현상」이 있다. 중앙지들이 이미 일요판을 발행하고 지방 현지 인쇄를 시삭했으며 조석간 체제를 채택해 시시각각으로 지방지들을 죄어 오고 있는데 아무런 대책이나 체질 개선 없이 그날그날 현상 유지에 급급하고 있다. 지방지들은 편집체제를 중앙지들의 체제 그대로 따르고 있다. 그래서 신문이 중앙지들과도 비슷하지만 지방지끼리도 비슷하다. 한국언론연구원이 조사한 바에 따르면 지방지들이 중앙 관련기사를 게재한 비율은 62.9%, 지방 관련기사는 37.1%였고 사설은 중앙 관련주제가 76.4%나 되는 반면 지방 관련주제는 23.6%에 지나지 않았다. 즉 일반기사나 사설을 지방지이면서도 중앙지적 입장에서 많이 다루고 있어 지방 실정에 맞는 지면 구성이 아니라 중앙지의 축소판 같은 지면 구성을 보이고 있는 것이다. 특히 이지방의 각종 데모 기사는 데모의 이슈보다는 화염병 공방전에 치중함으로써 본질을 외면하게 만들고 또한 호남이 과격하고 부정적인 이미지를 갖게 되는데 결정적인 역할을 한다.

앞으로 지방지들은 중앙지 스타일을 벗어나 「향토신문」이 되어야 하고 「작은신문」을 지향해야 한다. 지방주민들의 눈이 되고 귀가 되어 가려운 곳을 긁어 주고 아픈 데를 어루만져 주어야 한다. 이고장에서 일어나는 크고 작은 지방정보를 세세하고 친절하게 게재하여 알권리를 충족시켜 주어야 하며 광고란도 작은 광고를 많이 취급하도록 해야 한다. 요즈음 주간 소식지들이 대거 발행되고 있는 것은 독자들의 「작은 신문」에 대한 수요가 크다는 사실을 입증하는 것이다.

제36회 신문의 날을 맞이한 오늘은 우리신문이 낡은 냄비를 엿바꿔 먹고 튼튼한 돌솥을 마련해야 할 때이다.

_1992년 광주매일

금메달 지상주의를 벗어나야 한다

런던올림픽이 막을 내렸지만 그 감동은 수그러들지 않고 있다. 대부분의 언론은 이번 올림픽에서 우리나라가 금메달 13개로 종합 5위를 기록하며 위상을 세계에 과시했다고 대대적으로 보도했다. 반면 숙명의 라이벌인 일본에 대해서는 금메달 7개로 종합 11위를 기록했다고 덧붙이면서 우리가 비교 우위에 있음을 강조했다.

국제올림픽위원회(IOC)에서는 올림픽의 국가별 순위를 인정하지 않는다. 스포츠의 순수한 정신에 위배될 수 있다는 입장이어서 국가별 순위를 발표하지 않는 것이다. 그러나 한국·일본·영국 등은 국가 순위를 금메달 위주로 집계하고 미국·캐나다와 유럽 등에선 메달 합계로 순위를 정한다.

금메달 순위로 보면 미국, 중국, 영국, 러시아, 한국, 독일 등의 순서이며, 메달 합계 순위는 미국, 중국, 러시아, 영국, 독일, 일본 등의 순서가 된다. 메달 합계로 보면 한국은 28개로 전체 9위이며, 일본은 한국보다 10개가 많은 38개로 전체 6위다. 이 방식대로라면 일본이 우리보다 앞선다. 국민 감정상 선뜻 받아들이기 쉽지 않겠지만 금메달 수에 좌우되지 않고 메달의 가치를 똑같이 인정한다는 점에서 메달 합계 방식은 한결 차분한 순위 계산법이라고 할 수 있을 것이다.

한국언론이 그동안 적용해온 금메달 위주의 순위 집계 방식은 스포츠 내셔널리즘과 국민의 자긍심을 높이는 데 일부 기여한 점도 있다. 그러나 1등만 기억하는 더러운 세상이라는 유행어처럼 '금메달'을 따지 않으면 금세 외면해 버리는 우리 사회의 금메달 지상주의는 급기야 배드민턴 '져주기' 파문 등을 낳기도 했다.

올림픽 기간 동안 언론은 '금메달의 꿈, 금빛 미소, 황금 물살, 금메달 메치기, 금메달 놓치고 울어….' 등 금메달을 외치고 금메달을 노래하기 바빴다. 이 과정에서 금메달을 따지 못한 선수들은 외면받기 일쑤였다. 그렇지만 그들은 금메달 선수 못지않게 한국의 위상을 높이고 한국을 재인식하는 데 공헌한 자랑스러운 태극전사들이다. 언론은 메달을 딴 선수들은 물론 올림픽 본선에 나가지는 못했어도 국가대표로서 예선전에서 최선을 다한 선수들, 비인기 종목임에도 혼신을 다한 선수들에게도 감사와 격려를 잊지 말아야 할 것이다.

언론은 1등만을 찬양하는 승자 독식의 금메달 지상주의를 벗어나야 한다. 그것이 '최고' 보다는 '최선'에 가치를 두는 올림픽 정신을 빛내는 길이다. 메달 색깔에 관계 없이 전체 메달 수로 순위를 매기는 메달 합계 방식이 그 작은 시작이 될 수 있을 것이다.

_2012년 한겨레신문

무질서의 극치 삼풍참사 보도

지난 6월 29일 발생한 삼풍백화점 참사사건은 온 국민의 경악을 불러일으킨 한국형 재난의 결정판이었다. 언론기관마다 경쟁적으로 현장보도를 하였고 현지에 데스크를 차려 놓고 생방송을 하기도 하였다. 공통적으로 통렬하게 지적한 사항은 한국인들의 '빨리빨리', '대충대충' 병과 성급한 결과주의였다.

그러나 KBS, MBC, SBS 세 방송사는 과연 이 참사 보도를 제대로 잘한 것인지를 되짚어 보아야 할 것이다. 한마디로 말해서 방송사의 보도는 삼풍보다도 더한 '빨리빨리', '대충대충'의 중병에 걸려 있음이 그대로 드러 난 것이다.

방송사들은 생생한 보도를 위해 위험을 무릅쓰고 참사 현장을 누비며 사건의 전모와 구조상황을 알리기에 애썼다. 특히 방송사마다 그래픽으로 처리한 현장 붕괴장면과 무인 카메라를 동원한 점은 매우 돋보이는 시도였다. 지금까지의 사건보도와 달리 이와 같이 그래픽과 첨단장비를 동원하여 시청자들의 눈과 귀가 되기 위해 애쓴 점은 칭찬할 만한 일이다. 그렇지만 곳곳의 상황을 어떻게 하면 생생하게 중계하느냐 하는 데만 온힘을 쏟았을 뿐 체계적이고 질서 있는 보도를 하지 못하고 호떡집에 불난 듯이 급하게 서두루기만 하는 방송을 한 것이다.

방송사마다 땅속 구조현장 서너 곳과 지상 두세 곳에 중계인력과 장비를 배치하다 보니 100여명의 방송요원이 투입되었다. 그리고 신문사의 취재기자와 카메라기자까지 합해서 현장에는 수백 명의 언론인들이

벌떼처럼 모여들어 치열한 취재경쟁을 벌여 결과적으로 구조작업을 방해하고 있었다. 미국 오클라호마 연방청사 폭발사고 때는 기자들이 현장 통제선으로부터 한발 떨어져 구조활동의 질서를 유지했었으나 한국 기자들은 무조건 구조현장에 수백 명씩 밀려다니며 아무나 붙잡고 인터뷰를 하곤 하였다. 사람을 먼저 살려야 하나 보도를 먼저 해야 하나의 갈림길에서 한국기자들은 후자를 택하는데 조금도 주저하지 않았던 것이다.

"지금 구조활동 때문에 이 자리를 비켜 달라는 얘기가 있습니다만 저희는 시청자 여러분들에게 많은 화면을 보내 드리기 위해 절대 이 자리를 양보할 수 없습니다."고 말한 기자가 있었는가 하면 24명의 생존자를 구조할 때 어둠 속에서 나와 갑자기 센 빛을 받으면 시력이 손상될 염려가 있는데도 불구하고 첫 생존자의 눈에 강한 조명을 비치면서 "이 사람은 눈을 뜨고 있습니다."고 하였고 둘째 사람부터는 눈을 수건으로 가리고 나오자 그 눈 위에다가 조명을 비치며 보도하기도 했다.

절단기와 랜턴, 모포와 헌혈이 필요하다고 다급하게 방송을 했지만 어떤 물품이 얼마만큼 필요하고 그것은 기증인지 대여인지, 그리고 어디에서 어떻게 전달하는지, 어떻게 쓰이는지, 전달 결과 과부족은 어떠한지에 대해 체계적이고 일관성 있는 보도를 한 곳은 한군데도 없었다. 그냥 모두가 붕 떠서 흥분해 가지고 이리 뛰고 저리 뛰고 생각나는 대로 아무렇게나 말해 버리는 오합지졸을 연상케 하는 식이었다.

현장의 약도, 각 병원의 위치와 입원자및 사망자 명단, 경찰, 군대, 소방서, 적십자 등 각 구조단과 건설회사의 위치와 맡은 일, 각 층별 작업상황 등을 체계 있게 보도하지 못하고 막연히 현장 그림만 여기저기 보여주는 중구난방의 방송상황이 되풀이되었다.

그들의 주먹구구식 보도는 자원봉사자들을 부추겨 구조 영웅으로 만드는 데 한 몫을 하였다. 자원봉사자들은 현장 밖에서 구호와 급식, 운송, 청소 등에만 허용되어야 하나 자격 없는 사람들이 마구 지하 구조 현장에 뛰어 들어도 그들을 영웅시하고 그들만이 양심 있는 시민인양 보도했으니 위험천만한 일이 아닐 수 없었다. 사람이 바닷물에 빠졌을 때는 안전구조요원이 구출해야 한다. 구조요원이 없을 때만이 수영할 줄 아는 사람으로 하여금 구조에 나서게 해야 되는 것이나 삼풍 현장은 자원봉사자란 이름이면 아무나 바닷물 속에 들어가게 하는 식이 되고 말았다.

자원봉사자가 필요한 경우 지원을 현장에서 받아 신분과 능력을 확인한 후 일정한 자격표시를 하고 봉사 일을 맡겨야 한다. 그들에게는 음식과 숙소를 제공해야 하고 쉴 곳도 마련해 주어야 한다. 무자격자들이 아무런 보호장비도 없이 구조 현장에 들어갔다가 그들 중에 사상자가 생기면 누가 책임을 질 것인가? 그들이 좀도둑인지 아닌지 가릴 수도 없었고 또 언제 그만 두어도 말릴 수 없고 체계적으로 일을 시킬 수도 없다. 그러나 방송사들은 이러한 문제점을 지적하기는커녕 시청률을 높이기 위해 앞다투어 자원봉사자들을 찬양하고 고무, 격려하였으며 방송국 특별 프로그램에 출연시키기도 하였다. 구조 작업 도중에도 그들에게 아무 때나 인터뷰 마이크를 들이대었다.

방송사는 삼풍 구조현장의 무질서를 탓했지만 무질서의 본보기요 구조의 방해자는 바로 방송사였다. 방송사는 스스로 질서를 지키고 방송사간의 분업과 협업을 통해서 능률적이고 체계적인 구조 방송을 실시했어야 했다. 우리 사회에 만연된 '빨리빨리', '대충대충' 병은 언론사 쪽이 훨씬 더 심각했던 것을 크게 반성하고 진지하게 검토해야 할 일이다.

_1996년 금호문화

정치 드라마는 진실을 그려야 한다

정치 드라마의 계절이 찾아 왔다. 문화방송의 수목 드라마 『제4 공화국』과 서울방송의 토요일밤 프로 『코리아 게이트』는 장안의 화제로 등장, 높은 시청률을 기록하면서 방송되고 있다. 지난 10월 18-19일 『제4 공화국』 1, 2부가 방송된데 이어 21일 『코리아 게이트』가 2시간에 걸쳐 1, 2부를 방송함에 따라 같은 시대, 같은 사건을 다룬 두 드라마를 지켜보는 시청자들의 시선이 집중되고 있다. 미디어 서비스 코리아의 조사에 의하면 이들의 시청률은 42.5%와 31.2%(1,2부 평균)로 나타나 두 정치 드라마가 모두 높은 인기를 끌고 있음을 증명했다.

정치 드라마는 실제 있었던 정치적 사건과 갈등을 다루는 것이기 때문에 허구가 아닌 실화로서의 사실성과 극적 재미를 동시에 제공한다. 특히 애정물이나 궁중비화 등에 식상해 있던 중·장년 층 남성들은 그들이 실지로 경험한 시대의 얘기이니만큼 압도적인 관심을 나타내고 있다. 그리고 실존 인물과 용모나 목소리 분위기가 닮은 사람, 또는 비슷하게 분장한 사람들을 등장시키기 때문에 이들의 분장과 연기를 보는 것 또한 재미있다.

내년 4월 총선을 앞두고 두 드라마에서 그려질 YS, DJ, JP 등 현존 인물들의 정치적 함수관계도 주목되고 있다. 더구나 5·18 불기소 처분으로 정치적 허무주의가 팽배하고 노대통령 비자금 파문이 온 국민을 경악하게 하는 이때 바로 그들이 저지른 이야기를 적나라한 정치 드라마로 되새기면서 시청자들은 새삼스럽게 치를 떨며 드라마의 추이를 지켜보고 있는 것이다.

그동안 정치 드라마들은 제1, 제2, 제3공화국을 다루었지만 이번 드라마는 최현대사에 해당하는 것으로 등장인물들이 대부분 현존해 있고 권력 내부의 갈등과 암투, 무력 충돌과 정권 획득과정 등 극적 요소가 많아 언제든지 드라마화 될 것은 누구나 예상할 수 있었다. 그러나 양대 방송사에서 동시에 정치 드라마로 제작 방송하는데는 방송사간의 지나친 시청률 경쟁을 촉발하게 하고 졸속 제작을 낳게 하며 사실보다는 인기 위주의 드라마로 흐를 위험이 도사리고 있다.

실지로 방송사들이 시청률을 확보하기 위하여 무리한 경쟁을 하고 있는 모습이 곳곳에서 드러나고 있다. 처음에 문화방송이 주말 특집 드라마로 편성하자 서울방송은 토요일 2시간 연속방송으로 맞불 작전을 시도하였고 문화방송은 방송 직전에 불야살야 수목 드라마로 긴급 편성해 방송하고 있다. 문화방송의 『제4 공화국』을 1-7회까지 집필했던 작가 김광휘씨는 '작가와 협의 없이 흥미 위주로 대본을 수정해 저작권을 침해 당했다'며 문화방송을 상대로 촬영 및 방영금지 가처분 신청을 낸 바 있다. 그러나 서울지법 남부지원 민사 합의 1부(재판장 김태훈 부장판사)는 24일 방송사의 시청자에 대한 약속 등을 들어 '이유 없다'며 기각했다. 문화방송은 『제4 공화국』 작가를 긴급히 이호씨로 교체, 8회분부터 집필하고 있다. 두 정치 드라마의 경쟁은 아직 전반전일 뿐이다. 『제4 공화국』은 24부작, 『코리아 게이트』는 32부작으로 올 연말과 내년 초를 뜨겁게 달구며 경쟁을 계속할 것이다.

한편 두 방송사는 각각 인물과 상황 묘사, 그리고 사건에 대한 해석이 달라 시청자들을 혼란스럽게 하고 있다. 즉 한쪽에서는 김재규를 독재를 종식시키고 민주화를 위해 거사한 의사로 표현하는가 하면 다른 쪽에서는 권력 다툼 끝에 경호실장을 죽이고 내친 김에 대통령까지 죽이는 돈키호테 같은 인물로 묘사하였다. 박대통령은 한쪽에서는 카리스마적 독재자로, 한쪽에서는 연민을 느끼게 하는 불행한 정치가로, 전두환은 한쪽은 권력욕에 사로잡힌 기회주의자로, 또 다른 쪽은 지략과 야심에 찬 지도자로 그리고 있다.

서로 다르게 그려지고 있는 인물과 상황은 과연 어느 쪽이 진실된 모습인가? 그리고 5-6공의 주역들이 지금도 실세를 유지하고 있다면 방송사들은 과연 이들을 부정적으로 묘사할 수 있었겠는가 하는 의문이 간다.

두 방송사는 역사적 진실에 입각한 드라마를 만들기보다는 시청자들의 호기심에 영합하여 시청률 위주의 인기 드라마를 만드는데 급급하고 있다. 인기 위주의 드라마를 만들다 보면 드라마의 중요 요소인 갈등 상황을 설정하기 위해 어떤 인물은 역사적 영웅이나 훌륭한 위인으로 추켜세우고 어떤 인물은 극단적인 기회주의자나 배신자로 만들기 쉽다. 그리고 정치군인들의 하극상, 사리사욕을 위한 군대 동원 등의 부당성이 부각되기보다는 쿠데타나 혁명이 매력 있게 묘사되거나 쿠데타에 참가한 사람들이 목숨을 걸고 사나이다운 큰 일을 한 사람처럼 보이게 될 우려가 있다. 그리고 모로 가도 서울만 가도 된다는 식으로 정권을 잡는 자가 제일이라고 하는 위험천만한 생각이 나올 수도 있다.

현존하는 인물들을 판단하고 평가하는데는 곳곳의 압력으로 상당한 어려움이 따르는 것이 현실이나 오히려 현존 인물들이기에 여러 사람들의 증언으로 좀더 정확한 묘사를 할 수 있는 장점이 있는 것도 사실이다. 따라서 방송사측은 재미있는 드라마로만 갈 것이 아니라 그때그때의 상황에 따라 그 당시 인물들의 증언을 삽입하는 작업을 병행하면서 역사적 진실을 담으려는 노력을 게을리 하지 말아야 하겠다. 11월 중순부터 시작한 5·18 관계 장면 역시 민주화 운동의 역사적 의의와 민중의 아픔 등이 소홀히 다루어진 채 흥미 위주로 묘사되지나 않았나 되짚어 보아야 하겠다.

_1997년 금호문화

전라도 이미지와 방송

우리나라 사람들이 가장 좋아하는 나라는 스위스라고 한다. 중앙지들이 매년 행하는 독자의식조사에서 스위스는 항상 '제일 좋은 나라'로 나타나곤 한다. '평화로운 나라 아름다운 경치, 근면한 국민성…' 등의 긍정적 이미지가 주류를 이루고 있다.

한편 가장 싫어하는 나라 중에는 일본이 항상 1,2위를 다투고 있다. 일본사람에 대해서는 교활하다, 표리부동하다. 잔인하다… 등 부정적 이미지가 헤아릴 수 없이 많다. 그런데 스위스나 일본의 이러한 이미지는 한국 사람이 스위스나 일본에 가서 느낀 체험이나 그나라 사람을 만나서 받은 인상으로 형성된 것은 아니다. 그것은 TV에 소개된 경치나 드라마에서 받은 인상, 또는 신문에 소개된 기사를 읽고 가지게 된 느낌에서 비롯된 것이다. 즉 언론매체를 통해서 생긴 이미지라는 말이다.

지난달 연세대 언어교육원이 외국인들을 대상으로 하는 교재에 '전라도 비하론'을 실어 말썽을 빚은 일이 있었다. 외국인들과 교포들을 가르치는 한국어 교본에 "전라도 사람들은 돈많고 권세좋은 사람들에게 비위를 잘 맞추는가 하면 반항적인 행동을 잘해서 사람들의 미움을 사고 있어 일반인들은 이지방 사람들과 사귀기를 꺼려한다"는 내용이 들어있었다. 연세대학교 측은 이지방 사람들의 항의를 받고 그 내용을 삭제했다고 한다. 이 사건은 영남권 뿐만 아니라 비호남권의 호남에 대한 잘못된 인식이 존재한다는 구체적인 증거가 아닐 수 없다.

아첨 잘하는 사람이나 이기적인 사람은 전국에 아니, 세계 어느 집단에서도 발견되는 사항이다. 오수성 교수가 조사 발표한 논문을 보면 호남과 영남의 중,고,대학생들은 상대 지역인들에게 공통적으로 '간사하다, 약삭빠르다. 이기적이다, 악착같다, 수단 방법을 가리지 않는다, 고집이 세다, 생활력이 강하다.' 등의 고정관념을 가지고 있었다. 다만 영남 학생들이 호남인에 대해서 '반항적이다, 단결력이 강하다'라고 본 것과 호남 학생들이 영남인들에 대해 '개인주의적이다'라고 본 것이 다를 뿐이었다. 이 연구는 학생들만을 대상으로 조사한 것이기에 일반화하기 어렵다는 반론도 있을 수 있겠으나 상대방을 직접 만나보지 않은 학생들이 상호 이러한 관념을 갖고 있다는 것은 자기 스스로의 판단이라기보다는 주위 사람이나 언론매체의 영향을 받은 것이라고 말할 수밖에 없다.

문석남 교수의 저서 『전남인의 의식구조』에는 전남인이 생각하는 전남인의 성격이 표현되어 있다. 여기에는 '줏대가 없이 남의 말을 잘 듣는다(5.7%)', '의리와 의협심이 강하다(25.4%)', '인심이 비교적 후하다(41.1%)', '머리가 뛰어나 상대편을 잘 이용한다(20.3%)', '높은 지위 사람에게 잘 굽실굽실 한다(7.5%)' 등 5개의 대표적 성격 특징이 나타나 있다.

그런데 의리와 의협심이 강하고 정이 많고 인심이 후한 장점은 일반인에게 잘 알려져 있지 않은 것 같다. 마치 일본인들의 깨끗하고 정직하며 부지런한 것이 잘 알려져 있지 않은 것과 마찬가지이다.

미국에서 15년간 살고 있던 친구가 미국 TV에 광주 소식이 보도될 때마다 최루탄과 화염병으로 시가전을 하는 모습이 나온다면서 안부 전화를 한 적이 있었다. 얼마 후 광주에 온 그 친구와 함께 평온한 캠퍼스와 시가지를 거닐면서 방송 보도가 얼마나 잘못된 이미지를 심어 줄 수 있는가에 대해 역설하였다. 그런데 그가 미국에서 본 광주의 시위 모습은 대부분 이지방 TV에서 취재해 서울로 보낸 것을 다시 외국의 TV가 받은 것들이었다.

이 지역 TV가 시위의 이슈보다는 화염병 공방전을 집중 취재해서 보낼 때 서울의 뉴스 본부에서는 이것을 받아 전국에 보도할 것이다. 미국을 비롯한 외국 TV에서는 다시 이 뉴스를 받아 확대 해석해서 광주를 '시가전'으로 표현할 것이다.

국제 정보질서는 강대국의 뉴스가 약소국으로 불균형하게 흐르고 강대국이 약소국의 뉴스를 다룰 때는 조화적 뉴스보다는 갈등적 뉴스를, 긍정적 뉴스보다는 부정적 뉴스를 주로 취급하는 경향이 있어 문제가 되고 있다. 그런데 이러한 국제 정보질서가 서울과 지방 사이에도 그대로 적용되고 있다. 즉, 서울의 뉴스 본부는 광주, 전남의 이러한 갈등적인 뉴스를 선호하는 경향이 있으며 직접 취재 지시를 하기도 한다. 이 지역 TV들이 자의건 타의건 갈등적 뉴스를 보낼 때 전국의 시청자들은 광주, 전남에 대해서 '거칠다, 반항적이다'라는 느낌을 받을 것이고 따라서 호남인을 부정적으로 평가하게 될 것이다. 그것은 타지방 사람들의 인식에만 머물러 있지 않고 이지방 대학 졸업생들의 취업과 승진에 반작용을 일으키는 형태로 가시화되기도 한다.

연세대에서 발간한 교재는 우리에게 충격을 주었지만 이지방 지성인들에게 숙제를 남겨주었다. 항의하고 시정을 요구하는 것은 당연한 일이겠지만 과연 타지방 사람들이 그러한 잘못된 인식이 있다면 그것을 어떻게 시정하고 개선할 것인가를 연구해야 되겠기 때문이다.

지난 총선과 대선 때 지방언론을 비롯한 전국의 언론은 정치인들의 지역감정 이용 술책에 휘말려 분별없이 지역의 갈등적 상황을 경쟁적으로, 감정적으로 보도하여 지역감정을 증폭시킨 결과가 되었고 그 피해는 호남인들에게 부메랑 효과가 되어 나타나고 있다. 기초의회 선거를 비교적 차분하게 보도한 지역 언론매체들은 곧 있을 광역의회 선거를 어떻게 보도할 것인지 묻고 싶다. 전남인의 부정적 이미지 형성에 일말의 책임감을 느끼고 이미지 개선에 노력할 것인가? 아니면 총선, 대선 때처럼 경쟁적으로 갈등적인 보도를 할 것인가? 선택은 그대들 언론인들의 손끝에 달려 있다.

이제는 "어떻게?"를 생각해야 될 때가 아닐까?

_1997년 금호문화

밤의 초대석

남도를 빛내는 인물들의 다양한 삶 공개 평온하고 아늑한 밤,
잔잔한 인생 역정 감동 물씬

지난 10월 22일 월요일 오전11시 광주MBC 공개홀, 광주MBC TV의 <밤의 초대석> 녹화 현장은 여느 TV 프로그램과 달리 잔잔했다. 담당 PD도, 촬영스탭도 모두 무대 앞에 앉은 두사람의 얘기를 조용히 카메라에 담는 데 열중했다.

이날 초대석의 주인공은 지역사회의 저명인사이자 '발로 뛰는 교육인'으로 유명한 광주교육대학교 이정재 총장. 우리나라 국립대학교에서는 최연소 총장이라고 할 수 있을 정도의 젊은 나이에다 광주교육대학교를 졸업하고 초등학교 교사 생활부터 시작해 모교의 총장으로서 학교 발전에 동분서주하는 남도인이다.

진행을 맡은 김원태 교수(전남대, 신문방송학)는 능숙한 진행자답게 초대석의 주인공으로부터 시청자들이 궁금해할만한 사항들을 준비된 원고를 참고하며 부드럽게 질문해 무리없는 답변을 이끌어낸다. 올해 3월 1일자로 취임해 광주교대를 전국 13대 교육대 가운데 최우수 대학으로 선정되게 만든 비결, 학교발전 기금을 마련하기 위해 천리길도 마다않고 뛰어다니는 이유, 초등학교 교사부터 시작해 대학 총장에 이르기까지의 독특한 이력, 해외 선교활동에 이를 정도로 정력적 종교활동 등등. 이정재 총장의 답변과 함께 앞쪽에 놓인 TV에서는 ENG 카메라 촬영을 통해 녹화해 놓은 광주교대의 전경-학교의 심장부인 전산실, 어학도서관 등이 화면에 방영되면서 총장의 설명을 돕는다.

촬영 테잎에는 초대석의 주인공이 전혀 예측할 수 없는 코너도 준비돼 있다. <밤의 초대석> 제작팀이 이정재 총장 몰래 교직원들에게 이 총장에 대한 평가를 물어 촬영한 내용을 비롯해 광주교대생들이 이총

장에게 바라는 점들이 그것. 시청자들의 이해를 돕기 위해 준비된 사전 촬영 내용에는 이밖에도 이총장의 초등학교, 중학교 교사 시절의 빛 바랜 사진 등 특이한 인생 역정을 영상에 담았다. 제작진이 미리 준비한 코너는 또 있다. 초등학교 교사부터 대학교수에 이르기까지 이총장의 일화에 남아 있는 기억나는 제자들 몇 명을 섭외해 두었던 것. 이총장과 제자들의 대화를 이끌어내는 김원태 교수의 진행은 수준급이다.

초대석의 마무리 부분은 이 총장의 가정생활과 가치관 등 개인적인 문제로 마감된다. 초등학교 교사인 부인과의 만남, 1남 2녀의 자녀, 과다한 사교육비에 짓눌리는 현실에 대한 의견, 올바른 교육에 대한 견해 등등. 우리나라 교육계에 바라는 점을 이 총장에게 묻는 것을 끝으로 이날 〈밤의 초대석〉 녹화는 마무리 됐다. 제작진에게 이젠 녹화물의 편집과 수요일 방영, 그리고 다음주 초대석 손님을 확정하고 사전 취재하는 일이 남았다.

〈밤의 초대석〉은 매주 수요일 11시에 50분 동안 방송되는 로컬로 남도를 빛내고 있는 사람들의 삶과 경륜을 들어보는 심야토크 프로그램이다. 〈남도 사람들〉 〈얼씨구학당) 등과 함께 1백회를 넘긴, 광주MBC TV프로그램 가운데 몇 안되는 장수 프로이다.

비슷한 광주MBC TV 프로그램 〈남도 사람들〉이 남도의 서민층을 대상으로 삶의 애환과 이채로운 경력을 클로즈업한다면 〈밤의 초대석〉은 사회적 명성을 얻고 있는 출향 인사, 지역의 저명인사, 오피니언 리더들의 인생 역정과 삶에 대한 태도를 들어보는 시간이다. 출향 인사들의 몸에 밴 프로 정신과 아직 남아있는 구수한 남도 사투리, 고향에 대한 생각과 마음 씀씀이 등은 시청자들의 공감대를 이끌어내면서 용기와 자긍심을 갖게 하기도 한다. 특히 〈밤의 초대석〉은 시청자들에게 본보기와 모범이 될 수 있는 인물들을 선정, 그들의 삶과 가치관을 엿볼 수 있기 때문에 여수·목포MBC 등도 뒤따라 비슷한 프로그램을 제작할 정도로 그 가치를 인정받고 있다.

"밤 11시라는 심야 토크 프로그램이기 때문에 평온하면서도 아늑한 분위기로 이야기를 풀어가는 게 '밤초' (밤의 초대석)의 특징"이라고 김유희 구성작가는 설명한다. 그동안 밤초의 제작은 오창규 PD, 이종엽 PD, 김휘 PD 등 중견 PD들이 맡아오다 이번 가을 개편과 함께 강명곤 PD가 제작을 담당하게 됐다. 프로그램의 진행자 역시 지역 내의 유명 인사들이 맡았는데 소설가인 전남대 박양호 교수를 비롯해 동신대 김용근 교수, 그리고 지금은 전남대 신문방송학과 김원태 교수가 프로그램을 이끌고 있다.

그동안 <밤의 초대석>의 자리를 빛낸 유명 인사들은 수를 헤아릴 수 없을 정도, 남도 출신으로 생체 풀을 연구하는 세계적 석학이자 세계노화연구회장인 서울대 의대 박상철 교수를 비롯해 <영어의 바다에 빠뜨려라>로 유명한 미국 뉴욕주립대 영어교육과 하광호 교수, 미국 미시간대 공학박사 김남균 교수, 완도 출신의 세계가 인정하는 '참치 명인' 차용우 선장, 해남 출신으로 70년대 저항시에서 90년대 생명시에 이르기까지 엄청난 자취를 남기고 있는 김지하 시인 등이 <밤의 초대석>에 초대됐다. 가장 최근에는 전남 해남 출신으로 국민학교 학력이 전부인 유명 헤어디자이너 박준씨가 주인공으로 참여했다. 방송이 끝나고 방청객들의 사인 요청과 헤어 스타일에 대한 질문을 귀찮아하지 않고 일일히 응해준 그는 제작진에게 깊은 인상을 남겼다고. 또 역도선수로 출발해 우리나라 최고의 프로 골퍼가 된 최경주씨도 밤의 초대석의 자리를 빛낸 인물이었다.

제작진 프로필

진행자 김원태 교수

현재 전남대 신문방송학과 교수로 재직 중이며 연세대를 졸업하고 KBS 아나운서로도 활동했다. <밤의 초대석> 프로그램이 진행자의 퍼스낼리티에 크게 의존하는 만큼 김 교수의 방송계 경력에다 신문방송학을 연구하는 학자로서의 경험이 이 프로그램을 무리 없이 부드럽게 이끌어 가고 있다는 시청자들의 평. 김 교수는 특히 학교에서 학생들에게 방송 실기를 가르치는 한편 대중문화에 대해서도 높은 식견을 가지고 있어 프로그램을 더욱 빛내고 있다고 한다.

_1997년 MBC 가이드

방송과 사투리

사투리는 짙은 향토색을 나타내고 같은 고향사람들끼리의 동질성을 확인하는 계기가 되며 아련한 향수를 느끼게 해주는 촉매 구실을 한다. '언어는 곧 사람이다'라는 말도 있지만 이고장 사람들이 사투리를 쓰는 것은 너무나도 당연한 일이라 하겠다. 사투리 옹호론자들은 사투리야 말로 이지방 사람임을 가장 확실하게 나타내는 언어 유산이며 전라도 사람의 혼을 담고 있는 것이라고 한다. 따라서 전라도 내에서는 물론 타지역에 가서도 당당하게 사투리를 써야 한다고 강변한다. 한편 표준말 옹호론자들은 오늘날 좁은 국토에서 각 지역마다 사투리를 쓰면 지역감정을 부추기게 되고 또 원활한 커뮤니케이션에 문제가 생긴다고 한다. 더구나 통일을 앞두고 언어의 통일을 위해 서두를 때인데 사투리를 쓰자는 것은 지역주의적인 발상이라고 한다. 그런데 사투리 사용을 주장하는 사람들까지도 방송에서만은 표준말을 사용해야 한다는 데는 이의를 제기하지 않는다. 방송은 표준말을 사용함으로써 온 국민에게 메시지를 잘 전달할 수 있으며 국민언어의 산 교과서가 되어야 함을 모두가 인식하고 있는 것이다.

그러나 현실은 그렇지만은 않다. 먼저 전국방송의 경우를 보면 여류 변호사 황모씨를 비롯한 몇몇 인사가 고정적으로 출연해서 '유창한' 경상도 사투리를 거침없이 사용하고 있다. 드라마 프로그램에서는 용기 있고 의협심 많은 사람은 경상도, 장사꾼이나 사기꾼으로는 전라도, 가정부나 농부는 충청도 사투리를 쓰도록 하는 경향이 있다. 최근 방송되고 있는 드라마들 가운데 주요 등장인물들이 사투리를 쓰는 대표적인 작품들은 「야망의 세월」, 「불의 나라」, 「검생이의 달」, 「몽실언니」 등으로 대부분의 드라마가 해당된다. 그리고 「쓰리랑 부부」, 「고슴도치 가족」 등 코미디 프로에서도 사투리 대사가 대거 등장하고 있다.

그런데 전국방송 프로그램에 나오는 사투리는 전라도 사투리를 일례로 들어 보아도 '사투리 흉내'일 뿐이지 제대로 된 사투리가 아니며 꼭 사투리를 쓰는 인물이 등장해야만 그 드라마가 될 것이라는 당위성도 결여되어 있다. 그리고 코미디 프로그램에서 각 도 사투리를 써서 웃음거리를 만드는 것은 그 지방 사람들의 자존심을 상하게 하는 한편 어린이들이 무분별하게 모방하도록 방치하는 결과가 된다.

지역방송의 경우에는 사투리의 사용 정도가 더욱 심한 편이다. 전화연결 프로그램에서 제일 많고 지역 주민과의 인터뷰 때도 많이 나타난다. 지역방송에 자주 등장하는 기자와 아나운서들의 말 중에도 사투리가 많이 섞여 있다. 최근 대전 문화방송 정종수 아나운서부장이 조사 연구한 논문에서 보면 방송 진행자들의 표준어 사용정도를 묻는 질문에 20.7%가 부정적인 답변을 하였다. 표준어와 순화된 말을 사용하는 사람은 아나운서가 83%로 나타났으나 기자는 14.1%, DJ가 9.5%였고 탤런트와 코미디언은 3.7%와 1.9%로 매우 낮았다. 사투리 사용이 지역감정과 관계가 있다는 응답이 절반 정도 되었고 인기 있는 방송 진행자가 사투리와 순화되지 않은 말을 쓰고 있다면 계속 교육을 시켜야 하며(73.7%) 심지어는 출연을 금지 시켜야 한다(9.1%)는 의견도 나왔다. 한편 방송프로그램 진행자들의 언어 순화 필요성을 느끼는 응답자가 절대 다수(91.7%)였으며 코미디, DJ, 쑈, 토크 프로그램 등에서 순화 대상 언어가 많다고 답하였다.

그러면 광주 전남 지역 방송인들은 어떠한가? 기자와 일반 출연자들은 전라도 사투리식 어미(했당께, 했어라우, 했오잉, 했습디여 등)는 별로 쓰지 않으나 '의'자 발음을 제일 많이 틀리게 하고 있다. '의사', '의견', '의원'을 '으사', '으견', '으원'으로 발음하고 있는 것이다. 그다음, '못하고', '밥하고', '떡하고' 등 'ㅎ'이 나오는 발음은 그 앞의 자음과 합쳐서 '모타고', '바파고', '떠카고' 등으로 발음하는 것이 표준이나 '모다고', '바바고', '떠가고' 등으로 발음하고 있다. 이 두 가지는 전라도 사람들이 서울지역에 오래 살아도 잘 고쳐지지 않는, 그래서 가장 쉽게 발견되는 언어상의 특징이다.

아나운서들은 기자들의 경우보다는 비교적 표준말을 쓰는 편이다. 그렇지만 아나운서들에게서 공통적으로 발견되는 것은 'ㅐ'와 'ㅔ'를 확연히 구별하지 못한다는 것이다. 그리고 장고음, 즉 '검사', '전화', '병원' 등은 각각 '그엄사', '즈언화', '비영원' 처럼 길고 높게 발음하는 것이 표준말 발음인데도 그냥 발음하는 경우가 많다.

지역방송은 사투리 사용을 억제하려는 특별한 노력도 관심도 갖고 있지 않은 듯하다. 그들의 인식 중에는 '전국이 아닌 지역방송인데 사투리를 좀 쓰면 어떠냐'하는 것과 '단어를 표준말로 쓰면 어쨌든 의사는 통하니까 사투리 억양이 좀 섞이면 어떻겠느냐' 하는 생각이 있는 듯하다. 그러나 이러한 생각들은 지역방송이 그 지역 언어생활을 계도하는 교육적 기능을 가지고 있음을 간과하는 발상이다. 지역방송인들은 모두가 스스로 표준말을 익히고 사용하고자 하는 노력을 경주해야 할 것이며 방송사 안에 언어교육을 지속적으로 시행할 기구를 설치하여 언어 정화에 나서야 한다. 나아가 외부인사 출연 선정 때도 신경을 써야 할 것이다. 지역방송인들은 아름다운 우리말을 방송 최일선에서 갈고 닦고 보급할 책임과 의무가 있다.

반면에 전라도 사투리 코너를 만들어 매일 일정한 시간에 라디오 프로로 방송할 것을 권하고 싶다. 전라도 사투리를 징하게 쓰는 언론인을 등장시켜 짤막한 세태 풍자 프로그램을 만드는 것이다. 이러한 프로는 이미 부산지역에서 「자갈치 아지매」라는 이름으로 개설해 성공한 바 있다. 이 프로는 다음과 같은 효과를 기대할 수 있다. 먼저 지역민들이 진짜 사투리를 당당하게 사용하여 지역성을 살릴 수 있는 기획이라는 것이다. 그리고 지역민들의 아낌없는 지지를 받는 청취율 높은 프로그램이 될 수 있다. 또한 지방자치를 앞두고 지역방송이 하고 싶은 말을 자연스럽게 실을 수 있는 '사설적' 프로그램이 될 수 있다는 것이다. 그 대신 이 시간 이외의 프로는 철저한 표준말 방송으로 실시하는 것이다. 여기에 대한 예를 한가지 들면 다음과 같다.

"아따, 광주골 원님께서 으째 고로코럼 짜잔한가 모르겠오잉. 아, 서민들 고충도 생각좀 해야제. 고급 승용차 안에서 푹신하게 출퇴근하는 원님 나으리는 서민들 버스 타기 힘드는 심정은 모른단 말시. 새해 꼭두새벽부터 서민의 발인 버스 요금을 1,200원으로 올린다는 디 가난한 백성 교통비좀 도와주면 어디가 덧난답디여?"

_1997년 금호문화

코미디 춘향전

MBC 창사 29주년 기념으로 작년 11월 2일부터 12월 16일까지 전국에 순회 공연된 마당극 춘향전은 매우 재미있는 '희극'이었다. 호남이 원산인 춘향전은 광주에서도 성황리에 공연되었다. 그런데 나는 마당극을 보면서 몇 가지 아쉬운 느낌을 떨쳐버릴 수가 없었다. 우리의 대표적 고전 춘향전이 희극적 재미에만 너무 치중한 나머지 원형이 변질되고 왜곡이 많았으며 서구화된 면이 많이 나타났던 것이다. 변사또 앞에서 점고 받는 기생들이 디스코 춤을 추는가 하면 스트립 쇼가 있었고 밥상에는 토스트가 올라오고 술상에는 양주가 버젓이 자리잡고 앉아 있었다. 남원방송국 기자라는 사람이 극중에서 이도령과 인터뷰하는 장면도 있었고 무용단원들은 한복에 빨강, 파랑, 노랑색 색동 속옷을 입고 다리를 뻗쳐 들면서 신나게 캉캉춤을 추어 대었다.

전통문화에 유행문화를 수용하거나 무비판적으로 외국문화를 도입하게 되면 이것도 저것도 아닌 사생아적 문화를 낳게 된다. 춘향전은 희극적인 요소가 있어도 근본적으로 희극은 아니다. 마당극으로 희극적인 전개를 하더라도 한국적인 해학을 보여주어야 할 것이며 재미만을 추구하려고 기본 춤사위나 본질적인 극의 성격을 저버려서는 더더욱 곤란한 일이다. 생명력이 없는 조화는 생화보다 훨씬 화사한 법이다. 재미있게 만들려면 국악인들보다도 코메디언을 등장시키기나 노랑머리 외국인을 출연시킬 수도 있을 것이다. 그러나 자칫 잘못하면 계급사회에 대한 불굴의 저항과 자유연애의 승리를 노래한 춘향전의 성격은 한낱 3류 코메디로 전락하고 말 것이다.

서울에서 지방방송 프로그램을 편성할 때나 또는 지역성을 살리는 프로그램을 만들 때 방송인들은 대부분 '코메디 춘향전' 같은 제작을 하고 있다. 즉 적당히 지역적인 요소를 일부 집어넣고는 이것이 지역성을 살리는 프로그램입네하고 내놓고 있지마는 기실은 향토적인 소재를 가지고 맘대로 주물러서 멋대로 변형시키고 서울 프로그램의 세트나 들러리로 끝내버리고 만다.

지난해에 지역 프로그램이라는 기치를 내걸고 만든 연속 드라마 '영산강'은 광주 전남 일원에서 제작한 프로그램이었지만 광주 전남은 세트 역할만 한 서울 프로그램이었다. 출연자 몇명이 호남 출신이었을 뿐 작가, 연출자, 기술진은 모두 서울 방송인들이었기 때문이다. 인기리에 방송된 '울밑에 선 봉선화'는 작가가 순천 출신이며 순천에서 야외 녹화를 많이 했으나 역시 서울 프로그램일 수 밖에 없다. 이 두 드라마는 이 지역을 녹화 장소로 사용한 것이지 이 지역 프로그램은 분명 아니었다. 지역성을 살린다고 해서 주부가요 열창이나 쇼 프로그램들을 이 지역에서 만들어도, 또는 해태 경기를 무등 경기장에서 중계를 해도 그것은 어디까지나 서울 프로그램이지 결코 광주전남 프로그램은 아니다.

실지로 지방 프로그램의 전국화가 이루어지려면 각 지방에서 지방방송인이 기획하고 제작하고 송출까지 할 수 있도록 되어야 하며 필요하면 타 지역에가서 공개 녹화도 하고 출장 제작도 하도록 해야 한다. 그러기 위해서는 조금이라도 지역성이 들어있는 프로그램은 지방국에 이관을 해야 한다. 자방 자치와 함께 '지방국 자치'도 이루어져야 한다는 말이다. 예를 들어 전국노래자랑 중 국악 부문은 따로 분리 독립해서 매주 또는 격주로 광주 방송인들이 제작하여야 한다. 이곳이 판소리의 발생지이고 민요 예술의 본고장이기 때문이다. 더 나아가서 고전무용이나 창극, 동양화, 서예 등 한국 전통예술 프로그램은 당연히 예향인 이곳이 중심이 되어야 한다. 예향에 예술대학을 세우고자 하는 운동이 벌어지고 있는 이 때에 이 지방 방송국에서는 광주 전남을 한국 전통예술의 중심지가 되도록 방송 활동을 통해 육성 발전시켜야 한다. 또한 농어촌 프로그램들도 농도인 이 지방에서 제작하고 송출하는 것이 바람직하다. '전원일기' 같은 프로그램이 재미있게 제작 방송되고 있기는 하지만 농촌에서 뼈가 굵은 농촌 출신 작가가 농민들이 처해있는 현실을 농촌의 풍속과 인정을 바탕으로 제작하면 훨씬 농촌의 현실감각에 맞는 드라마를 만들 수 있을 것이다. 서울이 농어촌 중심지가 아니고 전통예술의 중심지도 아닌 이상 서울에서 이러한 프로그램들을 제작, 방송할 하등의 이유가 없다.

지방 방송인들은 예산과 인원, 기자재가 부족해서 이러한 지역성 프로그램을 만들기 힘들다고 말한다. 매우 당연한 선결 조건이 아닐 수 없다. 그런데 열악한 조건의 지방국이면서도 의욕과 창의성으로 지방 특색을 살린 지방국 프로그램이 있으니 그것이 바로 제주 KBS의 '신혼은 아름다워'이다. 이 프로그램은 제주방송에서 기획, 섭외, 제작하고 있으며 서울의 종속적인 위치가 아닌 대등한 입장에서 서울팀들과 공동 제작을 하고 있다. 매주 제주에 온 신혼부부들을 대상으로 공개 제작되는 이 프로그램은 지금까지 제작되어 온 허울 좋은 지방화 프로그램들과는 달리 제작의 주도권을 완전히 지방국에서 갖고 지방국에서 제작된 프로를 서울에서 송출만하는 시스템으로 운영을 하고 있다. 아직 구성이나 진행이 짜임새가 약하고 녹화상태도 안정되지 않았으나 그렇다고 해서 서울팀이 제작을 맡기보다는 그럴수록 자생력을 길러주기 위해 지원을 해주어야 한다. 오히려 일정 기간이 지나면 서울 팀은 공동제작에서도 손을 떼고 완전한 독립제작을 하도록 해야 한다.

현 시점에서 볼 때 이 프로는 지방국에 시사하는 바가 크다. 그것은 지방국 프로그램의 새로운 방향을 보여 준 것이고 새로운 가능성을 나타낸 것이기 때문이다. 실제로 이러한 종류의 지방 프로그램은 일본에서는 이미 20년전부터 시행되고 있다. 지방국은 이제는 더 이상 서울의 중계소가 아니다. 각 지방국은 각 지역에 걸맞는 특성을 나타내는 프로그램을 개발하고 그것이 전국적인 프로그램으로 발전될 수 있도록 노력하여야 한다.

춘향전을 '억지춘향'으로 코메디화 하는 대신 이 지방 예술인과 방송인들이 진짜 춘향전을 가지고 전국을 순회 공연할 날을 기대해 본다.

_1997년 금호문화

비정한 오디션 프로그램들

<슈퍼스타케이>가 성공한 이후 방송사마다 오디션 프로그램이 대유행하고 있다. MBC는 <나는 가수다>, <위대한 탄생> 등 가수 대상 프

로와 아나운서를 뽑는 <신입사원>을 방송 중이다. KBS는 아마추어 밴드를 대상으로 한 <톱밴드> 프로그램의 참가 신청을 받고 있고 SBS는 탤런트를 대상으로 하는 <기적의 오디션>을 6월부터 방송하기 위해 준비하고 있다.

오디션 프로그램의 유행은 신자유주의하에서 줄 세우기와 무한경쟁을 시키며 패자를 왕따시키는 오늘날의 사회현실과 무관하지 않다. 무한경쟁은 교육계에서 가장 치열하게 벌어지고 있고 어린 청소년들을 대상으로 하고 있다는 점에서 큰 문제점을 내포하고 있다. 카이스트 대학생 네 명의 죽음도 안타깝지만, 일부 고등학교의 '알짜반' '예비반' '잉여반' 등의 차별적 운영은 자라나는 청소년들을 멍들게 한다. 이러한 무한경쟁은 정부의 수능 성적 공개와 일제고사 성적 공개가 가장 뚜렷한 증거가 된다. 언론사에서 고교별 일류대 합격자를 발표하고 수능이 끝나자마자 대학과 학과를 상·중·하위권으로 나누어 대학 지원의 지침으로 제공하는 것도 줄세우기의 전형이다.

방송사들이 다투어 오디션 프로그램을 채택하는 것은 출연자들을 신자유주의식 무한경쟁으로 줄세우기 해서 그들을 극적으로 탈락시키면서 긴장감을 높여 시청률을 높이고자 하기 때문이다. 그러나 <나가수>의 경우 요즈음 노래와 가창력 위주로 방송하니까 매번 탈락자들을 가리던 때보다 음악에 대한 몰입도가 커지고 시청률도 더 높아진 것에 주목할 필요가 있다.

그런데 오디션 프로그램에서 음악 프로그램은 기존 가수들이 출연하기 때문에 탈락해도 가수 신분이 유지되므로 큰 타격이 되지는 않지만, MBC의 아나운서 선발 프로그램 <신입사원>의 경우는 사원이 되느냐 마느냐가 결정되는 것이므로 이들과 처지가 다르다. 아나운서를 이러한 탈락 경쟁으로 뽑는 것은 바람직하지 않다. 아나운서는 방송사의 얼굴임과 동시에 바르고 고운 말을 쓰는 걸어다니는 언어 교과서이다. 그가 쓰는 말은 국민 언어생활의 표준이요 모범이다. 그런데 <신입사원>

에서는 그런 사람보다는 재치 있는 사람, 순발력 있는 사람, 재주가 많은 사람을 뽑고 있다. 이런 사람들은 아나운서라기보다는 연예인이나 엠시(MC)에 더 가깝다.

상업성(시청률)을 위해 억지로 서바이벌 방식을 적용하다 보니 무리도 따른다. 이 프로그램에서는 시청자 투표나 방청객 투표가 없이 아나운서들로 이루어진 몇몇 심사위원들이 평가를 전담하기 때문에 오디션 프로그램들 중에서 심사위원들의 영향력과 결정권이 가장 크다. 그들은 응시자들에게 가혹하고 비정한 질문을 퍼붓고 답변을 제대로 하지 못하는 응시자들을 구석으로 몰아세웠다. 응시자들이 당황하고 실수하고 진땀 흘리는 장면들이 불합격 사실과 함께 웃음거리로 공개되고 있는데, 이것은 언론 권력의 횡포이며 초상권 침해와 명예 훼손, 인격권 훼손에 해당되는 중대한 인권침해 사항이다. 또한 팀별 경쟁에서 탈락한 팀에서 재심사를 통해 다시 일부를 구제하고 나머지 응시자들을 또 탈락시키는 등 붙였다 떨어뜨렸다를 반복하고 있다. 이러한 장면은 탈락자들을 천당과 지옥을 오가게 하는 가혹하고 비정한 모습으로 비친다.

나날이 도가 심해져 가는 무한경쟁과 줄 세우기가 방송 프로그램에까지 반영돼 탈락자와 패배자를 비참하게 만들기보다는 연민의 정을 느끼게 하는 프로그램이 되었으면 한다.

살벌한 오디션 프로그램이 살인적 경쟁을 멈추고 진정성을 회복하기를 진심으로 바라 마지않는다.

_2011년 한겨레신문

방송비평

MBC-TV 베벌리 힐스의 아이들

글쎄, 이건 해도 너무한다는 생각이 든다. 우선 타이틀 화면부터가 문제이다. 미국 남녀 고등학생들이 반라의 옷차림으로 나와서 요염한 포즈를 취하더니 한 남학생이 여고생을 두팔로 들어 안는 장면이 에로틱하게 표현되고 있다.

9월 28일에 방송된 『베벌리 힐스의 아이들』은 다른 때와 마찬가지로 여고생들이 비키니 수영복을 입고 뛰노는 장면이 많이 나왔다. 그들은 루주를 빨갛게 칠하고 화장을 진하게 하고 귀걸이를 하고 다닌다. 남학생 출연자는 목걸이를 한 학생이 있는가 하면 귀를 뚫고 귀걸이를 한 학생도 있다. 학교에도 초미니 스커트, 노부라에 배꼽이 보이는 비키니 비슷한 옷을 입고 다니는 모습이 보이는데 열심히 공부하는 장면은 없다.

매주 일요일 저녁 6시 10분에 문화방송을 통해 미국의 이름난 부자촌 베벌리 힐스를 무대로 미국 고등학생들의 사랑놀음이 야하게 전개되는 것이 『베벌리 힐스』의 아이들이다.

일요일 저녁 6시면 입시공부에 찌든 우리나라 고등학생들이 학원에도 안가고 모두가 집에 있을 시간이며 우리나라에서는 현재 국내외를 통틀어서 고등학생 대상 프로는 이 프로가 유일해 고교생 시청률이 매우 높다. 그러나 수능시험 준비에 여념이 없고 극장에만 가도 처벌받는 한국 학생들에게 야하고 사치한 일부 미국 고등학생들의 사랑놀음을 보여주어서 과연 어쩌자는 것인지 모르겠다.

시청자의 심리 중에는 TV출연자를 자신과 동일시하는 심리가 있고 출연자의 행동을 모방하려는 심리가 있다. 대학생이라면 몰라도 감수성이 예민한 한국의 10대 학생들에게 이 프로는 너무도 자극적이다. 실제로 미국 고등학교는 섹스와 폭력이 넘치고 있다. 학교마다 피임기구 자동판매기가 설치되어 있고 미혼모가 속출하고 있는 것이 오늘날 미국 고등학교의 현실이다.

청소년 대상 외화중 『하버드 대학의 공부벌레들』이나 『케빈은 13살』, 『월트 디즈니』 프로그램들은 재미있고도 유익한 프로그램이나 이 『베벌리 힐스의 아이들』은 저급한 미국문화를 오염시키기 쉬운 프로그램의 전형이다.

문화방송은 이러한 청소년에 해로운 프로그램을 하루 빨리 끝내고 고등학생들을 위한 건전하고 유익한 프로그램을 만들기를 바란다.

_1993년 광주일보

KBS-2TV 체험 삶의 현장

일요일밤 9시면 황금시간대이다. 매주 이시간에 KBS에서는 매우 이색적인 프로그램을 선보이고 있으니 이름하여 『체험, 삶의 현장』이다. 가수 조영남과 개그맨 이경실이 진행하는 이 프로는 그동안 인기인들과 대통령 후보, 국회의원, 장관, 시장, 운동선수 등 사회 명사들이 참여하여 직업의 현장을 보여 주었다. 지난 일요일에는 지휘자 금난새가 어선에서, 탤런트 김서라는 염색공장에서, 그리고 천하장사 백승일은 영아원에서 1일 노동하는 장면이 소개되었다.

이 프로그램은 낯익은 유명인사가 노동현장에서 막일을 하는 모습을 보여주고 그들이 땀흘린 대가로 받은 임금을 이웃돕기 성금으로 내놓게 함으로써 노동에 귀천이 없다는 사실과 힘든 노동일에 대한 이해의 폭을 넓히는 긍정적인 측면이 있다. 시청자들은 화려한 스포트라이트를 받던 주인공들이 흙투성이가 되거나 얼굴에 검댕이 칠을 하고 땀을 뻘뻘 흘리며 고생하는 것을 보고 동정심과 친밀감을 느끼는 한편 노동에는 귀천이 없다는 것을 재인식하게 된다.

그러나 노동의 신성함이나 노동의 가치를 알리기보다는 노동의 어려움과 박한 임금을 부각시켜 시청자들로 하여금 3D(더럽고 어렵고 위험한 일)를 더욱 기피하게 만드는 역효과도 나타나고 있다. 그리고 노동자를 존중한다면 숙달된 노동자들의 유연한 손놀림과 그것을 배우고자 애쓰는 출연자의 모습이 부각되어야 하나 유명인 옆에서 노동자는 엑스트라 노릇을 할 뿐이다.

이러한 식의 구성은 작업 현장에서 노동자들을 들러리로 세운 채 유명인들이 벌이는 노동 쇼에 지나지 않는다. 이 프로그램은 노동자들의 직업에 대한 자부심과 긍지 그리고 숙련도를 묘사하고 유명인은 그들 앞에서 겸손하며 그들에 대한 존경심을 나타낼 수 있는 방향으로 제작되어야 한다.

일하는 기쁨과 노동의 신성함, 고귀함에 초점을 맞추지 않고 재미만 추구한다면 한낱 쇼 프로그램으로 끝나고 말게 되며 이것은 밤낮을 가리지 않고 일하는 산업전사들의 자존심을 상하게 하는 결과가 되지 않을까 우려된다.

_1993년 광주일보

광주KBS 출발 지방시대

광주지역 프로그램인 『출발 지방시대』는 새해들어 처음 시간인 지난 11일 유모 변호사의 진행으로 구용상 전남도지사와의 신년대담으로 제작되었다.

새해를 맞이하여 앞으로 1년동안 전라남도를 이끌어갈 청사진을 밝히는 이 신년 대담은 지방자치 시대를 맞이하여 도백의 역할이 더욱 중차대해진 시점에서 매우 의의 있는 기획이었다. 전라남도 주민들에게는 대통령의 연두 기자회견만큼이나 중요한 것이고 사안에 따라서는 그보다 더 피부에 와 닿는 절실한 얘기들이 도지사의 신년 구상이다. 그의 구상에 따라서 전남의 지도가 바뀌고 발전의 속도가 달라질 수 있는 것이다. 더욱이 공영방송인 광주 KBS가 새해 첫 프로그램에 4백만 전남도민의 눈과 귀가 되어 도민행정을 알아본 것은 시청자의 알 권리에 부응하는 바람직한 제작 태도였다고 생각한다.

이날 구용상 전남도지사는 우루과이 라운드로 인한 농어민의 피해를 줄이고 소득 증대를 기할 수 있는 농업정책을 펼 것임을 강조하였고 영화 『서편제』로 재인식된 호남의 판소리와 전통문화를 진흥시키고 관광산업에도 역점을 두겠다는 등의 신년 구상을 밝혔다. 그러나 그 흔한 지도나 차트 하나 없고 자료 화면도 없어 구체적이고 실질적인 행정계획을 알아보기가 어려웠다. 마치 라디오 프로그램을 TV로 옮겨 놓은 듯이 45분간을 두사람의 대담으로만 일관하였다. 농업정책을 얘기할 때는 농민들의 모습을, 관광산업을 설명할 때는 홍도의 경치를, 예향문화를 말할 때는 예술의 거리 등 자료 화면을 보여 주었더라면 더욱 시청자들의 이해를 도왔을 것이다.

그리고 시청자들은 말하는 도지사보다는 논두렁에서 농민들과 막걸리 한잔을 나눠 마시며 쌀농사를 걱정하고, 영산강에서 수질오염 상태를 알아보는 행동하는 도지사의 모습을 보기를 원한다.

이날의 진행자는 전남의 현안문제들에 대해 시청자를 대신해서 날카로운 질문을 던지고 구석구석 캐물을 것을 기대했으나 시종 부드러운 질의 응답으로만 이어져 아쉬움을 남겼다.

走馬加鞭이라는 말이 있듯이 앞으로 『출발 지방시대』는 출발한 사실에만 의의를 두지 말고 지방시대의 발전을 위해 더욱 자신을 채찍질하고 전력으로 질주하기를 바란다.

_1993년 광주일보

MBC-TV 전원일기

1980년 10월에 시작한 유일한 농촌 드라마 『전원일기』는 MBC의 최장수 드라마이다. 이 프로그램이 이토록 오랫동안 많은 사람들의 사랑을 받게 된 것은 사랑과 인정을 푸짐하게 담아 한국인의 서민적인 정서를 소박하게 꾸며온 묘미 때문이다. 이곳의 무대는 평범한 시골이고 출연자들 모두가 서민적이고 진솔한 연기를 보여줘 시청자들은 이 프로그램을 보고 있으면 고향에 돌아온 듯한, 고향 사람을 만난 듯한 푸근함과 그리움을 느끼게 된다.

『전원일기』는 이고장 출신의 극작가 차범석이 처음 극본을 집필한 이후 역시 전남 출신인 김정수가 오랫동안 뒤를 이었다가 현재는 윤묘희, 조한순이 격주로 극본을 맡고 있으며 조중현이 연출하고 있다. 고정 출연자인 최불암, 김혜자, 김수미, 유인촌, 고두심, 박은수 등은 최장수 출연기록을 세우고 있다.

이 드라마는 젊은이들의 연애나 불륜의 애정 행각, 삼각관계 갈등 같은 선정적인 소재를 다루지 않으며 글자 그대로 촌스럽고 소박한 농촌사람들의 일상적인 이야기를 잔잔하게 그리고 있는 것이 특징이고 그것이 장수의 비결이기도 하다. 그런데 『전원일기』는 감동적인 휴먼 드라마임에는 틀림 없으나 농촌의 일을 있는 그대로 극화하는 진정한 의미의 농촌 드라마와는 거리가 멀다. 즉 극의 내용은 어디서나 일어날 수 있는 서민들의 이야기지 농민들만의 이야기가 아니라는 것이다. 농촌은 단지 세트 구실을 하고 있을 뿐이다.

농촌을 낭만적으로만 그리는 것은 현실성이 없다. 농민 자신들도 그것을 바라지 않는다. 장가 못간 노총각의 문제, 배추 값이 폭락해서 배추 밭을 그대로 갈아 엎던 일, 쌀 수매 파동 등 농촌의 현실은 매우 절박하다. 그럼에도 불구하고 아름다운 농촌, 인정 많은 사람들, 평화로운 동네만을 그려 '훈훈한' 인간 드라마만 계속하고 있는 것은 농민의 현실을 너무 외면한다는 비판을 면키 어렵다고 하겠다.

『전원일기』는 앞으로 『전원』에 뿌리 박고 농촌에서 일어나는 일들을 『일기』에서 빼지 않는 진정한 의미의 농촌 드라마로 탈바꿈하기 바란다.

_1993년 광주일보

KBS-TV 남북의 창

북한의 TV 프로그램을 중심으로 북한 실정을 소개하는 『남북의 창』은 휴전선 너머 북한의 모습을 간접적으로나마 알 수 있게 해주는 매우 귀중한 프로그램이다. 이 시간을 통해 시청자들은 김일성과 김정일의 얼굴은 물론 인공기도 알게 되었고 북한의 빈곤한 모습과 북한을 방문한 임수경 양의 얼굴, 평양의 세계청년축전 등도 볼 수 있었다. 남북한이 핵사찰 문제로 대치를 계속하고 있는 가운데 북한을 알게 하는 유일한 프로인 이 『남북의 창』은 프로그램의 내용에 따라 시청자들이 북한과 북한사람들에 대한 이미지를 좋게도 나쁘게도 가질 수 있는 중요한 역할을 하고 있다. 따라서 『남북의 창』이 부정적인 내용 위주로 엮어지는 것은 바람직하지 않다.

지난 10일 방송된 『남북의 창』은 '김정일 우상화 작업'과 '농촌 문제의 전투적 해결', '북한판 천하장사 대회', '김일성 서한 관철 군중 대회', '농촌 30주년 집단 체조' 등이 주 내용이었다. 이날의 두 진행자는 서두에서 북한은 특사교환을 위한 대화를 기피하고 있다고 하면서 북한에 끌려 다니는 것 같은 소득 없는 대화에 매달릴 필요가 있겠느냐고 말했고 끝멘트에서는 북한에서는 만수무강 연구소가 있어서 김일성 부자의 건강을 위한 각종 연구를 하고 있다고 하였다. 이 프로는 북한의 대남방송보다는 비방의 강도가 약하지만 대체로 북한의 모순과 빈곤, 우상화 작업을 꼬집고 비방하는 내용이 적지 않다. 북한의 허점과 약점, 부정적인 면이 자꾸만 부각될 때 남한의 시청자들은 적대감과 혐오감을 갖게 되기 쉽고 이렇게 해서 생긴 북한의 이미지는 이질감 때문에 통일에의 의지를 약화시키고 통일 후에도 남북한 주민들의 일체감 촉진에 걸림돌이 될 우려가 있다.

이 프로그램은 가급적 정치적인 내용보다는 문화적인 내용을 많이 다루어야 하고 모순과 갈등보다는 화합과 협력을, 비판보다는 이해의 차원에서 소개하는 것이 더욱 바람직하다. 이날 방송한 '북한판 천하장사 대회'와 이전에 소개한 '금강산', 북한의 희극이나 무용, 북한이 자랑하는 서커스, 북한의 대중가요 등이 좋은 예라고 하겠다. 그리고 정치적인 문제를 다룰 때는 남한 쪽 입장에서의 해설 없이 담담하게 사실만을 전하고 판단은 시청자에게 맡기는 것이 바람직하다 하겠다.

_1994년 광주일보

어린이날 특집 프로그램

지난 5일은 어린이날이었다. 이날 따라 텔레비전의 어린이 프로그램은 풍성했다. KBS-1TV에서는 7개 프로그램에 8시간 5분, KBS-2TV는 6개에 5시간 10분, MBC-TV에서는 7개에 7시간 10분 등 모두 20시간의 어린이날 프로가 방송되었다.

MBC-TV의 『창작 동요제』는 국민학교 선생님들이 작곡한 동요를 어린이들이 노래로 대결하는 좋은 기획의 프로그램이었다. 어린이에게 새 동요를 보급하기 위한 의도는 범람하는 대중가요 속에서 마치 한줄기 샘물을 만난 듯한 신선함을 주었다. 그러나 마이크 소리가 안나올 때가 자주 있었고 두 진행자의 말이 자꾸 겹치는 등 부주의와 안이한 제작이 좋은 프로그램의 인상을 흐리게 했다.

대통령이 어린이들과 함께 등장한 KBS-1TV의 『서울 정도 6백년, 북악 어린이 한마당, 날아라 푸른 5월을』이란 긴 이름의 프로그램은 청와대에서 생방송으로 꾸민 착상은 좋았으나 어린이날 프로에 서울 정도 600년을 억지로 연결시켜 구성상 무리가 있었고 매우 산만하게 진행되었다.

KBS-1TV의 『안성기 베트남에 가다』는 6·25 직후의 우리나라 실정과 비교해 가면서 월남전 종전후 베트남 어린이들의 참상을 조명하였다. 배우이자 유니세프 친선대사인 안성기는 동정이나 감상에 치우치지 않고 담담하게 베트남 어린이들의 상황을 전해주어 간접적으로 우리가 어린이들을 위해 어떻게 해야 할 것인가를 암시한 점이 돋보였다.

그런데 어린이날이랍시고 어린이 특집 프로그램을 20시간이나 마련해 놓은 것은 어린이들로 하여금 텔레비전 프로그램을 과식하여 체하게 만드는 무리한 편성이 아닐 수 없다. 그리고 대부분 즐기고 노는 프로그램은 많아도 어린이들이 당면하고 있는 문제점을 풀어주려는 프로그램은 한 개도 없어 아쉬웠다. 이날 수많은 프로그램 중에서 귀에 쟁

쟁하게 와 닿은 말은 어느 초등학교 여학생이 말한 것이었다. 이 말은 바램이라기 보다는 차라리 절규에 가깝게 들렸다.

"학교에서는 숙제 좀 안내주고 벌세우지 않았으면 좋겠구요, 집에서는 등수 좀 따지지 말고 피아노 학원, 미술학원에 안보내고 맘껏 놀게 해 줬으면 원이 없겠어요!"

_1994년 광주일보

광주KBS 갯마을 사람들

KBS-1TV를 통해 화요일 밤에 방송된『갯마을 사람들』은 매주 방송되는『KBS 네트워크 지방시대를 연다』의 광주방송총국 편이었다. 이날 주제는 고흥군 남양면 선정마을 사람들의 갯벌에서 사는 생활이었다. 시커먼 갯벌 속에 파묻혀 사는 갯마을 사람들은 자연을 정복하거나 자연을 파괴하는 것이 아니라 저연과 너불어 사는 사람들이었으며 이 사람들의 우둔한 것 같으면서도 현명한 삶의 방식에 카메라의 초점을 맞추었다.

일반인들에게 갯벌은 꼬막을 잡는 곳으로만 알려져 있지만 이 프로그램은 이곳에서 맛살 조개와 낙지를 잡는 모습, 갯벌을 다닐 때 스키처럼 밀고 다니는 널을 만드는 모습과 그 사용방법도 보여 주었다.

이번 프로그램은 소재를 잘 택했고 정성들여 제작했을 뿐만 아니라 프로그램 홍보도 잘 되었다. 지방지를 통해 갯벌 속에 묻혀 사는 갯마을 사람들의 꼬막 채취작업 사진과 함께 프로그램 내용을 소개함으로써 많은 사람들이 이 프로그램을 볼 수 있도록 안내했다.

사실 지방 프로그램은 서울 흉내를 낼 것이 아니라 이와 같이 우리 지역 주변 이야기를 가지고 프로그램화해야 하며 가장 한국적인 것이 가장 세계적인 것이듯 또한 가장 지역적인 것이 가장 전국적인 것이 될 수 있는 것이다.

이 프로그램은 서두르지 않고 차분하게, 그리고 진지하게 갯벌을 누비며 촬영한 카메라맨과 제작진의 노력이 돋보였다. 특히 석양빛에 물드는 바닷가에서 조개를 캐고 돌아오는 여인네들의 모습과 스키처럼 널을 타고 작업하는 모습을 실루엣으로 처리한 장면은 한폭의 그림처럼 아름다워 오래오래 인상에 남는 한편의 영상시였다.

그런데 『갯마을 사람들』은 그들의 애로사항이나 문제점 등을 다루지 않아 아쉬웠다. 바다 오염을 막고 갯마을을 살리기 위한 대책, 고향을 떠나는 이주민은 없는가, 이들의 삶은 나아지고 있는가 그 반대인가, 일본인들에게 맛살 조개의 종패를 파는 것은 혹시 스스로 수출길을 막아버리는 행위는 아닌가 하는 등의 문제에 대한 접근이 없었다.

다큐멘터리는 문예작품과 달리 예술적 표현도 좋지만 보다 사실에 입각한 구성이 더욱 중요하다.

_1994년 광주일보

KBS-1TV 추적 60분

『추적 60분』은 KBS의 대표적 사회고발 프로그램이다. 우리 사회의 병리 현상과 비리 현장에 비수처럼 날카롭게 카메라를 들이대는 『추적 60분』은 심층 취재와 추적보도로 세인의 관심을 끌며 방송되고 있다. 지난 주의 프로그램은 도피성 유학생들의 실태와 한국 해외 유학원들의 유학 부조리를 소개하였다. 미국 LA에서 패륜 살인마 박한상의 행적을 취재하여 소개하고 미국과 호주의 도피성 유학생들의 생활

모습을 현지 취재로 방송하였다. 이날 소개된 학생은 수영장이 있는 고급 주택을 빌려놓고 외롭다는 핑계로 공부는 안하고 나이트 클럽에 놀러 다니고 라스베가스에서 노름하는 등 방탕한 생활을 한 것으로 드러났다.

그런데 이날의 프로그램은 몇가지 문제점이 나타났다. 도피성 유학생들의 실태를 고발하면서 선의의 유학생들에게 피해를 주거나 도피성 유학을 부추길 위험성이 바로 그것이다.

LA에서 교환교수로 있었던 본인의 경험에 의하면 이들 도피성 유학생들의 방탕한 생활 때문에 선량한 대다수 유학생들마저 도매금으로 매도당하는 예가 많았다. 그리고 이 프로그램이 일반 유학생들의 근면하고 모범적인 유학생활과 면학분위기를 소개하지 않았기 때문에 미국 유학은 모두가 도피성 유학으로 보이기 쉬웠다.

범죄 수사 프로그램이 범죄 예방을 목적으로 한 것이지만 자칫하면 범죄 수법을 모방하게 만드는 결과가 되듯이 이 프로그램은 도피성 유학을 고발하다가 오히려 조장할 우려를 낳았다. 한국의 1년 교육비보다 호주는 3백만원이 덜 들고 미국은 2백만원 더 든다는 식의 내용과 유학원 이용법, 관광비자를 받아 출국해 현지에서 유학비자로 바꾸는 방법, 이들에게 불법으로 송금하는 방법을 친절하게 소개하여 돈 있고 공부 못하는 자식을 둔 많은 졸부들을 부추기게 될까 염려 되었다. 최근 신문에는 도피성 유학 비자를 받아 놓은 재벌 그룹 사장의 16세된 딸이 강도 짓을 하다 검거된 사실이 보도된 바 있다.

『추적 60분』은 센세이셔널한 보도를 하지 말아야 하며 이미 사회적으로 문제가 된 어떤 이슈를 파고 드는 것도 좋지만 시야를 넓혀 부패 공직자와 정치인, 기업의 비리나 횡포 등을 추적하여 강한 자에 맞서 싸우는 국민의 감시자 역할을 할 수 있도록 노력해야 할 것이다.

_1994년 광주일보

방송시작과 종료화면

"지금까지 여러분께서는 대한민국 광주에서 방송해 드리는 광주○○방송을 들으셨습니다. 광주○○방송은 매일 아침 5시부터 다음날 새벽 3시까지 하루 22시간 방송해 드리고 있습니다. 광주○○방송은 방송위원회 심의규정을 준수합니다. 광주○○방송 편성책임자는 아무개, 광고책임자는 아무개입니다. 다음 방송시간까지 안녕히 계십시오."

이것은 광주지역방송의 라디오 방송 종료멘트이다. 이러한 멘트를 새삼스럽게 소개하고 있는 것은 너무도 당연한 지역방송명을 TV화면에서는 쓰지 않고 있기 때문이다. 즉 광주KBS는 TV 시작과 종료시 서울에서 보내는 화면을 그대로 중계하고 있어 광주라는 이름은 화면 어디서도 보이지 않는다. 광주MBC는 화면에 서울 본사의 건물이 그래픽 그림으로 나온 다음 광주MBC의 편성책임자와 광고책임자 이름이 소개되고 있다. 그러나 여기서도 광주라는 표시가 없기 때문에 두사람은 마치 서울 MBC 본사의 편성 및 광고 책임자인 것처럼 보인다.

수도권에 사는 사람들은 서울 본사 방송을 그대로 듣겠지만 광주 시청자들은 광주에 따로 할당해준 채널을 통해 광주에서 제작한 프로그램을 함께 시청하기 때문에 기술적으로 볼 때도 「광주」방송은 분명히 본사 방송과 구별된다. 사소한 것 같지만 광주지역 TV 방송에 서울 본사의 시작과 종료화면이 그대로 방송되고 있는 것은 무의식적으로 지역방송이 스스로를 본사의 중계소로 인식하고 있는 것이 아닐까 하는 의구심을 자아내게 한다.

만일 광주지역방송을 서울 본사의 중계소로 인식한다면 현재의 라디오 방송멘트에도 광주라는 이름을 빼야 말이 되고 이렇게 되면 광주지역방송의 존재의의가 상실될 것이다. 중계소가 아니고 당당한 지역방송이라면 TV화면에 광주지역방송의 건물과 광주지역 책임자 이름이 당연히 들어가야 하고 광주전남 지역민들에게 하는 인사말도 넣어야 할 것이다. 한걸음 더 나아가 멘트 후에 방송하는 애국가 화면에 동해물과 백두산, 무궁화 등 국가적인 기념 화면은 살려둔 채 이지역 명승고적의 모습을 많이 삽입함으로써 내고장 방송이라는 애착심과 애향심을 길러 주기 위해 힘 쓸 것을 권하고 싶다.

_1994년 광주일보

광주MBC 빨간불 파란불

"엄마는 항상 네가 길을 건널 때는 일단 멈추고 살피길 바란단다."

이것은 영국의 유아원에서 엄마들이 아이들을 안고 불러주는 동요로 교통안전에 대해 엄마의 애정과 관심을 잘 나타내주는 내용이다.

MBC 광주 문화방송은 창사 30주년을 맞이하여 일본·독일·영국에서 해외 취재를 통해 선진국들의 교통안전교육을 다각도로 조명한 특집 『빨간불 파란불』을 제작 방송하였다. 지난 목요일과 금요일 이틀간 3시간에 걸쳐 방송한 이 『빨간불 파란불』은 3부작으로 만들어졌다. 제1편 「1백년과 30년의 차이」는 여러나라의 선진 교통문화를 취재한 내용이었으며 제2편 「세살에서 여든까지」는 다양한 연령층의 교통안전 교육실태를, 제3편 「즐기면서 배운다」는 일본의 교통공원을 중심으로 한 어린이 교통안전교육을 다룬 것이었다.

이 프로그램은 광주 문화방송이 여러가지로 어려운 여건하에서도 의욕적인 해외 취재를 통해 외국의 교통안전 문제를 차분하게 풀어간 역작으로 운전자나 보행자 어느 쪽에든 속할 우리 시청자들이 많은 것을 느끼고 깨닫게 해준 교육적 효과가 큰 프로그램이었다. 특히 유치원 어린이부터 노인에 이르기까지 실습을 통해 교통안전 교육을 생활화한 후부터 교통사고가 4분의 1로 줄었다는 선진국의 해외 취재 내용은 교통사고 왕국인 한국이 참고하고 본받아야 할 여러 가지를 시사해 주었다. 그리고 구성이나 취재내용, 편집도 매우 세련되었기 때문에 이 프로그램은 전국 방송으로도 손색이 없는 작품이라고 하겠다.

그러나 이 프로그램은 광주의 과제인 교통문제를 전혀 다루지 않아 아쉬었다. 전국에서 소음이 가장 심하다는 광주, 엉망인 도로 표지판, 염치없는 운전과 주차 매너는 물론 광주의 차량대수와 일일 사상자수 등 당면한 교통문제를 취재하지 않아 남의 다리를 긁는 듯한 느낌을 받았기 때문이다.

앞으로 MBC 광주 문화방송은 이 프로그램의 전국방송을 추진하는 한편 광주의 교통문제와 선진국 같은 교통공원을 광주에 어떻게 조성하면 좋을지를 다루는 『빨간불 파란불』의 속편을 제작 방송해 줄 것을 바라고 싶다.

_1994년 광주일보

KBS-2TV 가요 톱10

『가요 톱10』은 20위까지의 가요 순위를 소개하고 10위권 안에 든 가수들의 노래를 들으며 그중에서 톱가수의 노래를 선발하는 생방송 프로그램이다. MBC가 여러 가지 문제로 인해 지난해 가요 순위 프로그램을 없앴기 때문에 현재 KBS의 『가요 톱10』은 시청률이 비교적 높으면서도 적잖은 문제점을 지니고 있다. 가요순위를 결정하는 방식을 투명하게 밝히지 않고 있는 것은 그중 큰 문제가 아닐 수 없다. 아나운서가 "투표인단 중에서 몇 명을 선발하여 선물은 준다."고 하였기 때문에 투표인단이 있는 것이 짐작될 뿐 몇 명이 어떤 방식으로 어떻게 조사해서 순위 결과가 나오는지를 전혀 언급하지 않고 있어 공정성과 신뢰성에 의문이 제기되고 있는 것이다.

그리고 청소년들이 좋아하는 가수 일변도로 프로그램을 만들기 때문에 진정 한국인들이 좋아하는 대중가요 순위를 제대로 자리매김하지 못하고 있는 것도 문제이다. 신세대들은 엽서나 전화를 통해 좋아하는 가수를 적극적으로 지지하지만 기성세대들은 이러한 의사표시를 하는 데 매우 소극적이다. 그렇기 때문에 인기가수 10명이 모두 청소년의 우상들로 채워지고 있는 현상은 가요 순위를 재는 자가 제대로 되어 있는가 하는 의문을 일으키게 한다. 차라리 『열린 음악회』의 청소년판인 『청소년 열린 음악회』처럼 『청소년 인기가요 톱10』이라면 이해가 갈 법한 일이다.

한편 젊은 시청자들 중에서는 가요 순위의 심사가 매우 불공정하다며 그 심사과정과 방법을 밝히라고 컴퓨터 통신 등을 통해 항의하는 사람들이 많이 나타나고 있다. 그들은 특히 청소년들에게 절대적으로 인기가 있는 「서태지와 아이들」의 노래가 처음 발표된 지난 8월 이래 1백만장 이상의 음반이 팔렸어도 한달이 지나도록 순위 20위 안에 들어가지 못한 일과 현재는 「발해를 꿈꾸며」라는 서태지 그룹의 노래가 10위 안에 올라 있지만 한번도 서태지를 출연시키지 않고 있는 것은 방송 담당자들의 독단과 횡포라고 공공연히 비난하고 있다. 그런데도 KBS는 이에 대한 시원한 답변을 하지 못하고 있는 것이 사실이다.

시청률이 높은데도 불구하고 가요순위 프로그램을 폐지한 MBC를 거울 삼아 공영방송인 KBS의 『가요 톱10』은 공정성과 신뢰성을 회복하여 다시 태어나도록 노력해야 할 것이다.

_1994년 광주일보

KBS-2TV 스칼렛

TV 미니 시리즈 『스칼렛』이 지난 16일부터 나흘간 KBS-2TV를 통해 방송되었다. 이에 앞서 KBS는 13일부터 15일까지 다큐멘터리 「바람과 함께 사라지다는 이렇게 만들어졌다」와 「스칼렛은 어떻게 탄생되었나」 등을 방영하였다. 따라서 지난 한주는 완전히 스칼렛 주간이었다고 해도 과언이 아니다.

소문난 잔치에 먹을 것이 없다고 했듯이 이번 스칼렛 주간은 소문이 너무 컸던 주간이기도 했다. KBS는 제1TV의 광고를 안한다고 약속한 자리에 광고 대신 스칼렛 예고 파트를 쏟아 부었으며 광고를 할 수 있는 제2TV를 통해서는 본편을 하루에 2부씩 방송하면서 프로그램 전후로 네 번씩의 엄청난 광고를 했었다. 그래서인지 평균 27.2%의 비교적 높은 시청률을 기록하였으나 그것이 작품성이 뛰어난 때문은 아니었다.

대부분의 속편은 본편보다 못한 법인데 이번에도 예외는 아니었다. 비비안 리의 화려한 용모와 도도한 매력은 간데 없고 약간 사팔눈에다가 너무 말라 병자처럼 보이는 조앤 킬머는 스칼렛의 정열의 화신 같은 성격은커녕 신경질적인 장면 이외에는 연기다운 연기를 제대로 보여주지 못했고 남자 주인공 티모시 달튼도 콧수염을 달고 클라크 케이블의 용모와 행동을 흉내내기에 바빴지 그의 남성다운 매력과 불꽃 튀는 연기를 재연하기에는 역부족이었다.

「스칼렛」은 미국영화의 상업성에 한국 TV가 춤춘 전형적인 프로그램이다. 「바람과 함께 사라지다」의 속편이라고 선전을 했지만 원작자·배우·감독이 모두 전편과 다르고 다만 스칼렛을 쓴 작가 알렉산드라 리플리가 「바람과 함께 사라지다」 이후 장면을 스칼렛과 레트 버틀러의 이름으로 전개시킨 것에 불과하다. 춘향전의 마지막 장면 이후 얘기를 꾸며 춘향전 속편이라고 내놓는 상황과 비슷한 것이다. 그러나 미국

영화계는 상업성을 발휘, 「바람과 함께 사라지다」의 속편이라고 대대적으로 선전하였고 KBS는 선뜻 거금 7억원을 들여 이 프로그램의 방영권을 샀다. 17개국 동시방송을 시도한 것도 프로그램이 방송되고 난 이후의 가격 절하를 의식한 미국 측의 전략이었으며 따라서 한 주일만 늦게 방송했어도 KBS는 수억원을 절약할 수 있었을 것이다.

지난 한주는 역설적으로 「바람과 함께 사라지다」가 얼마나 위대한 영화였던가를 새삼스럽게 느낀 한주였다. 「스칼렛」을 볼 때 비비안 리와 클라크 케이블이 문득문득 그리워던 것은 필자만의 센티멘털리즘 때문이었을까?

_1994년 광주일보

MBC-TV 스타 쇼-신은경 편

잘생기지 않은 여자, 그렇다고 못생긴 여자는 결코 아닌 신은경이 톡톡 튀는 개성을 발휘하면서 요즘 폭발적인 인기를 누리고 있다. 잘생기지 않은 연예인으로 인기를 끌고 있는 사람들은 이미자·이주일·조영남·노영심 등이 있으나 신세대의 선두 주자로 나서고 있는 신은경의 인기는 단번에 이들을 추월하였다.

지난달 말에 하이텔이 조사한 「가장 뚜렷한 인상의 CF 모델」에서 신은경은 당당히 1위를 차지하였고 지난 7일 여론조사기관인 서울 리서치 연구소에서는 올 한해를 빛낸 여자 탤런트로 신은경이 선정되었다고 발표하였다.

한편 SBS에서는 현대적인 사극을 만들겠다는 의욕을 내세우며 신은경을 자사 드라마 「장희빈」의 주연으로 캐스팅 하기로 했다고 한다. 이와같이 하늘 높은 줄 모르고 인기가 치솟고 있는 신은경은 여세를 몰아 지난 일요일밤 6시 MBC「스타 쇼」에 출연하였다. 이날 신은경은 어린이 합창단과 노래를 부르며 화려하게 등장해서 라이벌 박소현과 게임을 하고 간단한 춤을 보여주었다.

구본승과의 연애설이 사실이냐 아니냐 하는 질문으로 거짓말 탐지기 진단을 받았고 중학교 시절의 은사도 만났다. 코미디 연기도 했으며 전화로 어머니와 대화를 나누기도 하였다. 그리고 어린이 합창단과「섬집 아이」를 부르며 새로 태어나는 연기자가 되겠다는 말로 끝을 맺었다. 사람들이 스타를 좋아하는 것은 보통 사람과는 남다른 그 무엇이 있기 때문이며 쇼는 바로 그점을 보여주어야 한다.

스타 쇼는 신은경의 모든 것을 알고 싶어하는 시청자들에게 그녀의 매력과 비밀을 하나하나 캐내어 시청자들에게 공개하는 것이 이 프로그램이 할 일이었다. 그녀의 연기 자세와 철학, 드라마 속의 신은경과 실지 신은경은 어떠한 차이가 있는가를 밝혀야 했고 코미디가 아닌 진지한 연기 코너를 만들어 신은경 연기의 진면목을 보여주었으면 좋았을 것이다.

그러나 스타 쇼는 신은경을 코미디언처럼 취급하고 기존의 스타 쇼 틀에 억지로 끼워 맞춰 진행해 개방적이고 현대적인 사고방식과 대담한 행동을 보일 것으로 기대했던 그녀의 매력의 진수를 끌어내지 못하고 말았다. 그리고 어머니와의 전화 대화 때와 끝에서 울먹이는 장면은 신세대 선두 주자인 신은경을 지극히 개성 없는 평범한 여자로 만들어 버리고 말아 커다란 아쉬움을 남겼다.

_1994년 광주일보

KBS-1TV 전국 노래자랑

연말연시를 맞아 노래방이 문전성시를 이루고 있다. 예로부터 가무음곡을 즐기는 한국 사람들은 노래방에서 노래를 한 곡조 「뽑아야」 스트레스가 해소되는 듯 노래방을 찾는 사람들이 날로 늘고 있다. 노래방 중앙회에 따르면 94년에 전국의 노래방 숫자는 2만 5천개이고 총 매출액은 약 2조 5천억원에 이른다고 한다. 노래방마다 1억원의 매상을 올렸다는 얘기다. 한국사람들의 이와 같은 노래 열기를 반영하는 TV 프로그램도 많다. 「당신의 노래방」, 「전국 노래자랑」, 「주부가요열창」, 「모이자 노래하자」, 「강변가요제」, 「대학가곡제」… 등은 노래솜씨를 겨루는 프로그램들이다. 그래서 그런지 요즈음 사람들의 노래솜씨가 많이 는 것 같고 또 출연자들의 노래 실력이 눈에 띄게 좋아진 것도 90년대의 노래방 유행과 결코 무관하지 않을 것이라는 생각이 든다.

매주 일요일 낮 12시에 KBS에서 한시간 동안 열리는 「전국노래자랑」은 이들 노래 프로그램의 대표격이다. 이 프로그램은 그 역사가 무척 길어서 해방 직후 라디오 방송시절부터 있었던 것이며 원래 전국의 가수 지망생들이 가수 등용의 꿈을 안고 노래 실력을 겨루는 프로그램이었다. 매달 월말 결선 입상자를 뽑고 그들이 연말 결선을 벌이는 이맘때 쯤이면 가수 빰치게 노래 잘하는 아마추어 가수들의 노래 대결이 큰 관심거리였다. 연말 결선 우승자는 가수로 입문하여 방송무대에 화려하게 진출할 수 있었다. 그러던 것이 지금처럼 동네 노래잔치로 바뀐 것은 불과 10년 전부터이다.

이 형식은 유감스럽게도 일본 NHK방송을 본뜬 것이라는 점이 못내 아쉽다. 매주 일요일 낮에 방송되는 일본 위성 방송의 「NHK 노래자랑」을 보면 방송 시간도 「전국노래자랑」과 같고 구성과 내용도 매우 흡사하다. 이밖에도 한국의 「역사의 라이벌」이 일본의 「라이벌 일본사」를, 「긴급구조 119」는 일본의 「달리는 구조대」를, 「일요 스페셜」은 「NHK 스페셜」을, 「KBS 빅쇼」는 일본의 「2인 빅쇼」를 그 이름과 내용을 그대로 모방해 방송하고 있다.

노래방도 일본에서 건너온 것인데 문화민족인 한국이 「노래자랑」도 꼭 일본 흉내를 내야만 하는 것인지를 묻지 않을 수 없다.

_1994년 광주일보

광주KBS 남도마당

광주가 예향으로서 발전하려면 광주의 언론들이 예향의 문화를 심도있게 다루어 지역문화를 발전시키는데 앞장서야 한다. 이 지역 프로그램 중 예향에 어울리는 문화 프로그램이 있으니 그것은 바로 매주 일요일 오전 11시에 방송되는 KBS의 「남도마당」이다. 「남도마당」은 일주일 동안에 있었던 각종 문화행사를 다양한 각도에서 취재해서 종합적인 프로그램을 만들어 방송함으로서 예향 광주의 문화를 보존 발전시키는 견인차 역할을 하고 있다.

지난 21일 방송된 「남도마당」은 각종 문화소식이 알차게 담겨져 있었고 제작진들이 매우 다양하고 성의있게 제작한 프로그램이었다. 이날 프로그램은 무등미술대전의 입상작들과 모델 선발대회, 민중화가와 문인화가, 그리고 무등미술대전에서 입상한 동양화가와 서양화가의 인터뷰가 소개되었다. 특히 목포방송국에서 제작한 전국 시조경창대회는 잃어버리기 쉬운 우리 고유의 가락을 되살리고자 하는 노력을 높이 평가할만 했다. 노인들 뿐만 아니라 주부, 젊은이들까지 수많은 사람들이 유장한 시조가락을 청아한 목소리로 읊고 그것을 점수를 매겨 평가하는 모습은 예향이 아니고서는 보기 힘든 특색있는 장면이었다. 이밖에도 각종 문화정보와 신간소개 등 이고장의 문화 창달에 도움이 될만한 내용이 많았다.

그러나 앞부분에서 무등미술대전 작품을 다루고 나서 다른 항목과 다른 화가들을 소개한 다음 끝부분에 가서 다시 무등미술대전 수상자의 인터뷰를 소개한 것은 산만한 느낌을 주었다. 그리고 이날 민중화가, 문인화가, 무등미술대전 입상화가 등 화가를 네사람이나 인터뷰했고 진행자들도 미술에 대한 얘기를 많이 해 너무 미술에만 치우친 느낌이 들었다. 연극, 음악, 무용 등 공연문화가 다루어지지 않은 것은 아쉬운 점이라고 하겠다.

그럼에도 불구하고 「남도마당」은 지방시대에 지역방송이 지역문화 발전을 위해서 무슨 일을 해야 하는가에 대한 해답을 주는 의미 있는 프로그램이었다.

_1994년 광주일보

방송과 외국어

요즈음 방송에는 다음과 같은 외국어들이 자주 나오고 있다. 'H.O.T', '젝스키스', 'DJ DOC', '노이즈', '솔리드', '듀스'… 이들은 방송에서 인기를 얻은 중창단 이름들이다. 이 중창단들은 분명히 한국인들인데도 영어 이름을 버젓이 사용한 채로 방송에 등장하고 있다. '롱다리', '숏다리', '그린정신'…은 외국어와 한국어를 뒤섞어 놓은 정체불명의 합성어이다. '훼미리 쥬스', '콘 스넥', '매치매치바'…는 방송광고에 나오는 외국어 상품 이름이다. 이 상품들은 결코 외국 수출용이 아닌 국내용인데 외국어 이름을 붙여 생산하고 있다. '커트라인', '뮤직 비디오', '로칼방송', '리퀘스트'…는 방송내용에 자주 등장하는 외국어이다. 이와 같이 요즈음 우리나라 방송에서는 외국어를 무분별하게 남용하는 심각한 외국어 중독증에 걸려 있다.

현재 방송되고 있는 한주간의 방송제목에 나타난 외국어를 일별해 보면 퀴즈는 '퀴즈 올림피아드', '집중 퀴즈 테크', '퍼즐 특급열차' 등의 제목을 쓰고 있고 어린이 프로그램 중에는 '무적 파워 레인저', '레니게이드', '날아라 슈퍼 보드' 등이, 스포츠에는 '코리아 오픈 배드민턴', '올스타 서킷 탁구' 등의 외국어 이름이 있다. 외국어 제목 중에는 우리말로 충분히 고칠 수 있는 것들이 그대로 사용되고 있는 것이 너무 많아 그중 일부만 열거해 보기로 하겠다. '특별 앙코르(특별 재방송)', '미스터리 극장(추리극장)', '베스트 극장(명작극장)' '미니 시리즈(연속 단막극)', '꿈의 콘서트(꿈의 연주회)', '실크 로드(비단길)', '뉴스 와이드(뉴스 확대경)', '뉴스 네트워크(뉴스 중계탑)', '폭소 아카데미(폭소 대학)', 드라마 '폴리스(경찰관)', '파일럿(조종사 또는 비행사)', '사이언스 쇼(과학 쇼)', '일요 포럼(일요 토론)', '지구촌 파노라마(지구촌 이모저모)'….

우리말을 바르고 곱게 가꾸고 언어순화에 앞장서 나가야 할 방송사들이 불필요한 외국어를 남용하는 사례는 조속히 시정되어야 마땅하다. 한국 방문의 해를 맞이해서 "국민과 함께 세계로" 나가자며 국제화를 외치는 방송사들이 어줍잖은 외국어를 남용하는 것을 국제화라고 생각한다면 큰 잘못이다. 방송을 진실로 국제화하려면 더욱 바르고 고운 우리말을 사용하는 한편 음성다중으로 영어뉴스를 개발 확대하는 등 방송의 국제교류를 위해 힘써야 할 것이다.

_1994년 광주일보

5.18 특별방송

5월 18일 아침 11시, KBS와 MBC 양 방송사에서는 5.18 민주항쟁 제 14주기 기념식 중계방송을 실시하였다. 원래 KBS는 지난 3월 25일 노사 양측이 참여한 제 75차 공정방송위원회에서 5.18관련 추모식 및 특집을 전국에 생중계할 것을 노사 양측이 합의하였다. 그러던 것이 5월초에는 그 계획이 약간 변경되어 추모식만을 전남 일원에 생중계하고 KBS 광주총국이 제작한 다큐멘터리를 18일밤 전국에 방송하기로 하였고 MBC도 추모식 전국 생중계를 추진해 왔다. 그러나 결과적으로 양 방송사는 11시부터 40분간 5.18 기념식을 전남 일원에 중계하는데 그치고 말았다.

KBS 광주방송국은 이날 전국에 방송하기 위한 특집 다큐멘터리 「역사기행, 황토현에서 금남로까지」를 제작, 이날 밤 방송에 대비해왔다. 그러나 이 프로그램은 공정방송위원회의 합의에도 불구하고 본사의 결정으로 방송되지 못하고 말았다. 결국 전국 생중계와 특집방송의 합의 내용은 하나도 지켜지지 않은 셈이 되었다.

그리고 이날의 5.18 기념식 중계는 매우 어수선하게 진행되었다. 카메라 워킹이 산만해서 단상에 참석한 인사들을 소개할 때 두루뭉실하게 롱샷으로 처리해 누가 누구인지 알 수가 없었으며 칼라를 제대로 맞추지 못한 채 중계 도중 화면 색깔이 여러번 어지럽게 바뀌었다. 카메라가 제 위치를 못잡아 계속 흔들리고 심지어는 강신석 목사의 대회사 도중 화면 정지현상까지 생기는 등 기술적으로 매우 거칠고 불안정한 상태를 나타냈다. 시민 연대모임의 김양래 총무는 이러한 상태로는 전국방송하기에 부끄러울 정도라고 말하였다.

이날 두 방송사에서는 5.18 기념식 중계에 대한 예고멘트나 자체홍보를 전혀 하지 않았고 이지방 신문들은 TV프로그램 안내에서 11시에 5.18 기념식을 중계한다는 소개가 없이 그 시간의 서울 프로그램들을 소개하는 등 언론사들은 무신경한 태도를 보여 주었다.

5.18 15주년이 되는 내년에는 올해를 거울삼아 5.18 기념식과 특집 프로의 전국방송을 반드시 실현시켜야 하겠고 전국방송에 손색없는 기획과 편성, 그리고 완벽한 기술로 5.18의 전국화와 국제화를 달성해야 할 것이다.

_1994년 광주일보

방송뉴스와 발음

'목사가 거리에서 선교를 했다'고 할 때 '선교'를 '성교'로 읽으면 전혀 엉뚱한 뜻이 되고 만다. 이와 같이 방송뉴스에서 방송기자들이 발음을 잘못하게 되면 뜻이 잘못 전달되어 의외로 큰 파문을 일으킬 수 있다.

요즈음 방송보도는 기자들이 자기가 취재한 것을 직접 현장에서 리포트를 하기 때문에 아나운서가 읽는 스트레이트 뉴스에 비해 매우 생생하고 실감 있는 뉴스를 전달하고 있다. 기자들의 생동감 있는 상황묘사와 적절한 해설은 마치 시청자들이 현장에 와 있는 것 같은 사실감을 느끼게 한다.

그러나 기자들의 뉴스를 들으면서 걱정되는 것은 기자들의 발음이 매우 부정확할 뿐만 아니라 잘못된 발음을 태연히 하고 있다는 것이다. 그것은 앵커나 취재 기자, 본사와 지역을 가리지 않고 공통적으로 발견되는 현상이다.

잘못된 발음은 대체로 다음 네가지 유형에서 가장 많이 나타난다. 'ㄴ+ㄱ', 'ㄴ+ㅁ', 'ㄴ+ㅂ', 'ㄴ+ㅍ'이다. '한국(항국)', '신민당(심민당)', '전북(점북)', '전파(점파)'… 등 'ㄴ'을 'ㅇ'이나 'ㅁ'으로 잘못 발음하는 수가 많은 것이다. 그래서 '전기(電氣)'를 '정기(精氣)'로, '언명(言明)'을

'엄명(嚴命)'으로, '인부(人夫)'를 '임부(任婦)'로, '신판(新版)'을 '심판(審判)'으로 발음하면 전혀 다른 뜻의 낱말이 되어 버린다. 이와 같은 류의 틀린 발음들은 매 뉴스마다 수없이 많이 발견된다.

잘못된 발음 습관은 끊임없는 노력과 연습을 통해서만 바로잡을 수 있으나 기자들은 취재는 열심히 하면서도 발음을 제대로 하고자 하는 노력은 소홀히 하는 것 같다. 방송기자는 글을 잘 쓰는 것도 중요하지만 방송언어의 중요성에 비추어 볼 때 뽑을 때부터 음성테스트를 거쳐 정확한 발음을 하는 사람을 엄격히 가려내야 할 것이다. 그리고 기자가 된 후에도 지속적으로 발음 훈련을 시켜야 하고 현재의 중견기자들도 마땅히 언어 교육을 받아야 한다.

방송은 살아 있는 언어교과서이다. 기자는 물론 방송에 출연하는 모든 사람들은 국민 언어에 미칠 영향을 십분 고려해서 바른말 고운말을 갈고 닦기에 힘써야 할 것이다.

_1994년 광주일보

몰래 카메라

모 인기 여가수가 어느 노인의 환갑잔치에 노래손님으로 초대를 받았다. 노래를 부르고 나니 주최측에서는 노인께 억지로 절을 시키고 강제로 술도 따르게 했다. 그런데 이 노인은 짓궂게도 여가수의 손을 자꾸만 만지작거리는 것이었다. 어이가 없어 하는 여가수 앞에서 노인은 가발을 벗고 수염을 떼고 본얼굴을 드러냈다. 그 얼굴은 '몰래 카메라' 담당 코미디언의 얼굴이었고 그날의 하객들도 모두가 가짜 손님들이었다. 감쪽같이 속은 여가수가 어쩔 줄 몰라 하는 모습의 클로즈 업, 그리고 의기양양해 하는 코미디언…. 이것은 얼마전 방송된 '몰래 카메라'

의 한 장면이다.

요즈음 코미디 프로 중에 이 '몰래 카메라'가 인기이다. 자신의 존재는 노출되지 않고 상대방의 치부를 샅샅이 볼 수 있을 때 사람들은 훔쳐보려는 욕망을 가지게 되고 또 그러한 심리를 이용하는 것이 '몰래 카메라'이다. 미국 TV프로에는 "Peep Show"라는 이름의 인간의 실수를 훔쳐보는 프로가 20여년 전부터 방송되고 있으며 '몰래 카메라'는 그것을 모방한 것이다. 그뿐만 아니라 '몰래 카메라'는 스타들의 사생활을 알고 싶어 하는 시청자들의 호기심을 이용하고 있다. 만인의 우상으로 선망의 대상이 되어 온 연예인들을 난타하여 그들이 실수하고 당황해하며 어이없이 속는 모습을 시청자들이 즐기도록 하는 것이다. 이것은 마치 잘 차려입은 미녀가 눈길에 미끌어지는 것을 볼 때 쾌감을 느끼게 되는 것과 같은 이치이다. 연예인들이 속고 망신 당할줄 뻔히 알면서도 이 프로에 나오는 것은 그만큼 이 프로의 인기가 높다는 증거이기도 하다. 요즈음에는 '시청자 몰래 카메라'도 생겨났다. 그래서 담당 코미디언은 시청자를 등에 업고 "몰래 카메라를 사랑하시는 전국의 시청자 여러분!" 하면서 당당하게 이 골탕 먹이기 프로를 시작하곤 한다.

그러나 이 프로는 인기만을 의식한 나머지 개인의 인격과 체면을 손상시키고 명예를 훼손하며 출연자의 이미지에 상처를 주는 장면들도 많았다. 연예인이 취객에게 봉변을 당하게 한다거나 인신매매범에게 납치되는 상황을 연출하거나 경찰복장을 한 사람에게 연행되게 하는 등 너무 심하다 싶은 장면들은 거부감과 연민의 정마저 느끼게 한다. 건전한 웃음을 이끌어 내도록 노력하지 않고 재미만을 추구하려고 출연자의 인격권을 무시해서는 안될 것이다. 그것이 이 프로가 시급히 시정해야 할 문제점이다.

그런데 '몰래 카메라'에 드러난 모습은 가상적, 오락적 상황이지만 진짜 상황에 '몰래 카메라'가 필요한 분야가 있다. 즉 오락부문 뿐만 아니라 보도부문에서도 몰래 카메라는 매우 중요한 것이다. 독자들은 교통경찰이 운전사들로부터 비밀리에 돈을 받는 장면이 방송된 것을 기억할 것이다. 이와 같은 공권력 남용은 물론 정경야합의 현장에, 공천 비리의 치부에, 강제고문의 비처에 '몰래 카메라'가 들어가 국민의 눈이 되어 감시자 역할을 해줄 것을 기대해 본다.

_1994년 전남일보

토크쇼 진행자

텔레비전 때문에 사람들은 쉽게 유명해지기도 하지만 텔레비전은 역으로 유명한 사람들을 등장시켜 그들의 유명세 덕을 보려고 한다. 흔히 볼 수 있는 예가 미스코리아의 방송 출연이다. 교양과 화술이 부족하고 연기력이 없더라도 미스코리아라는 이름을 이용하여 방송국에서는 그들을 출연시키고 있다. 미스코리아들은 눈요깃감 역할을 하다가는 어느 시기에인가 슬며시 화면에서 사라지곤 하지만 방송사는 어느새 또 다른 새 미스코리아를 출연시키곤 한다.

요즘 방송사들은 미스코리아 말고도 새로운 외인부대들을 등장시키고 있는데 그들은 바로 베스트셀러 작가들이다. '인생 얘기 저얘기'(KBS 2TV)의 안정효, '김한길과 사람들',(MBC TV)의 김한길, '신인간시대'(MBC TV)의 김홍신, 그리고 다큐멘터리극장(KBS1 TV)의 고원정이 바로 그들이다. 김한길은 그의 베스트셀러 소설 '여자의 남자'가 미니 시리즈 드라마로 방송되기도 했고 안정효는 영화 '하얀전쟁', '은마는 오지않는다'로 잘 알려진 작가이며 김홍신은 5공 시절 '인간시장' 시리즈로 많은 독자들에게 사랑을 받았던 사람이다. 작가들은 서투를지라도 깊이 있는 이야기를 나누고 있으며 진지하고 교양 있게 프로그램을 진행하고 있다. 그런데 작가들의 사회적 명성만을 이용하려는 방송사들의 욕심 때문에 그들 중에는 목소리와 발음이 나쁘고 화술이 부족하여 핵심을 질문하거나 재미있는 분위기로 유도하는 등 토크쇼 진행자로서의 자질이 결여 되어있는 작가들도 있다. 천하장사 씨름 선수 중에는 TV에 자주 등장하다가 운동 감각을 잃고 아예 코미디언으로 전업한 경우가 있듯이 작가 중에도 방송 출연 이후에는 이렇다 할 작품을 내놓지 못하고 있는 경우가 많다. 작가들은 화려한 방송의 눈부신 쇼와 물거품 같은 방송의 인기에 맛 들이게 되면 원고지와 피를 말리는 씨름을 하던 책상머리로 되돌아가기가 어렵게 되는 것이다. 방송사는 인기 작가의 이름 덕으로 시청률을 올리려다 한 시대에 의미 있는 작품을 내놓았던 작가의 생명을 단축시키지 말아야 한다. 판사는 판결로 말해야 하듯이 작가는 글로 말할 수 있도록 방송사는 작가를 올가미에서 풀어줘야 할 것이다.

_1994년 광주일보

TV 옴부즈맨 프로그램

이번 가을철 개편을 통해서 시청자들에게 TV 옴부즈맨 프로그램이 처음 선을 보였다. 시청자 주권 시대라는 구호와 함께 새로 등장한 이 프로는 KBS가 '시청자의 의견을 듣습니다'라는 이름으로 일요일 저녁 5시 30분에, MBC는 'TV 속의 TV'라는 이름으로 같은 일요일 오전 7시 40분에 각각 30분씩 편성하였고 그 첫 프로가 지난 일요일에 방송되었다. KBS는 이날 이윤성 앵커가 사회를 맡았는데 시청자들의 전화 내용을 소개했고 편성실장이 프로그램 전반에 걸쳐 시청자들의 질책과 격려를 부탁하는가 하면 홍보실장이 시청자 상담실의 상담실적과 처리에 관한 내용을 소개하였다. 한편 TV1국장은 아침마당 프로에서 부부 성생활의 문제를 선정적인 드라마로 다룬데 대해 앞으로는 소재 선택에 주의하겠다고 하였고 이어서 TV2국장은 YMCA의 '좋은 방송을 위한 시청자 모임' 회장이 질문한, 연예인들을 의식적으로 상품화, 유행화시키는 문제에 대해 방송의 현실을 이해해 달라고 답변했다.

MBC는 사장의 적극적이고 능동적으로 시청자들의 의견을 찾아 나서고 프로그램 제작에 반영 시키겠다는 말을 들려준 다음 개 밀도살 장면과 약대생의 시위, 서해 페리호 선원 지명수배 등에 대해 보도국장이 해명을 하고 일부 가수들의 혐오감 주는 머리 모양과 차림새에 대해 '일요일 일요일 밤에' 담당 PD의 의견을 들었으며 방송시간을 제대로 지키지 못한 점에 관해서는 편성국장의 설명이 있었다.

TV 옴부즈맨의 탄생으로 고답적이고 콧대 높은 방송사에서 시청자들의 얘기를 경청하기로 하고 그것을 프로그램화 한 것은 큰 변화요 신선한 충격이 아닐 수 없다. 그리고 프로그램 내용도 담당 국장들이 직접 출연해서 답변과 해명을 하도록 하는 것은 매우 성의있는 제작이었다. 그러나 방송사들이 시청자들의 의견을 프로그램 제작에 반영하겠다는 의지가 뚜렷이 나타나지는 않았다. TV 옴부즈맨 방송 시간대도 적당치 않았고 담당국장들은 시청자가 지적한 사항에 대해 변명에 급급하면서 '이해해 달라', '어쩔 수 없었다'라는 말로 얼버무리고 확실한 시정 약속을 하지 않았다. 시청자들은 방송사들이 귀(의견 수렴 장치)를 열어 놓은 것에 만족하지 말고 손(프로그램 제작)을 어떻게 사용하는가를 지켜 보아야 할 것이다.

_1994년 광주일보

북핵 보도

지난 6월 한달 동안 금방이라도 한국이 불바다가 될 것처럼 보도하던 방송 뉴스가 이달은 또 남북 정상회담으로 당장 통일이 될 것처럼 흥분하고 있다. 지난 6월초 연휴에 국민들이 전쟁 위험에도 아랑곳하지 않고 휴일을 즐겼다고 안보 불감증을 꼬집었던 방송은 곧이어 전쟁 위기설을 보도했다. 6월 8일 KBS 9시 뉴스는 '한반도 전쟁 위기인가'라는 특집 뉴스로 전체 60분 가운데 무려 50분을 북한 핵 관련 뉴스로 메웠다. 이날 KBS는 선제재 후 대화가 언명된 대통령 주재의 국가안전보장회의 내용을 시발로 미국 타임스지의 한반도 전쟁 시나리오를 인용 전쟁 위기설을 증폭 시켰고 '북한의 군사력 세계 5위', '도발하면 국지전 초전박살', '전면전 북진통일' 등의 항목을 통해 남침 가능성과 함께 북진 가능성까지 거론하였다. 같은 날 MBC 뉴스데스크에서도 '한반도 전쟁 나면…', '북 핵연료봉 교체 작업 완료', '북핵 실질 저지' 등의 내용을 방송하였다. 이어 9일, 10일, 11일에도 빠짐없이 북핵 관련 기사가 TV 뉴스의 머리를 차지하면서 장시간 방송 되었다. 이때의 뉴스는 외국언론을 그대로 인용해서 '제 2의 한국전 임박', '북폭 해상봉쇄 나설 때', '한반도 전쟁 시나리오' 등을 여과 없이 보도하여 언론 사대주의라는 비판을 받았다. 급기야는 이러한 성급하고 무분별한 전쟁 보도에 영향을 받아 국민들의 사기가 급격히 떨어지고 주가가 폭락하였다. 관광객이 줄어들고 쌀과 라면을 사재기하는 등 사회 불안이 야기될 조짐을 보이자 정부는 15일을 전후해 국민들에게 확산되고 있는 전쟁 과민증의 책임을 언론에 돌렸다. 그러자 이번에는 전쟁 과민증을 탓하는 논조가 보도의 주류를 이루는 등 방송 뉴스는 계속 주관 없이 갈팡질팡했다. 남북 정상회담이 추진되고 있는 이때 언론은 또다시 중심을 잃고 들떠 있다. 바로 지난달의 전쟁 위기설은 깨끗이 잊어버린 채 조급하게도 곧 통일이 될 것처럼 흥분하고 있는 것이다.

방송 뉴스는 과장이나 축소 없이 공정하고 정확해야 하며 특히 남북 정상회담을 앞둔 이달에는 지난달처럼 정부나 외국 언론의 입김에 춤추는 일이 없이 흥분하지 않고 냉철한 판단과 뚜렷한 주관을 가지고 책임 있는 보도를 해야 할 것이다.

_1994년 광주일보

전국체전과 지방방송

맑고 푸른 가을 하늘 아래 전국의 젊은이들이 모여 기량을 겨루는 전국체전이 지금 빛고을에서 바야흐로 막바지를 향해 열기를 더해가고 있다 KBS가 전야제인 빛의 축제를 전국에 준비함으로써 체전 방송이 시작된 이후 KBS와 MBC 양 방송사는 개회식을 준비했고 매일 스포츠 뉴스 시간에 체전 소식을 전했다.

최근 방송 중 가장 두드러진 것은 지난 14일에 광주 MBC에서 방송된 '해외 동포와 함께'였다 이 프로는 광주를 찾은 동포 선수들을 초청해 정담을 나누고 조상현 씨가 광주의 이곳저곳을 소개하는가 하면 공옥진 씨가 아이들과 함께 흥겨운 춤을 추는 장면이 있었고 재 브라질 선수단장이 조상의 산소에 성묘하는 장면이 감동적으로 그려져 있었다. 이밖에도 개회식이 있던 11일 밤 12시에 MBC 본사에서 방송된 '청산별곡에서 어부사시사'까지는 비록 5년 전에 광주MBC에서 만든 작품의 재방송이기는 하나 고산 윤선도의 유적을 따라 남도 문화의 향기를 전국에 소개한 시의적절한 편성이었다.

그런데 체전기간의 지방방송 프로그램은 이고장 주민은 물론 외지에서 온 손님들에게 제대로 홍보가 되지 않아 아쉬움을 남겼다. 앞에서 말한 '해외동포와 함께'도 자체 홍보가 없었을 뿐만 아니라 지방 신문에는 단순히 '목요 광장' 이라고만 소개되었을 뿐 제목과 내용은 소개되지 않았다. 심지어는 '청산별곡에서 어부사시사까지'도 중앙지에서는 그 내용이 자세히 소개되었지만 지방신문에는 단순히 '엑스포 초대석' 이라고만 되어 있었다. 애써 상품(프로그램)을 만들어 놓고 진열(편성)과 호객(홍보)를 하지 않으면 손님(시청자)이 모이지 않는다. 이제는 좀 더 과감하고 적극적으로 지역 프로그램을 제작하고 홍보하자. 최소한 홍보가 부족해서 심혈을 기울여 제작한 프로그램을 시청자들이 놓치게 해서는 안 되겠다.

_1994년 광주일보

광복절 특집 '사할린의 카레츠키'

지난 연휴 기간 동안 방송된 KBS의 광복 49주년 기념 특집 프로그램 중 사할린 동포를 다룬 '사할린의 카레츠키'는 KBS가 시야를 넓혀 해외동포들의 비극적인 삶을 추적한 공영방송 다운 바람직한 프로그램이었다. '사할린의 카레츠키'는 사할린에 끌려간 후로 50년이나 넘도록 돌아오지 못하고 있는 고려인 카레츠키에 대한 가슴 아픈 사연을 다른 다큐멘터리이다.

1937년 중일전쟁과 1941년 태평양전쟁이 터지면서 사할린에 징용된 한인 광부들은 1945년 일본이 항복하면서 조국에 돌아올 날만을 손꼽아 기다렸다. 그러나 전쟁의 대가로 일본이 소련에게 이 섬을 양도함으로써 그들의 귀국의 꿈은 산산조각이 났다. 일본은 전쟁이 끝나자 자국 국민들만 귀국시키고 한인들은 현지에 내팽개쳐 두었을 뿐만 아니라 곳곳에서 한인에 대한 학살 만행을 자행하였다. 한편 해방된 조국은 남북으로 분단되어 그 어느 쪽도 이들의 귀국을 위해 힘쓰지 않았다. 그러기를 49년, 사할린 동포들은 조국 하늘을 그리며 살다 이제는 70세가 넘은 노인들이 되어버렸다. 한국정부는 1990년 9월 소련과의 국교 정상화 이후 소수의 무 연고자들을 받아들여 양로원에 의탁시키는 소극적인 정책을 펴고 있다.

이 프로그램은 사할린 현지와 한국 일본을 샅샅이 뒤져 한인들의 증언과 각종 기록, 현지의 탄광과 학살 현장 등 유적을 카메라에 담았을 뿐만 아니라 일본의 참의원, 동경대 교수, 변호사 등을 인터뷰함으로써 사할린 동포들의 억울하고 한 많은 역사를 입체적으로 추적 취재하여 그들이 한 맺힌 과거와 참담한 현재를 효과적으로 부각시킨 역작이다.

그러나 일본의 간교함만을 나무랜다고 문제가 해결되는 것은 아니다. 한국 정부의 사할린 정책은 무엇이고 어떻게 개선되어야 하는지, 앞으로 이들의 운명은 어떻게 될 것인지 등 지나간 과거보다 더욱 중요한 미래의 청사진을 다루지 않아 아쉬움을 남겼다. 사할린 동포들은 이렇게 말하고 있다.

"한국은 버려진 동포들에게 전혀 관심을 보이지 않고 자신만을 위해 살고 있는 이기주의자"라고.

_1994년 광주일보

광주MBC 광주 나고야 지금

15일 저녁 광주 MBC 창사 32주년 기념으로 방송된 『광주 나고야 지금』은 기획력과 치밀한 구성·연출이 돋보이는 역작이었다. 비엔날레를 성공적으로 개최한 광주와 자매결연을 하고 싶다는 나고야 시장의 얘기는 매우 진지했고 또 교민신문을 컬러로 발행하는 한국 유학생들의 얘기는 일본 땅에서도 한국인들끼리 서로 돕고 살아가는 모습을 보여줘 흐뭇했다.

그리고 40년 역사를 자랑하는 지하철을 깊이 있게 취재한 것은 이제 지하철을 막 착공한 광주에는 타산지석이 될만한 내용이었다. 지하철 적자가 무려 2조 2천억원이나 된다는 나고야의 시행착오를 되풀이하지 않기 위해서도 꼭 알아두어야 할 부분이었다.

선동열 선수는 나고야의 태양(SUN)이기 이전에 광주의 아들(SON)이다. 그가 낯선 이국 땅에서 적응하지 못하고 있는 것은 안타까운 일이지만 어머니 같은 고향 사람들의 성원으로 재기하기를 바라는 염원이 들어 있어 좋았다.

『광주 나고야 지금』은 지역방송의 세계화·지방화·미래화를 위한 시금석이 될 만한 프로그램이었다. 그러나 제작 기간이 짧은 탓인지 서두른 흔적도 보였다. 가령 나고야가 어디쯤 있는지 모르는 대부분의 시청자들을 위해 차분하게 나고야 시의 지도를 그려 주고 설명했으면 좋았을 것이고 광주측 진행석 배경으로 설치한 세계지도는 한국과 일본이 없는 미대륙과 아프리카가 그려진 것이었다.

생방송 형식을 취하기는 했지만 사전 제작 내용이 많았기 때문에 1·2·3부를 하루에 연이어 방송하는 것보다는 3일에 나누어 집중적으로 방송하는 것이 시청자들에 대한 더 좋은 서비스였을 것이라는 아쉬움이 남았다.

_1997년 광주일보

학술논문

TV 광고에 나타난 외국어 메시지의 문제점

1. 서언

「한 겨레가 남의 노예가 됐더라도 자기나라 말만 잘 간직하고 있으면 그것은 감옥의 열쇠를 쥐고 있는 것이나 마찬가지이다.」

알퐁스 도데 작 「마지막 수업」 속의 한 구절이다. 이 말은 다시 말해서 「한 겨레가 남의 노예에서 벗어났더라도 자기나라 말을 잘 간직하고 있지 않으면 감옥의 열쇠를 잃어버린 것이나 마찬가지이다.」 라고 뒤집어 새길 수 있다.

오늘의 한국 텔레비전 광고는 외국어 홍수를 이루고 있다고 해도 과언이 아니다. 우리나라에서는 광고공해론이 대두되어 광고공해에 대한 논의가 있어 왔고 자율 및 타율 규제에 의해 상당한 정화를 실현한 바 있으나 근래에는 새로이 외국어 광고공해가 일고 있어 문제가 되고 있다.

텔레비전 광고는 그 양의 다소도 중요하지만 그보다 질적인 측면이 더 큰 문제가 된다.

광고량은 법으로 그 상한선이 그어져 있고 질적인 것은 한국방송광고공사 방송광고물 심의 위원회에서 사전심의를 한 후 방송하게 되어 있으나 심의위원회도 외국어 메시지에 대해서는 한계가 있기 때문에 오늘의 외국어 광고문제는 해결의 실마리가 보이지 않는다. 심의위원회는 등록상표인 외국어 상표명에 대해서는 규제할 근거가 없는 것이다.

본 논문에서는 텔레비전 광고에 사용되고 있는 외국어를 다각적으로 분석 검토함으로써 외국어 광고 메시지의 현황을 파악하고 보다 주체성 있고 품위 있는 광고, 아름답고 고상한 우리말을 사용한 보다 효과적인 광고를 제작하도록 그 해결 방안을 모색하여 국민의 주체정신과 언어 순화에 이바지하고자 한다.

2. 방송광고문의 유형

우리나라 텔레비전 광고문은 외국어 사용 유형에 따라 네 가지로 분류할 수 있다.

제1형 한한형: 상표명과 광고문이 모두 우리말인 것.

제2형 한외형: 상표명은 우리말이나 내용은 외국어가 섞여 나오는 것.

제3형 외한형: 상표명이 외국어이나 광고내용은 우리말을 주로 사용한 것.

제4형 외외형: 상표명이 외국어이고 내용에 상표명 이외에도 다른 외국어를 많이 사용한 것

등이다.

제1형에 해당하는 광고문의 예를 들면 다음과 같다.

「천연의 맛이 듬뿍, 쇠고기가 들어 있는 맛좋은 다시다, 쇠고기 다시다, 자! 넣으실까요 콩나물국. 그럼요, 쇠고기 다시다. 진국인데… 두부찌개. 암요, 쇠고기 다시다. 거 좋다. 그렇지, 쇠고기 다시다지. 야 맛좋은데. 쇠고기가 들어 맛좋은 다시다」

이 광고는 상표명인 「다시다」 부터가 「입맛을 다시다」 에서 왔듯이 순우리말이며 조미료로서의 의미도 좋다. 그리고 문안도 외국어는 하나도 없이 쉽고 간결한 우리말로 꾸며져 있어 광고문으로서 좋은 본보기라고 할 수 있다. 이러한 광고문은 시청자에게도 쉽게 전달되고 친근감 있게 포용할 수 있어 광고효과가 클 것이라는 점을 짐작할 수 있다.

제2형, 「딱! 와아- 깜짝 놀랄 만큼 멋진 프로 야구화. 청룡, 타이거스, 범표 야구화를 신으면 우리 모두 야구왕. 올 가을 새로운 모양의 용감한 형제 조오, 떠돌이 부머, 스포츠형 운동화도 더욱 좋아 졌어요. 범표가 만든 케미구두, 금비, 탄탄, 통통도 너무 너무 예뻐요. 주식회사 삼화」.

이 제2형은 「탄탄」, 「통통」, 「금비」 등 좋은 우리말 상표명을 사용하면서도 「케미구두」라든가 「타이거스」, 「조오」, 「부머」 등 외국어를 쓰고 있어 모처럼 애써 만든 우리말 제품 이름이 빛을 잃은 경우이다.

제3형은 「9개월 경부터 세 살까지… 가장 중요한 성장기입니다. 신제품 남양 어린이 분유 점프! 점프는 빠른 성장기에 부족하기 쉬운 영양을 고루 담았습니다. 모유나 분유를 졸업하면 점프를 먹이세요. 9개월 경부터… 남양 어린이 분유, 점프」.

위와 같이 상표명이 「점프」라는 외국어로 되어 있으나 상표명 이외의 문안은 우리말로 만든 유형이다.

제4형 「구두 패션의 새로운 바람이 불고 있다. 엘칸토 로맨띠끄, 클래식한 디자인 우아한 곡선, 엘칸토 로맨띠끄, 바로크 풍의 구도 패션, 엘칸토 로맨띠끄. 우리는 명동파, 엘칸토. 거리의 방랑자 배가본드」.

이 제4형은 외국어 상표명은 물론이고 그밖에 「패션」이라든가 「클래식」, 「디자인」, 「바로크」 등의 외국어가 많이 사용되고 있는 것으로서 외국어 사용의 정도가 가장 심한 유형이다. 특히 외국어 상표명을 여러 번 반복해서 쓰기 때문에 마치 외국어 광고를 대하는 듯한 착각을 일으키게 한다. 여기에 쓰인 외국어 상표명은 이미 특허청에 등록된 상표명이기 때문에 방송 광고물 심의위원회의 규제의 손길이 미치지 못해 거침없이 사용되고 있는 형편이고 따라서 이와 같은 유형의 광고는 앞으로 더욱 늘어날 것으로 보인다.

지난해 8월 한달 동안 심의위원회가 심의한 180건의 광고문을 중심으로 외국어 사용에 따른 유형별 집계를 내보면 다음과 같다.

〈표 1〉 외국어 사용 유형별 집계

유 형	건 수	비 율(%)
제 1 형	19	10.5
제 2 형	26	14.4
제 3 형	64	35.5
제 4 형	71	39.5
계	180	100

〈표 1〉에서 보면 상표명과 내용에 우리말을 쓴 경우는 19건으로 10.5%에 불과하나 외국어 상표명을 반복 사용하고 다른 외국어와 외래어가 나오는 경우는 71건 39.5%에 달하는 높은 비율을 보이고 있다. 즉 외국어를 심하게 사용하고 있는 광고가 10건 중 4건에 달하고 있고 우리말만 사용하는 광고는 1건밖에 되지 않는다는 결론이다.

한편 방송 광고물 심의위원회가 이와 같이 방송광고를 사전 심의하는데도 텔레비전 방송에는 여전히 외국어 광고방송이 판을 치는 이유는 무엇인가?

그 이유는 광고주들이 외국어를 사용하면 시청자들이 이국적 용어에 대한 호기심을 갖게 되고 어떤 신비감을 느끼게 된다고 믿는, 소위 제품 차별화 정책이 원인의 하나이며 또 외국 제품에 대한 막연한 동경심과 사치 성향에 젖어 있는 일부 소비자들에게 판매 효과를 노리려고 해서 될 수 있으면 외국어 메시지를 사용하면 큰 판매 효과들은 외국어로 상표명을 지어 특허청에 등록을 마치면 그대로 고유명사가 돼 그것을 문안에서 자꾸 반복하는 광고 수법을 쓰고 있고 용어는 대개 널리 통용되는 외래어를 많이 쓰기 때문에 어떻게 규제할 도리가 없다는 것이 방송 광고물 심의위원회의 입장이었다. 그러나 광고문 중에는 아직도 우리 귀에 생경한 「니트」, 「캐주얼」, 「바로크」, 「라텍스」, 「브랜드」… 등의 낱말이 나오는가 하면 충분히 우리말로 바꿀 수 있는 「밀크」, 「아이스 커피」, 「패션」, 「주니어」, 「아메리칸 스타일」… 등의 외국어가 등장하고 있다.

〈표 2〉 심의기각 사유별 내용

사유별	건 수	비 율(%)
과장 표현	84	27.7
어린이 품성을 저해하는 표현 및 어린이를 광고방송에 이용하는 표현	28	9.2
광고 책임소재가 불분명한 표현	19	6.3
신체부위 과잉 노출	9	3.0
비속감·불쾌감을 주는 표현	50	16.5
착오를 일으키게 하는 표현	24	7.9
언어 순화애 해로운 표현	29	9.6
배타적인 표현	11	3.6
외국인 모델 사용	11	3.6
주체성을 저해하는 표현	6	2.0
시청자의 정서를 불안케 하는 표현	11	3.6
관계법령에 저촉되는 표현	5	1.7
기타	16	5.3
계	303	100

외국어는 문안에 사용되고 있는 것도 시정의 대상이 되어야 하겠지만 더욱 시급한 것은 외국어 상표명이다. 상표명만을 놓고 이것이 어느 나라의 제품이냐고 물으면 국산품이라고 대답하기가 민망스러울 지경으로 외국어 상표명은 우리의 주체성과 자긍심을 실추시키고 상도의를 타락시킨다. 외국어 상표명이야말로 외국어 광고 공해의 주범인 것이다.

3. 외국어 상표명 사용 현황

외국어 이름을 사용하는 경향은 다섯 가지로 나누어 볼 수 있다.

첫째, 외국상표와 제휴해서 국내에서 생산·판매하는 경우이다. 11월 16일 중앙일보의 조사에 의하면 지난 10월말까지 국내 64개 업체가 422건의 외국상표를 도입, 사용하고 있다. 외국상표를 들여오는 목적은 기술을 향상시켜 고급제품을 개발하고 해외시장을 겨냥하기 위한 것이나 이러한 목표는 제쳐두고 국내 소비자들에게 외제 선호성향을 이용 제품을 비싸게 파는 데만 주력하는 업체가 많은 것이 문제이다. 도입 상표에 대한 로열티는 판매액의 3-5%로 되어 있으나 기술을 충분히 습득하고 제품을 수출한다는 방침을 제쳐놓고 경쟁적으로 상표만을 도입하면 외화 낭비는 물론 국민의 소비성향과 허영심을 자극하고 주체적 사고를 해칠 우려가 있다. 이들 상표는 외국어 광고 메시지에 자주 등장해 다른 우리말 제품에도 영향을 주기 때문에 외국어 메시지 중에서도 가장 큰 문제거리가 되고 있다.

둘째, 외국어 이름을 아무 필요 없이 붙여 사용하는 경우이다. 「캡틴 Q」, 「매치매치바」, 「콘 스넥」 등은 제품을 해외로 수출하는 것도 아니고 기술제휴도 아니며 오직 국내 소비자들을 대상으로 판매하는 것인데 외국어 이름을 붙여 쓰고 있고 상품 표기도 외국어로 하기 때문에 이것 역시 어느 나라 상품인지 알 수 없다. 특허청에서는 외국어 이름일 경우 우리말을 병기하면 신청을 받아 주고 있다고 한다.

셋째, 상품 이름에 아무런 의미 없는 외국어 발음 비슷한 조어를 사용하는 것이다. 「마주앙」, 「까발로 슈즈」, 「맥소롱」 등은 얼른 들어서는 외국어 같이 생각되는 상품 이름들이다. 이러한 유형은 약품 이름에서 가장 많이 발견된다. 그러나 자세히 보면 외국어는 분명 아니고 우리말도 아닌 것임을 알 수 있다. 아무런 의미가 없을 바에야 의미 있는 우리말을 쓰는 것이 보다 바람직하다 하겠다. 특히 이중에서 「까발로

〈표 3〉 업종별 외국상표 도입 내용

업종	국명	상 표	품 명	업종	국명	상 표	품 명
의류	미국	맥그리거	간이복	의류	프랑스	크리스찬 디오르	여성 내의
		소사이어티	신사복			젬마	여성 내의
		런던포그	신사 바바리 등			까사렐	숙녀복
		애로	남자 셔츠·파자마		이태리	움베르또 쎄베리	숙녀복
		맨하탄	와이셔츠			뻬뻬로네	하이틴 여성복
		맨실라스	신사 재키트		일본	쓰바메	여성 의류
		AMP 헤드	스포츠 웨어			요넥스	스포츠 웨어
		카운테스 마라	넥타이	화장품·비누	서독	웰라	샴푸 등
	일본	피노키오	아동복		일본	니베아	크림·로션
		에바돈나	여성복		영국	시세이도	화장품
		우드하우스	남성복		프랑스	럭스	화장비누
		와콜	여성 내의류			코티	로션·크림
		아놀드 파머	간이복			로레알	화장품
		심플라이프	간이복	음식료품	미국	썬키스트	오렌지 주스
		벨로즈	숙녀복		일본	모리나가	개러멜
	프랑스	피에르 가르뎅	와이셔츠·넥타이		영국	맥비틴	비스켓
			잡화·여성복·수영복·		네델란드	하이네켄	맥주
			남성복	기타	미국	나이키	신발류
		지방시	남녀 간이복		일본	가와자키	테니스 라켓
		뉴맨	남녀 간이복		프랑스	피에르 가르뗑	신발
		럭시	여성 내의			피에르 가르뗑	라이터

슈즈」는 어린이 운동화 상품명인데 어감상 「발로 까는」 운동화의 뜻으로 해석될 소지가 있어 상품의 이미지에도 좋지 않은 영향을 미친다고 생각된다.

넷째, 발음은 우리말처럼 들리나 표기된 것은 우리말이 아닌 것으로 특히 화장품 류에 이러한 표현이 많이 쓰이고 있다. 「피어니」, 「부로아」, 「화니핀」, 「나드리」, 「고우니」, 「미다모아」 등이 대표적인데 맞는 표기는 「피었니」, 「부러워」, 「환히 핀」, 「나들이」, 「고운 이」…가 맞는 것이겠으나 발음만 비슷할 뿐 이들 표현은 우리말이라고 할 수 없으며 오히려 자주 사용되는 광고 표현으로 말미암아 우리말 표기법에 혼란을 초래할 우려마저 있다고 하겠다.

다섯째, 발음은 외국어 식이나 표기하면 우리말의 어떤 의미를 갖는 것이 있다. 「드슈」, 「길벗」, 「나랑드 사이다」, 「두볼」 등이 그러한 예인데 우리말 표기에 별 하자는 없으나 외국어식 발음에 연연하는 것은 외국어 상품명을 사용하는 것과 크게 다를 바 없다.

지난 9월 6일부터 12일까지 일주일간 방송된 세방송국의 광고를 조사해 본 결과 KBS-1TV 137건, KBS-2TV 524건, MBC-TV는 1,377건 등 합계 2,038건 중 외국어 상품명은 1,506건으로 74%, 우리말 상품명은 532건, 26%에 불과해 외국어 상품명 공해의 심각성을 나타내고 있다. 상품명을 업종별로 우리말과 외국어로 구분해 보면 <표 4>와 같다.

〈표 4〉 업종별 우리말·외국어 상품명 비율

업 종	우리말	%	외국어	%	계	%
식 품	193	60.7	125	39.3	318	100
제 과	0	0	181	100	181	100
아 동 복	0	0	102	100	102	100
의 섬 유	23	9.1	226	90.0	249	100
주 류	11	20	46	80	57	100
의 약	11	3.4	317	96.6	328	100
화 장 품	22	13.3	147	86.7	169	100
전 자	5	8.8	52	91.2	57	100
가 구	45	66.7	23	33.3	68	100
제 화	0	0	67	100	67	100
필 름	0	0	45	100	45	100
책	20	57.1	15	42.9	35	100
백 화 점	56	83.3	11	16.7	67	100
가정용품	34	30	80	70	114	100
기 타	102	56.2	79	43.8	181	100
계	532	26.1	1,506	73.9	2,033	100

이 표에 의하면 일주일 동안 우리말 이름을 많이 쓴 것은 식품, 가구, 책, 백화점 정도이고 그밖에 10개 업종이 외국어 이름을 많이 쓰고 있으며 그 중에서도 특히 제과, 아동복, 제화, 필름 등은 100% 외국어 이름을 쓰고 있는 것으로 나타나 있다. 그리고 제과와 아동복의 경우 어린이를 주 대상으로 한다는 점에서 볼 때 어린이들에게 지나친 외국어 선호사상을 주입시키는 결과가 되지 않을까 걱정이 된다. 이점은 2세 교육에도 중대한 문제인 만큼 신중한 검토와 반성이 있어야 할 것이다. 외국어 이름 사용 비율에 따라 높은 것에서부터 업종별로 순위를 매겨 보면 ①제과·아동복·제화·필름 ②의약 ③전자 ④의섬유 ⑤화장품 ⑥주류 ⑦가정용품 ⑧기타 ⑨책 ⑩식품 ⑪가구 ⑫백화점의 순서가 된다.

순위에 의하면 어린이를 대상으로 하고 광고는 외국어를 많이 쓰고 주부를 대상으로 하는 광고는 우리말을 많이 쓰는 경향을 보이고 있다.

한국 홍보문화연구원이 조사한 업종별 광고방송량 점유실태를 보면 세 방송국을 통틀어 빙과, 음료를 포함한 제과가 17.1%로 가장 많은 광고건수를 나타내고 있어 어린이 대상 광고의 심각성을 실감케 해주고 있다.

다음으로 많은 것은 식품류인데 어린이가 좋아하는 라면, 카레 등에는 「브이라면」, 「해피맛 라면」, 「콘티빵」, 「에스비 카레」 등의 외국어가 사용되고 있고 어린이 대상 아동복, 운동화, 우유제품에도 외국어가 많이 나오고 있다.

제과 광고주들이 어린이들로 하여금 외국상품으로 오인케 하려는 의도로 외국어 상품명 광고를 한다면 광고주의 양식을 따지기 전에 그 자체가 크게 잘못된 생각이라고 지적하고 싶다. 5년전 과자류 수입상품의 시판이 허락되었을 때 처음 얼마동안은 외제 과자를 찾는 손길이 많았으나 우리나라 제품보다 별로 낫지 않고 우리나라 사람들 입맛에도 맞지 않아 얼마 안가서 수입한 물품을 적자를 보면서까지 반송하던 일은 소비자가 외제라고 해서 다 좋아 하는 것은 아니라는 사실을 반증하는 것이고 제품은 품질이 우수하면 충분히 외제를 누르고 판매경쟁에서 이길 수 있음을 보여주는 좋은 증거라고 할 수 있다. 따라서 구태여 외국어 이름으로 광고할 필요와 명분을 내세울 수 없을 것이며 오히려 어린이들이 쉽게 기억할 수 있도록 「맛동산」이라든가 「알알이 알사탕」, 「나하나」 같은 우리말로 광고를 하는 것이 바람직하다 하겠다.

광고문안의 기본요소인 Attention, Interest, Desire, Memory, Action에 대입해 보면 외국어 상표명은 발음하기 어려워 Memory, 즉 잘 기억하지 못하게 되고 따라서 광고효과가 줄어든다는 점을 광고주들은 인식해야 할 것이다. 피부연고제 「훌로고시드」나 화장품 「부로아 리바이틀 모이스춰 로션」 같은 것은 고학력자라도 외우기 힘든 이름이라 하겠다. 오늘날의 소비자들은 매우 현명해서 이름짓기 어렵고 발음하기 어렵고 외우기 어려운 외국어 이름으로 상품을 내놓는다고 해서 그것을 외제로 오인한다든가 수출품으로 생각하는 소비자는 많지 않다.

아주 가짜 외제품을 만드는 악덕 기업인이 아닐 바에야 쉽고 간결하고 친밀한 우리말 이름을 사용하는 것이 광고주나 소비자 모두에게 유익할 것이다.

4. 외국어 광고 메시지의 이해도

「광고의 정보전달기능과 광고 메시지 애해도 조사」라는 제목으로 연구한 이화여대 대학원 이혜정의 석사논문 중에서 외국어 메시지에 관한 부분 일부를 간추려 보면 외국어를 사용한 메시지는 시청자에게 별로 이해되지 않는 것으로 나타났다.

〈표 5〉를 보면 외국어 용어에 관한 물음에 정답을 한 사람은 거의가 20% 이하이고 이 정답자의 수는 오답자의 수에 비해 현격한 차이가

〈표 5〉 광고 용어 이해도 조사표

용어	정답		오답		모르겠다		응답자수
	수	%	수	%	수	%	
썬키스트	57	20.2	150	53.2	75	26.6	282
에몰리엔트 효과	12	4.7	240	80.6	37	14.6	253
실리카 연마제	10	3.6	223	79.4	48	17.1	281
후리볼트 회로	50	17.9	157	56.5	71	25.6	278
L-씨스틴	15	5.8	197	76.4	46	19.8	258
콘비프	27	10.8	168	67.5	54	21.7	249
도마도페이스트	20	6.7	207	69.2	72	24.1	299
리보 핵산	42	14.1	224	74.9	33	11.0	299
디오더런트 효과	29	9.7	161	53.9	109	36.5	299
발삼향	9	3.0	226	75.6	64	21.4	299
비피린계	64	21.4	164	54.8	71	23.8	299
클린백	74	24.8	177	59.2	48	16.1	299

있었으며 아예 모르겠다고 대답한 사람 수도 각 용어마다 모두가 정답 수보다 많았다. 오답자와 모른다는 자를 합해 보면 용어의 뜻을 아는 자(정답자)는 5분의 1도 안되었다. 여기에서 주목해야 할 것은 아주 모르는 자보다 잘못 아는 자(오답자)가 압도적이라는 사실이다. 광고 메시지에 어려운 외국어 용어를 사용했을 때 모르는 경우는 예상할 수 있겠으나 잘못 아는 경우가 많은 것은 더 큰 문제가 아닐 수 없으며 광고주의 의도와는 너무 거리가 먼 결과가 나타난 현상이라고 하겠다. 잘 알지 못하는 외국어를 광고 메시지에 사용해서 광고주의 의사 전달이 안되는 것에 그치지 않고 다른 의미로 알게 되는 것은 광고주가 기대하지 않던 역효과 마저 생긴다는 점을 시사하고 있다.

5. 결언

앞에서 살펴본 바와 같이 외국어 광고 메시지는 국민들의 주체의식을 좀먹고 외제선호사상, 나아가서는 사대사상까지 야기시키는 중대한 문제점을 안고 있다. 또한 국민의 언어순화에도 지장이 막심하다. 방송언어가 국민에게 미치는 영향이 지대한 까닭에 각 방송국은 아나운서실을 중심으로 방송용어를 순화하고 쉽고 아름다운 우리말을 쓰도록 줄기찬 노력을 기울이고 있으며 외국어로 된 가수 이름도 우리말로 바꾸고 스포츠 용어도 우리말로 대체하는 노력을 경주하고 있으나 방송광고내용에 관한 한 방송국은 권한도 책임도 없어 외국어 메시지는 고비 풀린 망아지처럼 날뛰고 있는 상황이다.

방송의 중요한 일부분을 차지하는 광고가 외국어로 어지럽혀지면 국민의 언어와 사상도 흔들리기 쉽다. 외국어 메시지 중에는 「산도」, 「갸스비」, 「아도홈」, 「와까모도」 같은 일본어식 발음마저 사용되고 있는 형편이다. 외국어 광고 메시지는 발음과 뜻이 어려워 그 의미가 잘 전달되지 않기 때문에 광고의 효과도 의심스럽다.

이러한 여러 가지 문제점을 가지고 있는 외국어 광고 메시지를 바로잡는 길은 무엇인가?

광고에 있어서의 외국어 정화는 광고주의 양식과 양심에만 호소해 가지고는 실현되지 않으며 항구적이고 제도적인 장치가 필요하다.

먼저 외국어 공해의 주범인 외국어 상표명은 등록하기 전에 상공부의 규제를 받아야 한다. 상공부는 자체 기구 내에 전문가로 구성된 외국어 상표 심의위원회를 설치하여 쓸데없이 외국어 이름을 남용하는지, 포장지에 외국어 활자를 꼭 사용할 필요가 있는지 여부 등을 철저히 감독해야 하며 신청만 한다고 모든 상품명을 그대로 받아주는 일이 있어서는 안되겠다.

경제기획원의 「광고 공정화 방안」은 외국어 광고를 「외국어로만 표시하여 원산지 식별이 어려운」 경우에만 규제하는 조치를 마련하는데 그치고 있다. 한편 상공부는 상표만을 도입하고 수출 약속을 이행하지 않는 기업은 강력한 조치를 취한다고 발표해 앞으로 외국상표와의 제휴는 다소 줄어들 것으로 보이나 외국상표로 인한 외국어 광고의 문제점에 관해서는 아무런 방안도 마련되지 않고 있다.

외국상표는 기술제휴 기간이 끝나면 자연스럽게 우리말 상표를 사용하게 되도록 유도해야 한다.

방송광고물 심의위원회는 언어 순화 차원에서 광고를 심의하고 있으나 외국어 광고 정화를 위해서는 외국어 상표명 자체는 규제할 수 없다 하더라도 그 상표명을 본문에 사용할 때 사용회수를 제한, 심한 반복을 금하도록 하고 본문의 외국어 외래어를 우리말로 바꾸도록 지도하는 등 보다 적극적인 자세가 필요하며 국어학자 등으로 심의위원을 보강, 철저한 외국어 광고 규제를 실천해 나가야 할 것이다.

소비자는 소비자대로, 외국어로 광고하면 외제, 또는 외제 못지 않은 제품인 것처럼 생각하고 구매하는 일이 없어야 하겠다. 광고주가 외국어 광고를 하는 이유 중에는 소비자들이 외국어 이름을 좋아한다고 생각하는 면도 있다. 따라서 국산품을 애용하고 우리말을 사랑하는 마음으로 이러한 제품들을 사절한다면 외국어 광고 메시지는 자취를 감추게 될 것이다. 각 소비자 보호단체와 소비자 운동 모임에서는 외제는 물론 외국어 광고 메시지도 추방하는 운동이 있어야 할 것이며 국민 각자가 「국어 사랑」은 곧 「나라 사랑」이라는 의식을 가져야 하겠다.

_1983년 신문과방송

TV가 어린이에게 미치는 영향

방송의 기능에는 보도기능, 교육기능, 오락기능, 공시기능, 선전기능이 있다. 그중에서도 TV는 어린이들에게 교육기능과 오락기능, 그리고 상품광고를 다루는 선전기능이 많은 영향을 미치고 있다. 서울대 신문연구소가 조사한 것을 보면 10-15세의 어린이들은 평일 1시간 50분 동안 TV를 보며 토요일은 2시간 42분, 일요일은 3시간 50분가량 TV를 보는 것으로 나타났다. 결국 하루 2시간 이상씩 TV를 보는 우리 어린이들은 TV의 해독에 대해 무방비 상태로 노출되어 있다고 해도 과언이 아니라고 하겠다.

TV는 현대 전자문명의 총아이며 정보와 교양·오락의 전달로 현대 생활에 빼놓을 수 없는 문명의 이기가 되었다. 이러한 TV는 좋은 점과 나쁜 점을 다 같이 가지고 있다. TV의 장점으로는 먼저 어휘 증가와 언어 구사력 증가를 들 수 있다. TV시대의 어린이들은 대중 앞에서 조리있게 말하는 능력을 키우고 발표력도 매우 향상되고 있다. 그다음 TV는 색채 감각을 발달시킨다. 칼라 TV의 영향으로 색깔을 고르고 응용하여 생활화하는 능력이 발달하고 세련화되는 것이다. 또한 TV시대의 어린이들은 기성세대들에 비해서 음악에 대한 이해력이 커지게 되었다. 고전음악과 대중음악 등을 폭넓게 수용할 수 있는 오늘날의 어린이 세대는 전반적으로 음악에 대한 이해의 폭이 넓고 깊이가 있다. 그들은 어떤 한 가지 음악에 대해서만 선호 경향을 보이는 것이 아니고 음악의 장르를 골고루 좋아한다. 그래서 요즘 젊은이들은 작곡과 연주까지도 자유자재로 하는 사람이 많은데 이것은 TV를 비롯한 방송매체를 통해 음악과 가까이 지내면서 생겨난 능력이다. 그리고 TV는 시청각 교육을 통해서 강력한 학습효과를 나타낼 수 있다. 즉, 음악, 미술,

국어, 사회, 외국어 과목 등을 가르치는 데 있어서 가장 효과적인 시청각 교육수단으로 평가되고 있다. TV 가정학습 방송 등은 정규 학습의 보조 수단으로도 많은 효과를 얻고 있다. 이외에도 TV는 그 사회의 일원으로 적응시키는 사회화 기능을 가지고 있으며 주위의 정보를 알게 하고 그것을 분석해 내는 능력을 길러 주는 등 많은 장점을 가지고 있는 것이다.

그러나 TV가 이러한 장점만 가지고 있으면 논란의 여지가 없겠으나 TV의 문제점, TV의 나쁜 영향 또한 적지 않다. 특히 자라나는 어린이와 청소년에게 TV는 자칫 잘못하면 해독을 줄 수가 있다.

TV는 생각할 시간을 빼앗고 책을 멀리 하게 만들기 때문에 사고력을 저하시킨다. 단순한 사고방식을 갖게 하는 것이다. 어린이들은 매일 2시간 정도의 TV시청시간 이외에 과외공부와 숙제, 학원수강 등으로 친구들과 같이 놀 시간이 없으며 가족들과의 정다운 대화시간도 갖기 어렵다. TV시대의 어린이는 핵가족시대여서 자녀 수가 적은데다가 친구와 어울릴 시간이 없어서 대부분 소외감을 느끼게 된다. 예를 들면 어린이들은 '소공녀' 책을 읽기보다는 TV만화로 된 '소공녀' 보기를 더 좋아하고 이렇게 만화를 본 다음에는 '소공녀'를 다 아는 것으로 생각하게 된다. 이처럼 TV로 쉽고 빠르게 결과를 얻게 됨에 따라 지구력이 약하게 되고 생각하기를 싫어하고 무엇이든 어렵고 힘든 일을 회피하고 쉽게 결과를 얻으려 하는 경향이 생긴다. 그들은 따라서 열심히 공부해서 훌륭한 사람이 되겠다기보다는 TV에 나오는 인기인이나 스포츠맨들을 우상으로 삼고 장래 희망으로 그리고 있으며 화려하고 형식적인 것에 치우치는 경향을 보이게 된다.

TV시청시간이 많아짐에 따라 전반적으로 시력저하 현상을 보이고 있는 것도 문제이다. 중고생의 52%, 대학생의 63%, 여대생의 75%가 안경을 착용하고 있으며 이 비율은 해마다 증가하고 있다고 한다. 그리고 TV광고의 영향으로 소비성향이 높아지고 남들이 광고에 나오.는 물건을 가졌는데 내가 못가졌을 때 열등감과 상대적 박탈감을 갖게 되기도 한다. 이밖에도 어린이들에게는 TV의 폭력물과 섹스물, 코메디와 쑈 등이 나쁜 영향을 미치고 있다.

TV프로그램 중에서 폭력 프로그램은 어린이들에게 폭력 성향을 유발할 수 있다는 학자들의 연구 결과가 밝혀졌다. Schramm은 TV프로그램에 매 16분당 폭력 장면이 있고 매 30분당 살인 장면이 있다고 했고 Gerbner & Gross는 악한은 현실적으로 1% 미만일 뿐이나 TV에서는 17%나 되며 그중 65%가 폭력을 사용한다고 하였다. Randura는 장난감 인형에 대한 공격을 어린이들에게 보여주고 실험을 했고 Feshbach & Singer는 공격 노출 집단과 비노출 집단으로 어린이들을 나누어 6주간 6시간씩 실험을 했는데 이 두 실험에서 공격적인 장면을본 어린이들은 다같이 폭력성향을 드러냈다. 따라서 TV의 폭력 프로그램은 어린이들의 폭력성향을 부추길 가능성이 매우 큰 것으로 나타났다.

TV광고도 어린이에게 소비성향을 자극하거나 어린이 건강에 좋지 않은 영향을 나타내는 것으로 나타났다. 미국에서 20년 동안 어린들이 좋아하는 상품의 판매율을 조사한 결과 우유는 20%가 증가했으나 청량음료는 80%, 과자 70%, 스낵 80%의 증가율을 보여 어린이 기호식품의 판매 신장율이 매우 높은 것으로 밝혀졌다. 그런데 어린이 치아에 좋지 않은 설탕의 함유량은 도마도 케찹에 29%, 아이스크림에 21%, 프리마에는 65%, 콜라는 10%로 나타났고 93%의 어린이가 충치를 갖고 있어 TV 광고로 인한 어린이들의 기호식품 구매가 어린이 치아 건강에 나쁜 영향을 미치는 것으로 추정되고 있다.

TV 코미디는 어린이들이 가장 좋아하는 프로그램 종류이며 코메디가 시청자의 긴장해소기능이 있고 유희본능을 만족시키며 심리적 우월감을 주는 등의 긍정적인 면도 있으나 저속한 내용과 유치한 연기, 불건전한 언어를 어린이들이 모방하기 쉬워 문제가 되고 있다. 특히 유행어를 분별없이 따라 하는 것은 어린이들의 언어 발달에 좋지 않은 영향을 끼칠 우려가 있다.

이러한 TV의 해독으로부터 어린이들을 보호하려면 어떻게 해야 할까? 학교와 사회와 가정이 모두 해로운 프로그램을 만들지 말고 보지 말도록 경계해야 하겠지만 가장 중요한 것은 가정에서의 TV시청 지도이다. 우선 어린이 프로그램들이 무엇이 있는가를 살펴보고 자녀들과 같이 프로그램을 보고 토론하는 시간을 갖도록 한다. 그리고 어느 프로그램의 어디가 좋지 않은 것인가를 어린이가 자연스럽게 이해하도록 설명하고 이러한 프로그램은 스스로 보지 않도록 유도하는 것이다. 예를 들면 요즈음 가장 큰 문제가 되고 있는 공상과학만화라는 이름의 만화영화는 권선징악이라는 미명하에 프로그램마다 수많은 공격과 폭력과 살상이 자행되고 있는데 이러한 프로를 보면 공격성향이 높아진다는 사실을 주지시켜야 한다. 또한 어른들이 보는 프로를 무심코 같이 보는 일도 생기는데 이럴 때는 이 프로가 어린이 시청자를 위한 것이냐고 물어서 그렇지 않다는 대답을 얻은 뒤 보지 말도록 조치하는 것이 자연스러울 것이다.

여기서 TV의 나쁜 영향은 덜 받으면서 좋은 점은 더 많이 취할 수 있는 방법을 권하고자 한다. 그것은 이야기 책과 동요를 수록한 오디오를 들려주는 것이다. 이 방법은 소리를 통한 상상력의 세계를 확대시킬 수 있으며 쉽게 반복 청취를 할 수 있다. 눈이 나빠지지 않고 책을 멀리 하지도 않게 된다. 소리로 들은 동화는 책을 통해 다시 읽고 싶어지게 된다. 특히 TV의 폭력과 섹스, 광고, 코메디의 해독에서 벗어나 고운 정서를 길러 줄 수 있다는 데에 큰 장점이 있다.

TV 프로그램은 무비판적으로 시청하면 해로운 기구가 될 수 있지만 분별 있게 수용하고 선택적으로 시청하면 대단히 유익한 매체가 될 수 있는 것이다.

_1991년 전대신문

한국과 영미속담 비교 연구

시작하는 말

속담은 우리의 생활에서 그 어디서도 그 누구에 의해서도 아주 효과적으로 사용되어 메마른 생활을 다채롭게 꾸미고 생동케 하는 활력소이다. 속담은 기본적으로 말로 된 짧은 말이라는 점에서 커뮤니케이션적 역할을 하며 속담이라는 표현양식을 통해 민족의 사상 및 감정을 담아 전달하고 공유한다는 점에서 서민문화의 일면을 반영한다고 볼 수 있다.[1]

서민들은 세태에 대한 풍자나 인심, 또는 생활상을 반영했으며 속담을 통해 어떤 진리나 교훈까지도 전달하려 했다. 따라서 속담은 전통적으로 진리로서의 권위를 가지고 있으며 서민 생활 자체에서 발생된 것이기에 천마디 설명보다 훨씬 효과적이어서 일상 생활의 순간순간에 활용된다. 또한 짧은 말로 되어 있기 때문에 문자로 기록된 책을 통해 교육할 수 없었던 서민들에게는 젊은이들에게 주는 중요한 교훈이 되며 수양과 처세의 격언이 되었던 것이다. 이러한 특성 때문에 전통사회에서 대부분이 문맹자였던 서민들은 쉽사리 속담을 통해 그들이 전하고자 하는 생각이나 교훈, 공감하는 사실들을 전달 표현할 수 있었다고 하겠다.[2]

이 논문은 1998년도 전남대학교 연구년 교수연구비 지원에 의하여 연구되었음.

1 서석연, 『속담학 연구』, 1974, p.311.

2 김원태, “속담의 커뮤니케이션 역할과 사회적 기능”, 『한국커뮤니케이션학 제5집』, pp.229-230.

속담이 전통사회에서 일반 서민들에 의해 창작되고 또 그들의 공감을 바탕으로 서민에 의해 수용, 발전되어 온 것이기에 향유자인 다수 서민의 사상과 가치관을 반영하리라는 것은 자명한 사실이다. 때문에 서민문화로서의 속담, 일종의 구두 커뮤니케이션으로서의 속담은 동서양에서 모두 중요한 존재 의의가 있다고 하겠다.

속담은 오랜 세월을 흘러 내려오는 동안 성립된 것으로 그 민족의 독특한 정서와 심리, 사상을 포함하는 사회적 소산의 하나이다.[3] 속담은 구비 전승되는 형태의 한 종류로 민속학과 문화인류학, 그리고 문학의 연구대상이 되어 왔다. 속담의 연구 가치는 전통사회의 생활상, 가치관, 사상, 더 나아가서는 민족문화를 탐구하는데 있다고 하겠다. 오늘날처럼 커뮤니케이션이 발달되지 않았던 시대에 있어서도 다수 서민들의 사고와 생활상을 반영하는 커뮤니케이션 수단으로 동양과 서양에 다 같이 속담이 존재해 왔다.

한국속담에 "쥐구멍에도 볕들 날 있다"라는 속담이 있다. 그런데 이 속담은 우리와 생활환경과 역사와 관념이 전혀 다른 영어속담 "Every dog has his day"와 그 뜻이 매우 비슷하다. 다만 쥐를 개로 표시한 것이 다를 뿐이다. "빈 수레가 요란하다"는 "Empty vessels make the greatest noise"와 그 뜻하는 바가 같다. 이와는 대조적인 표현인 "벼는 익으면 고개를 숙인다"는 "Still waters run deep"과 비슷하다. 그러나 한국은 농경사회였기 때문에 논에 흔한 벼가 물대신 쓰인 것이라고 하겠다. "짖는 개는 물지 않는다"는 "Barking dogs seldom bite"와 씌어진 용어까지도 똑 같다.

그러나 양 언어에서 다 같은 뜻으로 쓰여지는 속담이라 할지라도 언제나 진리를 담고 있다고는 할 수 없다. 예를 들면, "Too many cooks spoil the broth."(사공이 많으면 배가 산으로 올라간다)는 속담과,

---

[3] 김동규, "속담에 나타난 자연관", 경희대 석사논문, 1987, p.2.

"Many hands make light work."(백짓장도 맞들면 낫다)는 속담은 서로 모순되고 상반되는 말이 되기 때문이다.[4]

동서양의 차이, 유교와 기독교와의 차이, 언어와 습관, 역사와 문화의 현격한 차이에도 불구하고 이러한 비슷한 의미의 속담이 다 같이 존재하는 이유는 무엇인가? 본 연구자는 이러한 동서양의 유사한 속담들을 보면서 근본적인 인간생활의 철학은 매우 비슷할 것이라고 추론을 하기에 이르렀다.

속담의 정의

언어는 인간 상호간의 사상과 감정의 커뮤니케이션 수단으로 인체에 비하면 그 혈관이며 속담은 그 혈액이라 할 수 있다. 속담은 오랜 생활 속에서 면면히 유지되어 왔으며 뭇사람들에 의해 갈고 닦인 중지의 총화로서 나타난 것이다. 그래서 그 민족성까지도 잘 반영하고 있는 것이다.[5]

속담에 관한 정의는 한국과 영어에 여러 가지가 나와 있으나 그중 대표적인 것을 살펴보면 다음과 같다. 한국민족문화 대백과사전(1993)을 보면 "대체로 교훈이나 풍자를 하기 위하여 어떤 사실을 비유의 방법으로 서술하는 비교적 간결한 관용어구"라고 나와 있고 한국도서출판 중앙회 새국어사전(1999)에는 "1.옛부터 내려오는 민간의 격언, 속된 이야기. 2.속설. 속어."라고 풀이하고 있다. 천시권·김종택은 국어의 미론(1994)에서는 속담의 정의와 성격을 다음과 같이 쓰고 있다. "속담이란 언중이 낳은 생활의 시라는 정의 속에 속담이 갖추어야 할 모든 조건이 다 제시되어 있다고 볼 수 있다. 쾌미감이라든지 긴밀한 구조,

---

4 Dennis Dunham, To teach a fish how to swim, 시사영어사, 1994, p.3.

5 강재철, 『한국속담의 근원 설화』, 백록출판사, 1980, p.10.

기능적인 의미전달이 대중사이에서 행해지는데 속담의 구속적인 성격이 집약되어 있는 것이다.[6]

영어로 된 정의를 보면 다음과 같다.

Webster's New International Dictionary(1930, G. & C. Merriam Co. U. S. A.) : 1. An old and common saying; a phrase or expression often repeated:, esp., a sentence briefly expressing some practical wisdom; a maxim; a saw; an adage. Chaucer. 2. A striking or paradoxical assertion; an obscure saying; an enigma; a parable, used of such in the scriptures. Now speakest thou plainly, and speakest the proverb. John. xii, 29. 3. A familiar illustration, as by way of warning; a subject of contemptuous reference, reproach, of derision.

The American College Dictionary(A Random House Book, New York Harper & Brothers Publishers) : Proverb n. 1. Short popular saying, long current, embodying some familiar truth or useful thought in expressive language. 2. A wise saying of precept; a didactic sentence. 3. A person or thing that has become proverbial. 4. Bible. a profound saying or oracular unutterance requiring interpretation. 5. Proverbs, one of the books of the Old Testament, made up of sayings of wise men of Israel, including Solomon.

Cambridge International Dictionary of English(1995, Cambridge University Press) : A short sentence, etc., usually known by many people, stating something commonly experienced or giving advice.라고 되어 있다. 이러한 양 언어의 정의를 비교해 보면 한·영 속담은 일반적으로 전해지는(common saying), 간결한(short), 교훈적인(advice), 이야기를 구전(state)한다는 공통점이 있다. 즉 한·영 속담은 다같이 사람들에게 짧

6 이동락, "한국어와 영어의 관용어와 속담의 비교", 경북대 교육대학원 석사논문, 1996, p.31.

고 간결한 문구를 통해 사람들의 경험과 교훈을 전달하는 구어 커뮤니케이션이라고 할 수 있다.

속담은 어느 나라 것이든 간에 민족사회의 오랜 경험과 지혜를 솔직하게 반영한 속된 말로서 본질적으로 민중의 것이다.[7] 이렇듯 민중의 것이기 때문에 그 용어가 비속, 소박, 솔직하며 그렇기 때문에 비언(鄙言), 야언(野諺), 상말, 속담, 속언(俗諺) 등으로 부르며 천시한 적도 있었다. 특히 한국에서는 이조시대에 그러했었고 영국에서는 17세기 후반-18세기 전반에 그러했었다. 그러나 세밀히 관찰해 보면 지식층이 숭앙하는 성현의 교훈 속에서도 당시의 속담이 성현의 입을 빌려 재현, 재록된 것이 적지 않다.

- 까마귀가 죽으려 할 때는 그 울음소리는 슬프고, 사람이 장차 죽으려 할 때는 그 말이 착하다.(논어)
- 비록 지혜가 있을지나 때를 탐만 같지 못하고 자기가 있다해도 때를 기다림만 같지 못한다.(맹자)
- 사람은 그 자식의 잘못을 모르는 법이고 또 제 논의 모가 큼을 깨닫지 못한다.(증자)

위의 금언에 대하여 김사엽은 "이러한 금언은 그 사기로 미루어 보아 당시 유행되던 속담을 성현이 교묘히 운용하여 교훈의 재료로 삼은 것에 지나지 않는다"[8]고 추정하고 있다.

우리나라에서 속담을 인용한 문학작품이 매우 많다. 우리나라의 저명한 소설과 수필 중에서 그 인용한 예를 들어보면 다음과 같다.

1. 가난 구제는 나라도 못한다 : 여보 마누라 슬허마오. 가난 구제는 나

---

7 김도환, 『한국 속담의 심리적 분석』, 해양출판, 1975, p.5.

8 김사엽, 『속담론』, 대건출판, 1953, p.3.

라에서도 못한다 하니 형님인들 어찌 하시나. 우리 양주 품이나 팔아 살아가세.(흥부전)

2. 개 꼬리 삼년 묻어도 황모 되지 않는다 : "난 몰라요, 그래도 조금은 자기 잘못을 회개하고 본정신이 든줄 알았더니……개 꼬리 삼년 묻어야 황모 못된다더니……." 마지막 한마디를 내던지고 경애는 획 나가 버렸다. (염상섭, 삼대)

   "여섯-일곱-여덟-아홉-열-다섯째-개 꼬리 삼년만 묻어 두면 황모가 된다든가 안된다든가 원 수신시간에는 학감선생님 할팽시간에는 올드미스 선생님 국문시간에는 곰보딱지 선생님-(이상, 실화)

3. 고삐 놓은 말 : 변변치 못하다, 초라하다 잔단 보수를 바라 이 굴욕을 받는 것보다는 차라리 좁고 거북한 굴레를 벗어나 아무데로나 넓은 세상으로 뛰고 싶다. 을손의 생각은 고삐를 놓은 말같이 그칠 바를 몰랐다 (이효석, 수탉)

4. 과부 설움은 동무 과부가 안다 : 나중에 들어온 장녹수는 숙원이면서도 전향과 수근비는 의견히 한 개 나인인 상궁이다. 과부 설움은 동무 과부가 안다는 격으로 전향과 수근비는 단둘이 모이면 입술을 삐죽거린다 (박종화, 금삼의 피)

5. 귀신도 모른다 : "……그르느라믄 말이야요. 나두 지금은 지주의 아들이지만 공과를 하는 학생이라고 해서 크게 봐주는 것 같지만 언제 어뜨케 귀신도 모르게 어디루 끌레 가서 까마귀 밥이 될는디 몰라요…." (황순원, 카인의 후예)

6. 깜깜 밤중이다 : "아아니, 안박사가 석순옥이허구 그렇고 그런 줄은 세상이 다 아는 거 아냐?" "석순옥이허구 그렇구 그런게 다 무에야?" "아니 이건 아주 밤중일세, 신문두 못보나? 아주 세상에 짜아한데" (이광수, 사랑)

7. 날 잡아 잡수 한다 : "할 수 있나, 라께? 그래 날 잡아 잡수우 하구 그냥 앉아서 일을 당할 테란 말인가? 그 일을? 그 그 흉한…" "당하긴 왜 당해? 괜찮어, 일없어" "일없다? 안 당한다?" (채만식, 탁류)

8. 물에 빠지면 짚이라도 잡는다 : 흥선의 무력을 그들도 모름은 아니었다. 그러나 짚이라도 붙들려는 물에 빠진 사람의 심정으로 흥선에게

라도 한번 매달려 보려 함이었다. (김동인, 운현궁의 봄)

9. 소 닭보듯 닭 소보듯: "서로 말도 아니 하여 표면상 소 닭보듯 하는 생활을 계속하였다. 안해는 말은 못하나마 꿈 속에서라도 원하고 바라는 서울에는 왔지마는 지금 생각하여 보면 남의 집 식모나 다름 없는 생활을 하고 있었다. (이희승 수필)

10. 옥에도 티가 있다 : 옥에도 티가 있다는데 가을 하늘에는 얼 하나 없구나. 뉘 솜씨로 물들인 깁일러냐. 남이랄까 코발트랄까 푸른 물이 뚝뚝 듣는 듯하다. (이희승, 수필)[9]

한편 Tilley가 조사한 Shakespeare의 작품별 속담 인용수[10]는 다음과 같다.

(1) Comedies

- All's Well That Ends Well……Blood is inherited but virtue is achieved. 외 64
- As You Like it……Beauty and chastity seldom meet. 외 99
- The Comedy of Errors……The revealing of griefs is a renewing of sorrows. 외 52
- Cymberline……Beauty and folly are often matched together. 외 45
- Love's Labour's Lost……Time devours all things. 외 136
- Measure for Measure……A candle lights others and consumes itself. 외 67
- The Merchant of Venice……To pluck the grass to know where the wind sits. 외 84
- The Merry Wives of Windsor……A louse is a man's companion. 외 101

9 서석연, 앞의 책, pp.398-400.

10 Tilley, M. P., *A Dictionary of the proverbs in England in the Sixteenth and Seventeenth Centuries,* Ann Arbor : University of Michigan Press, 1950, pp.803-808(Shakespeare Index).

- A Midsummer Night's Dream……Soft wax will take any impression.외 52
- Much Ado About Nothing……It is a great victory that comes without blood.외 95
- Pericles……Custom makes no sin.외 25
- The Taming of Shrew……He came in with the conqueror.외 74
- The Tempest……He that is born to be drowned shall never be drowned.외 59
- Twelfth Night……Little folks are fond of talking about what great folks do.외 106
- The Two Gentlemen of Verona……He who still keeps home knows nothing.외 74
- The Winter's Tale……As like as one egg is to another.외 48

(2) Histories

- Henry IV……Nothing is well said or done in a passion.외 110
- Henry IV……A multitude of people is a beast of many heads.외 85
- Henry V……As many heads as hydra.외 79
- Henry VI……He would fain fly but he wants feathers.외 34
- Henry VI……Beauty is blessing.외 73
- Henry VI……Despair makes cowards courageous.외 67
- Henry VIII……He wears a whole lordship on his back.외 28
- King John……Bloods will have blood.외 54
- Richard II……Forgive and forget.외 71
- Richard III……I will not go before my mare to market.외 76

(3) Tragedies

- Antony and Cleopatra……Take counsel of your pillow.외 51
- Coriolanus……To leave the meal and take the barn.외 59

- Hamlet……He is a mote in their eyes.외 139
- Julius Caesar……The eye sees not itself but by reflection.외 46
- King Lear……Last but not least.외 81
- Macbeth……Fair without but foul within.외 70
- Othello……Who has a fair wife needs more than two eyes.외 89
- Romeo and Juliet……A nurse's tongue is privileged to talk.외 119
- Timon of Athens……In the coldest flint there is a hot fire.외 42
- Titus andronicus……It is in their mercy that kings come closest to gods.외 62
- Troilus and Cressida……The chance of war is uncertain.외 77

속담의 특성

단축(Shortness)

일반적으로 한국속담이나 영어속담은 매우 짧다. 촌철살인이라는 말이 있지만 음절수나 단어수가 일반 문장에 비해서 매우 짧다. 짧으면 말하기도 쉽지만 외우기도 쉽고 전달하기도 쉽다. 속담은 빨리 이해되고 재빨리 상대방에게 전달되어 설득 커뮤니케이션으로서의 기능을 발휘하기 위해서 대체로 10음절 내외의 짧은 형태를 갖추고 있다. 속담은 또한 과감한 생략법을 씀으로 해서 단축성과 간결성을 유지하며 그러기 위해서는 문법도 초월하고 주어나 동사가 생략되기도 하며 도치형태로 표현하기도 한다. 아주 짧은 속담으로는 두 단어로 된 것도 있다.

한)눈에 가시

한)그림의 떡

영)Thick-skinned(철면피)

영)Sour grapes(신포도)

그리고 특히 한국속담은 중국문화의 영향으로 한자로된 4자 성어를 많이 쓰는 경향이 있다. 부전자전(父傳子傳), 거두절미(去頭截尾), 천생연분(天生緣分) 등이 그러한 예이다.

구상(Concreteness)

속담은 추상적인 설명은 피하고 구체성을 띄기를 좋아한다. 듣는 사람으로 하여금 쉽게 내용을 파악할 수 있도록 하기 위해서 경중, 다소 같은 표현을 구체적인 숫자나 분량으로 표현하여 상대방을 쉽게 설득하려고 하는 것이다.

한)일석이조

한)닭이 천이면 봉이 있다

영)When angry, count a hundred.

영)One bird in the hand is worth in the bush.

과장(Hyperbole)

속담은 내용을 강조하기 위해서 과장법을 쓰기를 좋아한다. 말하는 측이나 듣는 측에서는 과장인 줄 알면서도 그 속에 포함된 뜻을 음미하기 때문에 과장된 사실에 구애받지 않는 경향이 있다.

한)업은 아기 삼년 찾는다

한)티끌 모아 태산

영)All roads lead to Rome.

영)He who keeps company with the wolf will learn to howl.

대조(Antithesis)

속담은 시각적으로, 그리고 의미적으로 대조를 시키면 서로의 뜻이 비교되어 더욱 잘 나타난다. 그래서 동서양을 막론하고 속담은 대조를 통해 의미를 전달하는 형식이 발달되어 있다.

한)가는 말이 고와야 오는 말이 곱다

한)귀에 걸면 귀걸이, 코에 걸면 코걸이

영)Art is long, life si short.

영)Penny-wise, pound foolish.

음률(Rhythm)

속담은 음률을 갖추고 있다.

한영속담은 공통적으로 음률을 갖고 있는데 이것은 입에서 발음하기 쉽고 기억하기 쉽게 하기 위한 것으로 생각된다. 일반적으로 가사보다는 노래가 외우기도 쉽고 반복하기도 전달하기도 쉽다. 즉 속담은 커뮤니케이션을 잘 하기 위해서 짧고, 구체적이고, 때로는 과장표현이나 대조적이고 음률적인 구성을 갖춰온 것이다.

그러나 한국속담의 음률은 영국속담의 음률과는 다르다. 한국속담은 음률상 특징이 4·4조 5·5조 또는 3·5조가 대단히 많다. 영국속담은 단어수와 단어의 발음수가 다르지만 한국속담은 글자수와 발음수가 같다. 즉 영어는 'apple'이라는 여섯 글자가 '애플'이라는 두 개의 발음으로 끝나지만 한국어는 '사과'는 어디까지나 글자 그대로 두 개의 발음으로 표현되는 것이다. 따라서 한국속담의 음률은 이러한 글자수, 즉 발음수대로 살펴 보면 시적 음률인 4·4조, 5·5조 3·5조가 많이 나타나고 있다.[11]

한)쇠뿔은 단김에 빼라(3·5조)

한)빈 수레가 요란하다(4·4조)

한)발없는 말이 천리 간다(5·4조)

한)믿는 도끼에 발등 찍힌다(5·5조)

11 김민수, "국어와 민족문화", 『국어학 입문』, 집문당, 1984, p.200-203.

한편 영어는 이러한 글자수, 발음수로 인한 음률상 특징은 나타나지 않으나 영시에서 많이 쓰는 압운이 나타나고 있어 양 속담이 모두 시적 음률의 아름다움을 갖춘 것이 많음을 알 수 있다.

영)He who laughs last, laughs best

영)Haste makes waste

영)Might makes right

영)Health is better than wealth

해학과 풍자(Humor & Satire)

한영속담에는 모두 해학과 풍자가 많이 들어 있다. 이것은 웃음으로 공감을 얻고 그 속에 진리를 전달하고자 하는 의도에서 이러한 형식을 많이 쓴 것으로 생각된다.

한)아내가 귀여우면 처가집 말뚝보고 절한다.

한)호떡집에 불났다.

영)Don't count your chickens before they're hatched.

영)Bad news travels fast.

연구방법

한영속담을 비교 연구하기 위해서 연구자는 국내외에 출간된 한영속담관계 서적과 발표된 논문들을 조사하였다. 그런데 한영속담관계 서적들에 나와 있는 속담들은 책마다 그 분량과 내용이 제각기 달라 공통되는 연구대상을 발견하기 어려웠다. 특히 속담의 숫자가 분석하기에는 너무 많은 편이어서 그중 체계적으로 잘 정리되어 있으면서도 가장 보편적인 우리말과 영어속담이 적게 소개되어 있는 책을 선택하였다. 한국속담으로는 한국에서 가장 많이 쓰이는 속담을 학생들과 함께 골라 영역을 시도한 Dennis Dunham의 To teach a fish how to swim,

(Dennis Dunham, YBM 시사영어사, 1994)를 채택하였는데 이 책은 한국에 오래 거주하며 한국속담을 연구했던 저자가 외국인의 입장에서 객관적으로 본 한국에서 가장 많이 쓰이는 속담들을 영어로 정리한 것이다. 이 책에는 모두 125개의 한국속담이 저자에 의해 영어로 번역되어 있다. 『공자 앞에서 문자 쓴다』는 우리말로도 책제목을 삼은 이 책은 먼저 한국인들이 대화중에 인용하고 싶어 하면서도 마땅한 영어표현을 찾지못해 애쓰는 속담을 찾았고 또한 1,500개가 넘는 한국속담 중에서 가장 자주 쓰이고 유익한 속담들을 한국인들과 함께 골랐다. 그리고 한국속담과 같은 뜻을 가진 영어속담 또는 표현을 찾아내는 작업을 하였다. 그러나 저자가 가장 좋아한다는 한국 속담의 하나인 "핑계없는 무덤 없다."(There is no tomb without an excuse.)나 "딸 셋 가진 사람은 문 열어 놓고 잘 수 있다."(A man with three daughters can sleep with his doors open.) 같은 것은 같은 뜻을 지닌 영어 속담이나 관용표현을 찾지 못했다고 밝히고 있다.

To teach a fish how to swim., 『공자 앞에서 문자 쓴다.』에 수록된 125개의 속담은 다음과 같다.

가재는 게편이라.
갈수록 태산.
감언이설.
개도 나갈 구멍을 보고 쫓아라.
개천에서 용났다.
거두절미.
걱정도 팔자.
곧은 나무먼저 찍힌다.
공수래 공수거.
공자 앞에서 문자 쓴다.
공중누각.

구관이 명관.

구르는 돌에는 이끼가 끼지 않는다.

군계일학.

궁하면 통한다.

그림의 떡.

긁어 부스럼.

금강산도 식후경.

금상첨화.

김칫국부터 마신다.

깨가 쏟아진다.

꼬리가 길다.

남의 떡이 커보인다.

낮말은 새가 듣고 밤말은 쥐가 듣는다.

내손톱에 장을 지지겠다.

놓친 고기가 더 크다.

누워 떡먹기.

누워서 침뱉기.

눈 감고 아웅한다.

눈에 가시.

대장간에 식칼이 없다.

독안에 든 쥐.

돈에 침 뱉는 놈 없다.

돌다리도 두드려 보고 건너라.

돼지에 진주.

될성 부른 나무는 떡잎부터 알아본다.

두 손뼉이 맞아야 소리가 난다.

똥묻은 개가 겨묻은 개 나무란다.

뜻이 있는 곳에 길이 있다.

말 타면 견마 잡히고 싶다.

매끝에 정든다.

모로 가도 서울만 가면 된다.
모르는 게 약이다.
못먹는 감 찔러나 본다.
무소식이 희소식.
미꾸라지 한 마리가 온 웅덩이를 흐린다.
믿는 도끼에 발등 찍힌다.
바늘 도둑이 소도둑 된다.
배부른 흥정.
백문이 불여 일견.
백짓장도 맞들면 낫다.
범 없는 골에는 토끼가 스승이라.
벼룩의 간을 빼먹는다.
부전자전.
비온 뒤에 땅이 굳어진다.
빈 수레가 요란하다.
사공이 많으면 배가 산으로 올라간다.
사촌이 땅을 사면 배가 아프다.
서당개 삼년에 풍월한다.
선 무당이 사람 잡는다.
세 살 버릇이 여든까지 간다.
세월이 약이라.
소 잃고 외양간 고친다.
소귀에 경읽기.
송충이는 솔잎을 먹어야 한다.
쇠뿔은 단김에 빼라.
시작이 반이다.
시장이 반찬.
십인십색.
아내가 귀여우면 처가집 말뚝보고 절한다.
아니 땐 굴뚝에 연기 날까.

양지가 음지되고 음지가 양지된다.
업은 아기 삼년 찾는다.
엎디면 코 닿을 데.
엎질러진 물이다.
엎친데 덮친다.
온고이지신.
옷이 날개라.
용두사미.
우는 아이 젖준다.
울며 겨자먹기.
웃는 낯에 침 뱉으랴.
원숭이도 나무에서 떨어진다.
이심전심.
이열치열.
이웃 사촌.
일각이 여삼추.
일석이조.
입에 쓴 약이 병에는 좋다.
자라 보고 놀란 가슴 솥뚜껑 보고 놀란다.
자업자득.
잔디밭에서 바늘 찾기.
재주는 곰이 넘고 돈은 되놈이 번다.
전화위복.
제눈에 안경이다.
종로에서 뺨 맞고 한강 가서 눈 흘긴다.
죽마고우.
줍는 사람이 임자다.
쥐구멍에도 볕들 날 있다.
지렁이도 밟으면 꿈틀한다.
진퇴양난.

찢어지게 가난하다.

천릿길도 한 걸음부터.

천생연분.

철면피.

첫술에 배부르랴.

칠전팔기.

침소봉대.

코끼리 비스켙.

콩 심은데 콩 나고 팥 심은데 팥난다.

콩으로 메주를 쑨다 해도 믿지 않는다.

털어서 먼지 안나는 사람 없다.

티끌 모아 태산.

팔방미인.

팔이 안으로 굽는다.

팥으로 메주를 쑨다 해도 믿는다.

피는 물보다 진하다.

하룻강아지 범 무서운 줄 모른다.

한 귀로 듣고 한 귀로 흘린다.

헌 신짝 버리듯.

헌 짚신도 짝이 있다.

호떡집에 불났다.

호랑이 굴에 들어가야 호랑이를 잡는다.

호랑이도 제말하면 온다.

호미로 막을 데 가래로 막는다.

영어속담으로는 101 American English Proverbs(Harry Collins, Passport Books, 1997)를 분석 텍스트로 사용하였다. 이 책은 주제를 1. All Together Now(화합과 협력) 2. Try This(경험과 실천) 3. Watch Out!(부주의와 경솔) 4. Getting Ahead(도전과 모험) 5. It Never Woks(부조

화와 부적응) 6. It's Human Nature(인간의 본성) 7. Friend or Foe?(친구와 적) 8. Words to Live By(삶의 언어) 9. Some Things Never Change(영원의 진리) 등 아홉 개로 나누어 모두 101개의 속담을 소개하였다.

이 책은 영어를 쓰는 일반인들에게 가장 친밀하고(most familiar to) 가장 많이 쓰이는 (most frequently used by native speakers of English) 101개를 저자가 고른 것이다. 그리고 저자는 영어를 배우는 사람들이 일상생활에서 쓰이는 영어 속담을 이해하고 또한 사용하는데 도움을 주기 위해 만든 것이라고 하였다.

101 American English Proverbs에 나와 있는 속담을 abc순으로 정리하면 다음과 같다.

A bird in the hand is worth two in the bush.
A fool and his money are soon parted.
A friend in need is a friend indeed.
A friend who shares is a friend who cares.
A leopard cannot change his spots.
A man is known by the company he keeps.
A miss is as good as a mile.
Absence makes the heart grow fonder.
Actions speak louder than words.
After the feast comes the reckoning.
All that glitters is not gold.
An apple a day keeps the doctor away.
Bad news travels fast.
Barking dogs seldom bite.
Beauty is in the eye of the beholder.
Beggars can't be choosers.

Better a live coward than a dead hero.

Better late than never.

Better safe than sorry.

Birds of a feather flock together.

Blood is thicker than water.

Charity begins at home.

Clothes do not make the man.

Curiosity killed the cat.

Do as I say, not as I do.

Don't bite off more than you can chew.

Don't bite the hand that feeds you.

Don't count your chickens before they're hatched.

Don't cry over spilt milk.

Don't judge a book by its cover.

Don't judge a man until you've walked in his boots.

Don't look a gift horse in the mouth.

Don't put all your eggs in one basket.

Don't put off for tomorrow what you can do today.

Don't put the cart before the horse.

Familiarity breeds contempt.

Forewarned is forearmed.

Good things come in small packages.

Haste makes waste.

He who hesitates is lost.

He who laughs last, laughs best.

Hindsight is better than foresight.

If at first you don't succeed, try, try again.

If you can't beat them, join them.

If you can't stand the heat, get out of the kitchen.

Imitation is the sincerest form of flattery.

In unity there is strength.

It never rains but it pours.

It takes two to tango.

Leave well enough alone.

Lightning never strikes twice in the same place.

Look before you leap.

Love is blind.

Love makes the world go round.

Make hay while the sun shines.

Man does not live by bread alone.

Might makes right.

Misery loves company.

Money does not grow on trees.

Necessity is the mother of invention.

No news is good news.

No pain, no gain.

Nothing hurts like the truth.

Nothing ventured, nothing gained.

Old habits die hard.

One good turn deserves another.

One man's gravy is another man's poison.

One swallow does not a summer make.

Possession is nine-tenths of the law.

Practice makes perfect.

Rome wasn't built in a day.

Strike while the iron is hot.

The apple doesn't fall far from the tree.

The best things in life are free.

The bigger they are, the harder they fall.

The first step is always the hardest.

The grass is always greener on the other side of the fence.
The pen is mightier than the sword.
The proof of the pudding is in the eating.
The road to hell is paved with good intentions.
The spirit is willing, but the flesh is weak.
The squeaking wheel gets the oil.
The way to a man's heart is through his stomach.
There is no honor among thieves.
There's more than one way to skin a cat.
There's no fool like an old fool.
There's no place like home.
Too many chiefs, not enough Indians.
Too many cooks spoil the broth.
Two heads are better than one.
Two's company, but three's a crowd.
Variety is the spice of life.
When in Rome do as the Romans do.
When the cat's away the mice will play.
Where there's smoke, there's fire.
You can lead a horse to water, but you can't make him drink.
You can't have your cake and eat it too.
You can't teach an old dog new tricks.
You have to take the good with the bad.
You reap what you sow.
You're never too old to learn.

Dennis Dunham이 한국속담을 영어로 표현한 것 125개와 과 Harry Collins의 영어속담 101개 중에서 영어표현이 똑같은 것은 모두 17개가 확인되었다.(괄호 속은 한국속담 원문)

1. Beauty is in the eye of the beholder. (제눈에 안경이다.)
2. Birds of a feather flock together.(가재는 게편이라.)
3. Blood is thicker than water.(피는 물보다 진하다.)
4. Charity begins at home.(팔이 안으로 굽는다.)
5. Clothes do not make the man.[12](옷이 날개라.)
6. Don’t count your chickens before they're hatched.[13](김칫국부터 마신다.)
7. If at first you don't succeed, try, try, again.(칠전팔기.)
8. It takes two to tango.(두 손뼉이 맞아야 소리가 난다.)
9. Look before you leap.(돌다리도 두드려 보고 건너라.)
10. Necessity is the mother of invention.(궁하면 통한다.)
11. No news is good news.(무소식이 희소식.)
12. Nothing ventured, nothing gained.(호랑이 굴에 들어가야 호랑이를 잡는다.)
13. Rome was'nt built in a day.(첫술에 배부르랴.)
14. Strike while the iron is hot.(쇠뿔은 단김에 빼라.)
15. The grass is greener on the other side of the fence.[14](남의 떡이 커 보인다.)
16. When the cat's away the mice will play.(범 없는 골에는 토끼가 스승이라.)
17. Where there's smoke, there's fire.(아니 땐 굴뚝에 연기날까.)

이상 17개의 속담은 한국속담과 같은 뜻의 영어속담을 찾아낸 것이

---

12 Dennis Dunham의 한국속담집에서는 “Clothes make the man”으로 소개되어 있어 Harry Collins의 속담과 정반대의 뜻을 나타내고 있다.

13 역시 Dennis Dunham의 한국속담집에서는 이 속담이 “…they hatch”로 소개되어 있어 끝부분이 “…they're hatched”와 다르게 나타나 있다.

14 Dennis Dunham의 한국속담집에는 “The grass is always greener…”로 ‘always’가 들어있다.

다. 두 지역의 역사와 문화가 현격한 차이가 있는데도 불구하고 같은 의미를 지닌 속담이 양 언어권에서 사용되고 있다는 현실은 101개의 영어속담, 125개의 한국속담 중 17개라는 숫자는 10%가 넘는 비율임에 비추어 보아서 사람 사는 곳에서는 보편적인 진리는 어느 곳에서나 통한다는 사실을 알 수 있다. 그러나 이러한 공통점 중에서도 표현이나 비유의 객체가 차이가 있음이 나타나고 있다. 그것은 진리는 공통적인 현상이라고 하더라도 주변의 사물과 생활 감정, 친숙하거나 소원한 환경의 차이를 드러낸 것이라고 하겠다.

한국속담과 영어속담을 Harry Collins가 분류한 주제별로 나누어 대비해 보면 다음과 같다.

한국속담

화합과 협력(8), 경험과 실천(17), 부주의와 경솔(13), 도전과 모험(11), 부조화와 부적응(15), 인간의 본성(14), 친구와 적(8), 삶의 언어(23), 영원의 진리(16)

영어속담

화합과 협력(9), 경험과 실천(10), 부주의와 경솔(15), 도전과 모험(12), 부조화와 부적응(10), 인간의 본성(12), 친구와 적(8), 삶의 언어(10), 영원의 진리(14)

주제별 분류로 보면 한국속담에는 삶의 언어에 대한 것이 압도적으로 많고(23) 경험과 실천(17)을 권장하는 일반적으로 생활의 예지를 말하는 속담이 많으나 영어속담에는 부주의와 경솔(15)을 조심하게 하는 한편 도전과 모험(12)을 권장하는 비교적 행동적인 속담이 많은 편이다. 이것은 정적인 한국사고와 동적인 영어권 사고의 대조를 반영하고 있다.

양 속담에서 각각 등장하는 명사들을 주제에 따라 분류해 보면 다음과 같다.

등장인물

한)공자, 뙤놈, 아내, 죽마고우, 사촌, 부전자전, 구관, 명관, 무당, 도둑, 사공, 아이, 사촌, 팔방미인, 십인, 놈, 사람, 임자, 아기, 스승

영)you·your(17), he·his·him(8), man(7), friend(4), they·them(4), fool(3), I(2), who(2), misery, cook, doctor, mother, beggar, chooser, one, chief, indian, coward hero, thieve, beholder

등장인물들을 볼 때 한국에는 각 인물들이 고르게 분포되어 있으나 영어에는 you가 많아 보다 직접적이고 직설적인 화법을 쓰는 것이 나타난다.

동물

한)소·쇠귀(5), 개·강아지(4), 호랑이·범(3), 쥐(2), 게(2), 곰, 원숭이, 돼지, 용, 가재, 벼룩, 미꾸라지, 코끼리, 새, 고기, 말, 자라, 송충이, 토끼, 지렁이

영)horse(3), cat(3), bird(2), dog(2), chicken, eggs, leopard, swallow, mice

한국에는 소, 개 등 가축이 많이 등장하지만 영어속담에는 말과 고양이 순으로 되어 있다. 이것은 한국은 정착형 농경문화이고 영어권은 이동성 유목문화와 관련이 있다고 생각된다.

식물

한)나무(3), 콩(2), 팥(2), 겨자, 가시, 콩, 잔디밭, 솔잎, 이끼, 떡잎, 감, 깨

영)apple(2), trees(2), hay, grass

식물은 한국속담에서 나무와 콩, 팥이 나오나 영국속담에도 나무, 사과 등이 나와 별 차이가 없다.

장소

한)데(4), 양지(2), 음지(2), 금강산, 처가집, 외양간, 종로, 한강, 돌다리, 개천, 쥐구멍, 굴, 웅덩이, 잔디밭, 태산, 땅, 서울, 천릿길, 곳, 골, 구멍, 대장간, 호떡집

영)Rome(2), home, kitchen, way, road, home, fence, place

한국속담은 특정이 아닌 일반적인 장소로 데(4)가 많이 지적되었다. 그리고 중국 지명인 태산이 거론되었으나 영어속담에 Rome이 등장했는데 이것은 각각 왕래가 잦은 중국과 로마의 영향을 받은 사실을 나타내고 있다.

신체부위

한)눈(3), 귀(2), 꼬리, 미, 발등, 뺨, 배, 손뼉, 간, 가슴, 낯, 젖, 팔, 피, 손톱

영)head, heart, stomach, hand, mouth

한국속담에 신체부위가 영어속담보다 매우 구체적으로 지적되었다. 특히 눈과 귀가 많이 사용된데 비해 영어속담은 모두 5군데만 지적되었다. 한국속담이 인간의 신체를 빗대어 말하기를 좋아하고 있고 외양적이고 형식적인 면을 중시하는 사고를 보여주고 있다.

맺는 말

속담이 전통사회에서 일반 서민들에 의해 창작되고 또 그들의 공감을 바탕으로 서민에 의해 수용, 발전되어 온 것이기에 향유자인 다수

서민의 사상과 가치관을 반영하리라는 것은 자명한 사실이다. 때문에 서민문화로서의 속담, 일종의 구두 커뮤니케이션으로서의 속담은 동서양에서 모두 중요한 존재 의의가 있다고 하겠다.

속담은 오랜 세월을 흘러 내려오는 동안 성립된 것으로 그 민족의 독특한 정서와 심리, 사상을 포함하는 사회적 소산의 하나이다. 속담은 구비 전승되는 형태의 한 종류로 민속학과 문화인류학, 그리고 문학의 연구대상이 되어 왔다. 속담의 연구 가치는 전통사회의 생활상, 가치관, 사상, 더 나아가서는 민족문화를 탐구하는데 있다고 하겠다. 오늘날처럼 커뮤니케이션이 발달되지 않았던 시대에 있어서도 다수 서민들의 사고와 생활상을 반영하는 커뮤니케이션 수단으로 동양과 서양에 다같이 속담이 존재해 왔다.

속담의 정의를 보면 한국과 영어속담은 일반적으로 전해지는(common saying), 간결한(short), 교훈적인(advice), 이야기를 구전(state)한다는 공통점이 있다. 즉 한영속담은 다같이 사람들에게 짧고 간결한 문구를 통해 사람들의 경험과 교훈을 전달하는 구어 커뮤니케이션이라고 할 수 있다.

속담은 특히 단축(Shortness), 구상(Concreteness), 과장(Hyperbole), 대조(Antithesis), 음률(Rhythm), 해학과 풍자(Humor & Satire)의 특성이 있는데 이것은 한영속담에 공히 나타나는 특성이었다. 짧고 구체적이고 과장된 대조를 음률에 맞춰 해학과 풍자를 특성으로 한 속담은 구어 커뮤니케이션을 통해 사람에게서 사람으로 전달되었기 때문에 보통 작자를 알 수가 없다. 기독교 문화권인 서양의 경우 성경의 내용이 일부 속담으로 사용되는 경우가 있었으며 한국속담에서는 중국어 문화권의 영향을 받아 고사성어, 사자숙어가 속담으로 사용된 경우가 많았다. 그런데 현대에 와서 일제 36년간의 식민지 시대에 생긴 일본식 속담은 찾을 수 없어 다행이었으나 해방이후 지금까지 영향을 미쳐 온 미국의 영어속담이 그대로 한국속담처럼 되어서 식자층을 중심으로 쓰이는 경우가 점점 많아지고 있다. 즉 "하늘은 스스로 돕는자를 돕는다.(Heaven helps those who help themselves.)" 라든가 "침묵은 금이다.(Silence is golden.)", 또는 "일찍 일어난 새가 벌레를 잡는다.(The early bird catches the worm.)" 등과 같이 영어속담이 한국에서도 많이 쓰이고 있는데 이것은 문화교류의 역사상 자연발생적이기는 하지만 되도록 한국에 있는 좋은 속담을 많이 쓰도록 해야 할 것이다.

한국속담과 영어속담은 동양의 유교권 농경사회와 서양의 기독교권 유목사회만큼이나 차이가 많다. 그러나 한국속담과 영어속담이 비슷한 것도 많고 특히 한국속담 125개와 영어속담 101개 중에서 공통으로 지적된 17개의 속담은 그 표현이 신기할 정도로 일치하였다. 공통적으로 10%가 훨씬 넘는 숫자의 속담이 한영속담에 고루 존재한다는 사실은 동서고금을 막론하고 사람들이 생활하는데 느끼는 감정은 서로 통하는 것이고 진리는 어디서나 존재한다는 사실을 강변해 주는 것이라고 하겠다.

참고문헌

김민수, "국어와 민족문화", 『국어학 입문』, 집문당, 1984.

김지명, 『영어속담사전』, 지식산업사, 1996.

『속담과 격언』(Proverbs And Maxims In The Bilingual Eye, Edited and Translated by Kim Yong-chol, 한림출판사, 1997)

김재철, 『한국속담의 근원 설화』, 백록출판사, 1980.

김도환, 『한국 속담의 심리적 분석』, 해양출판, 1975.

김동규, "속담에 나타난 자연관", 경희대 석사논문, 1987.

김사엽, 『속담론』, 대건출판, 1953.

김원태, "속담의 커뮤니케이션 역할과 사회적 기능", 『한국커뮤니케이션학 제5집』.

서석연, 『속담학 연구』, 1974.

이동락, “한국어와 영어의 관용어와 속담의 비교”, 경북대 교육대학원 석사논문, 1996.

정종화편, 『한영속담사전』, 탐구당, 1995.

Collins Harry, 101 American English Proverbs, Passport Books, 1997.

Dunham Dennis, To teach a fish how to swim, 시사영어사, 1994.

Lee Kihan, Hong Minpyo, Ross Zarub, Korean-English Dictionary of Proverbs, 홍익 미디어 플러스, 1998.

The American College Dictionary, A Random House Book, New York Harper & Brothers Publishers, 1975.

The Oxford Dictionary of English Proverbs, Oxford: The Clarendon Press, 1952.

Tilley, M. P. A Dictionary of the proverbs in England in the Sixteenth and Seventeenth Centuries, Ann Arbor : University of Michigan Press, 1950.

Webster's New International Dictionary, 1930, G. & C. Merriam Co.

〈abstract〉

A Comparative Study on Persuasive Communication Function of Korean and English Proverbs

Kim, Won-Tae

Professor, Department of Communication Chonnam National University

Proverbs have become an essential and enduring part of daily speech in all societies by its function of stating basic principles of folk wisdom and conduct. As proverbs are created, accepted and developed by common people, they reflect the thought and sense of value of people.

The meaning of the proverb is defined in Webster's New International Dictionary(1930, G. & C. Merriam Co. U. S. A.) as : 1. An old and common saying; a phrase or expression often repeated:, esp., a sentence briefly expressing some practical wisdom; a maxim; a saw; an adage. Chaucer. 2. A striking or paradoxical assertion; an obscure saying; an enigma; a parable, used of such in the scriptures. Now speakest thou plainly, and speakest the proverb. John. xii, 29. 3. A familiar illustration, as by way of warning; a subject of contemptuous reference, reproach, of derision.

And proverbs have special characteristics; shortness, concreteness, hyperbole, antithesis, rhythm, humor and satire. These characteristics are shown generally both in Korean and English proverbs.

The precepts of one culture are precepts of another, for they are an outgrowth of common experiences. But whatever the phraseological turns, many proverbs convey similar meanings in different forms.

In Korean proverb, there is "Every mouse hall will have the chance of sunny day". The meaning of this proverb is very similar to the English proverb, "Every dog has his day". However, instead of the 'mouse', the 'dog' takes the same role in the English proverb. The Korean proverb, "Empty chariot is more noisy" is almost same as the English proverb, "Empty vessels make the greatest noise". In this proverb, Korean 'chariot' and English 'vessel' is same conceptional subject for each proverb. The Korean proverb, "Barking dogs do not bite" is exactly same as the English proverb, "Barking dogs seldom bite", where even subject animal and verbs are identical.

On the other hand, some English proverbs are told in Korean translated version between intelligences due to the influence of American culture. For instance, "Heaven helps those who help themselves", "Silence is golden", "The early bird catches the worm", and so forth.

In this thesis I analysed two proverb books for text. The Korean textbook was To teach a fish how to swim,(Dennis Dunham, YBM Current English Com., 1994). In this book Dunham introduced most famous Korean 125 proverbs. The English textbook was 101 American English Proverbs(Harry Collins, Passport Books, 1997). As the title shows, 101 American English proverbs are introduced and explained.

In spite of Korean and English, Oriental and Western Cultural differences, among Korean 125 proverbs and English 101 proverbs, common 17 items are coincident in their meanings which shows more than 10%. The 17 items are :

1. Beauty is in the eye of the beholder.

2. Birds of a feather flock together.
3. Blood is thicker than water.
4. Charity begins at home.
5. Clothes do not make the man.
6. Don’t count your chickens before they're hatched.
7. If at first you don't succeed, try, try, again.
8. It takes two to tango.
9. Look before you leap.
10. Necessity is the mother of invention.
11. No news is good news.
12. Nothing ventured, nothing gained.
13. Rome wasn't built in a day.
14. Strike while the iron is hot.
15. The grass is greener on the other side of the fence.
16. When the cat's away the mice will play.
17. Where there's smoke, there's fire.

Korean society was originated from agriculture, while English society was originated from pasture. Korean proverbs were influenced from Confucianism, while English from Christianism. Koreans were influenced by China, English from European countries. It is quite natural that people's way of thinking, way of life, thought, culture, language, even proverbs are different from each other between Korean and English peoples.

But the above 17 coincident meaning proverbs imply that man's feeling in life is same and truth goes through whenever and wherever.

1998년 김원태(전남대 신문방송학과 교수)

북한 로동신문의 대남기사 성향 분석

북한신문은 마르크스 레닌의 언론이념인 선동, 선정, 조직을 김일성이 따르면서 선전선동자적 기능, 조직자적 기능에 덧붙여서 문화교양자적 기능을 수행하고 있다. 북한신문 중에서도 당기관지 역할을 하고 있는 로동신문은 북한 언론을 대표하고 있고 당 정책과 지침을 전달하는 일을 수행하고 있다. 로동신문이야말로 북한의 얼굴이고 그들의 정책과 사상을 읽어낼 수 있는 창이다.

북한 로동신문은 김정일 시대에 와서 언론이념이 변화하거나 발전한 모습은 보이지 않고 로동신문의 지면과 면수, 면의 특징도 김일성시대의 체제를 그대로 답습하고 있으며 아직도 로동신문에서는 경직된 신문 편집 방침이 바뀌지 않고 있다. 김일성과 김정일이 한 말은 굵은 고딕체로 따로 표시하고 있고 '위대한 수령', 또는 '친애하는 김정일 동지' 등으로 극존칭을 붙이는 금세기에 가장 폐쇄적이면서도 지도자를 우상처럼 숭배하는 표현을 쓰고 있는 신문이다.

북한신문의 기본 속성은 보도성과 정론성이다. 보도성은 사회 정치적으로 의의 있는 새로운 소식을 민감하게 포착하여 광범한 사람들에게 신속 정확하게 알려 주는 신문의 기본 속성으로 소식성, 시사성, 신속 정확성 등의 결합에 의하여 보장된다고 하였고 새 소식은 시간적으로 새로운 사실, 사건을 들고 나가는 데서 표현된다고 하였으나 새로운 것이라도 아무 것이나 다 새 소식으로 되는 것은 아니며 어디까지나 혁명 발전의 견지에서, 인민 대중의 투쟁과 생활의 견지에서 새로운 것이라야 새 소식으로 된다고 한정지었다.

북한신문은 보도성과 함께 정론성을 신문의 기본 속성으로 하고 있다.

정론성은 사회의 정치적 문제를 논하며 그에 대한 견해와 입장을 천명하고 대중을 투쟁에로 고무 추동하는 속성을 뜻한다. 북한신문은 현실 반영의 효과적인 수단으로서 현실을 단순히 사진과 같이 복사하여 전하는 것이 아니라 사회 정치적으로 중요한 문제만을 취급하며 그에 대한 입장과 견해를 밝히고 일정한 방향으로 사회 여론을 조성하며 선도하는 것을 정론성이라고 한다. 북한신문의 정론성은 무엇보다도 정치 사상성에서 표현된다. 로동신문에서는 복잡하고 다양한 사실, 사건 가운데서 당의 사상과 의도에 맞는, 사회정치적 의의가 있는 문제를 포착하여 소개 선전한다. 이렇듯 문제 제기의 예리성과 정치 사상적 분석 평가에 의하여 신문의 정론성이 보장되게 된다. 신문의 정론성은 보도성을 전제로 하여야 현실성과 생동성을 가질 수 있다. 따라서 보도성과 정론성을 다 같이 보장하는 것은 북한신문이 자기의 전투적 기능과 역할을 다하기 위한 필수적 요구이며 그 중요한 담보가 된다.

북한신문의 통제구조는 당의 통제에서 비롯된다. 당의 통제는 당의 선전선동부에서 조직적으로 이루어지고 있다. 북한의 노동당 중앙위원회 선전선동부는 당 중앙위 정치위원회에서 기본 정책이 결정되면 즉각 그것을 해설하는 계획을 작성하여 중앙 및 지방의 언론기관에 지시하고 그 집행을 감독하며 정무원 산하의 출판총국 신문과의 행정적인 감시 감독도 받아야 한다. 신문의 제작과정에서 당과 정부는 검열뿐만 아니라 신문사 자체 내에서의 검열도 있다.

즉 신문사 각 부에서 작성하는 기사는 먼저 소속 부장의 검열을 거쳐 편집국 부국장, 국장을 거친 다음 부주필과 책임 주필의 검열을 받게 되는데 결국 북한 신문은 자체 내의 검열과 당 선전선동부의 검열 및 정무원 출판총국의 행정적 차원의 검열 등 3단계의 검열과정을 거쳐 제작 배포되고 있다. 북한 신문은 당의 방침을 대중에게 잘 전달하고 대중을 보다 잘 설득하기 위해서 당의 방침에 어긋나는 기사를 사전에 철저하게 가려내고 조율하고 있는 것이다.

북한은 한국에 관한 뉴스를 통제하는 한편 그들에게 한국이라는 나라에 대한 부정적인 인식을 심어 주고 북한과는 달리 살기 힘든 나라라고 설득하기 위해 남조선부라는 부서를 따로 두고 대남관계 기사를 다루어 왔다. 남조선부는 몇 년 전부터 조국통일부로 이름이 바뀌었다. 조국통일부에서는 한국을 가난하고 미 제국의 식민지로 살며 독재 지도자 아래 분쟁과 억압, 탄압에 시달리는 나라라고 설득하기 위해서 한국에 대한 부정적인 기사만을 다루어 한국에 대해 좋지 않은 인상을 갖도록 설득하고 여론을 조작하고 있다.

로동신문의 기사는 대체로 북한체제 찬양과 김정일의 행적, 군사업무의 성과, 성공적인 산업실적 등이 주요 내용으로 되어 있고 사건, 사고와 범죄, 문예, 문화, 오락, 스포츠, 과학, 광고, 공연 등의 소식은 싣지 않고 있다. 이것은 공산주의 언론 중에서도 북한 로동신문만이 가지고 있는 특징 중의 하나이다. 즉 같은 공산주의국가이지만 중국에서는 자유주의 국가와 마찬가지로 광고, 문학, 여론, 정보, 인간흥미 등 다양한 기사를 싣고 있어 로동신문과 확연히 구별된다. 로동신문을 보면 북한은 지상 낙원이며 사건, 사고와 범죄, 재해, 갈등 등이 없고 위대한 지도자의 영도로 나날이 발전하는 살기 좋은 사회로만 묘사되고 있다. 위대한 영도자를 필두로 막강하고 충성스러운 군부, 국민에게 최선을 다하는 공산당, 성공적인 결실을 맺는 농업과 공업, 그 속에서 행복한 삶을 영위하는 인민들의 모습을 묘사하고 있다.

자본주의 신문과 판이하게 다른 이 같은 편집 방침 때문에 외부인들이 북한에 관해서 부정적인 내용이 전혀 없는 이 신문을 보고 북한의 정세를 판단하기 어렵게 되어 있다. 그러나 이 신문에서는 당과 정부의 움직임과 태도를 알아 볼 수 있는 중요 단서가 있기 때문에 북한이 취하고 있는 정치, 외교, 내치 등을 알 수 있다. 그것은 이 신문이 북한 정부와 당의 기관지이므로 당과 정부의 입이 되어 그들의 방침을 충실히 전달하기 때문이다.

사건, 사고 기사를 싣지 않는 로동신문에서 사건, 사고와 범죄, 시위, 정당간 갈등 등을 담아내는 난이 따로 있으니 그것은 바로 5면이다. 이 5면에는 한국에 관한 기사가 주로 많이 실리고 있다. 대남기사에는 북한당국이 접근을 통제하는 한국에 관한 기사가 주로 실리는데 북한은 다른 소식통을 통해서 한국 소식을 듣는 것을 모두 통제하지만 그 대신 로동신문 5면을 통해 북한주민들에게 한국에 관한 소식을 알려 주는 것이다.

즉 북한정부는 로동신문 5면의 대남기사를 통해 한국에서 일어나는 여러 가지 뉴스를 주민들에게 제공하되 한국은 살기 좋지 않은 곳이다라고 설득하기 위한 광장으로 사용하고 있고 그 내용은 부정적인 뉴스가 대부분이다. 그냥 뉴스만 싣는 것이 아니라 논평과 해설을 통해 한국의 대통령을 비롯한 정치가들과 집권당 국회의원들을 비판하고 비난한다. 그러나 비판과 비난만을 일삼는 것은 아니며 야당과 시민사회단체, 학생, 그리고 친북단체들의 활동을 격려하고 한국 민주세력의 반정부 활동을 고무 찬양하며 친북 반정부, 반미 활동에 나설 것을 선동하고 있다. 북한언론의 선동기능이 대남기사에서 활발하게 발휘되고 있는 것이다.

북한 로동신문의 대중 설득에 관한 기능에 대해 알아보기 위하여 연구자는 2008년 12월 한달분의 로동신문을 대상으로 내용분석 작업을 실시하였다. 로동신문은 휴일 없이 발행하기 때문에 1일부터 31일까지 한달간 31일분 전수를 조사하여 내용분석하였다. 이 기간동안 컬러 지면 없이 흑백으로 신문이 발행되었고 대남기사는 전체 6면 중 간지가 있는 5-6면 중에서도 5면에 집중적으로 게재되었다. 12월 한달간 게재된 대남기사의 총수는 187건이었다. 기사의 종류를 보면 다음과 같다.

〈표 1〉 로동신문 대남기사의 종류

기 사 명	건 수	백분율(%)
보도기사	89	47.6
특 집	3	1.6
논 평	54	28.9
해 설	16	8.6
사 진	25	13.4
계	187	100

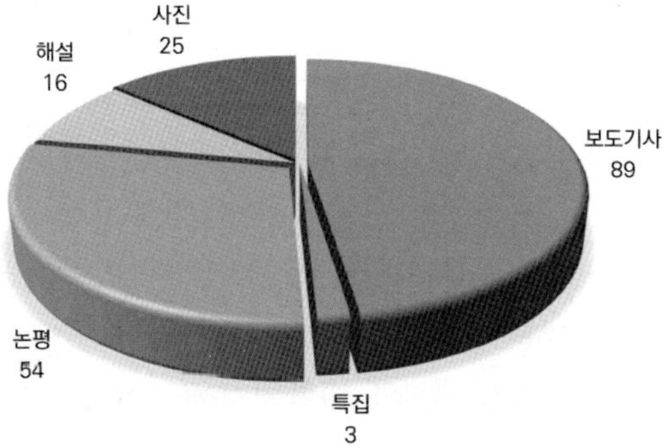

〈그림 1〉 로동신문 대남기사의 종류

총 187건의 대남기사 중에서 보도기사가 89건으로 가장 많았고 기사건수로 볼 때 47.6%로 반에 가까운 빈도수를 나타냈다. 보도기사는 대부분 직접 취재하기보다는 조선중앙통신에서 제공하는 통신기사를 사용하였다. 보도기사는 6하원칙에 입각한 자유주의 신문의 형식이 아닌 문장이 길고 주관적인 서술 형태를 띠고 있었다. 객관적이고 공정하게 기사를 쓰기보다는 제목에서부터 '매국노', '반역', '란동' 등의 단어를 쓰고 내용도 감정적, 선동적으로 기술하고 있다. 기사가 쓰인 시점은 한국에서의 기사 발생 일시와 약 1주일 이상의 간격을 보이고 있어

즉시성, 속보성보다는 시일을 두고 기사의 내용을 검열 정리한 후 기사화하는 것으로 볼 수 있다. 어떤 기사는 발생 일시 또는 발생 장소를 표시하지 않은 채 상황만을 중심으로 기술해서 객관성을 찾아 보기 어려운 것들도 있었다. 남한관계 보도기사가 객관적인 표현이나 긍정적인 표현은 찾아 보기 힘드나 남한 정부에 반대하는 세력의 활동 모습은 적극적으로 고무 찬양하고 있었다.

논평은 54건, 28.9%로 두 번째로 많았는데 대체로 논설위원들이 기명으로 썼다. 단독으로 쓴 경우가 많았지만 두 사람이 쓴 것과 론평원이란 이름으로 쓴 것도 있었다. 논평은 어떤 한 사건 또는 주제에 대해 자세하게 논하는 형식을 띠고 있는데 깊이 있는 평론이라기보다는 한 주제에 대해서 강도 높게 비방 또는 비난하는 방식으로 서술하였다.

해설은 16건, 8.6%였으며 논평보다는 기사 크기가 적고 중요도가 낮은 내용을 '본사기자'라는 이름으로 작성했는데 기사 작성 방식은 논평과 대동소이하였다.

사진은 25건, 13.4%였다. 한달간 매일 한건 정도는 사진을 실었는데 사진은 평균 45㎠로 명함 한 장 정도의 크기였다. 사진의 내용은 대부분 머리띠를 두르거나 피켓 또는 현수막을 사용한 시위 장면이 많았다.

특집은 3건, 1.6%로 북한 정부에서 직접 발표하는 내용을 다루고 있다. '주체 97(2008)년 0월 0일 평양'식으로 신문 전면 또는 반면에 걸쳐 게재했는데 북한 정부의 중요한 방침이나 주장을 나타내는 내용이었다.

기사의 크기를 보면 보도기사가 기사 수는 제일 많지만 지면의 크기는 보도기사보다는 논평, 해설이 차지하는 면적이 훨씬 컸다. 특집(3건)은 건수는 많지 않았으나 크기가 매우 커서 평균 614㎠를 차지하였다. 이것은 A4용지 한 장 정도의 크기에 달한다. 논평(54건)은 평균 크기가 333㎠로 문고판 책자 크기였고 해설(16건)은 290㎠로 엽서 한 장 정도의 크기였다. 특집, 논평, 해설은 기사 건수가 많지 않지만 차지하는 면적의 크기가 커서 이 세 가지의 합이 68.7%로 전체의 3분의 2가 넘었다. 보도기사(89건)는 평균 112㎠로 편지봉투의 반 정도의 크기였다. 기사 건수는 보도기사가 가장 많았지만 크기는 상대적으로 적은 비율을 보이고 있다. 로동신문의 대남기사는 이와 같이 일반 보도기사보다는 그들의 주장을 강력히 담을 수 있는 논평, 해설 등에 더욱 중점을 두는 것을 알 수 있다.

〈표 2〉 로동신문 대남기사의 크기

기 사 명	크기(㎠)	백분율(%)	평균(㎠)
보도기사	10,005	28.1	112
특 집	1,844	5.2	614
논 평	17,990	50.5	333
해 설	4,636	13.0	290
사 진	1,125	3.2	45
계	35,600	100	-

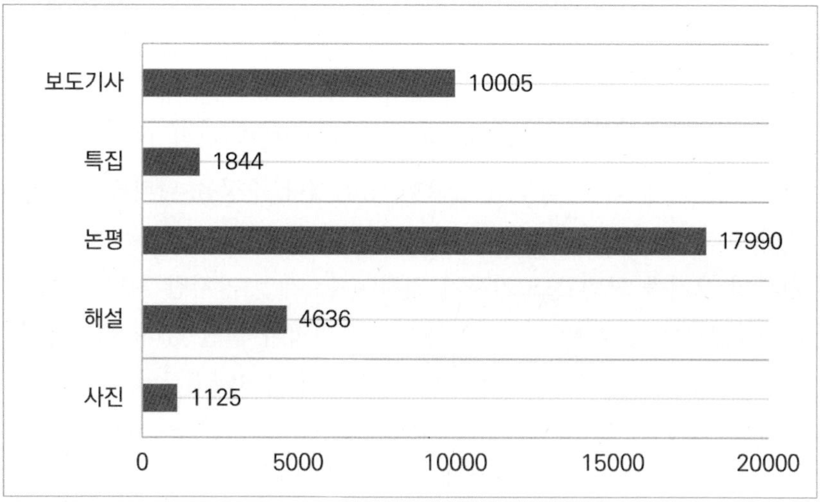

〈그림 2〉 로동신문 대남기사의 크기(cm^2)

로동신문 대남기사의 주제를 보면 기사의 순위가 외교, 정치, 군사, 경제, 법률, 교육, 언론, 인권 순이었다. 외교기사는 남북대결과 통일문제, 6.15, 10.4 선언, 비핵 개방 3000 등이 주요 내용이었으며 법률기사는 보안법 폐지 문제, 신문, 방송법 등 언론관계법에 관한 내용을 다루었다. 경제기사는 한국의 심각한 청년실업 문제, 자유무역협정 비준 동의안에 관한 것이 많았으며 군사는 군비확장, 대미 군사 의존 등 미국과의 군사협력에 대한 것이 많았다. 정치는 여당의 폭압정치, 반정부활동 탄압, 로동자 문제 등이 많이 게재되었으며 교육은 전교조 관계, 영어 교육문제, 역사 바로 세우기의 문제점 등을 다루었다. 언론은 신문법, 방송법 등 언론관계법에 관한 시비를 따졌으며 인권은 인권선언문 발표와 인권위원회 축소에 따른 갈등 등을 기사화했다. 전체적으로 볼 때 3대 주제는 외교, 정치, 군사였으며 이 세 주제가 전체의 67.3%로 3분의 2가 넘어 로동신문과 북한 당국의 주요 관심사가 이 세 분야임을 알 수 있다.

〈표 3〉 로동신문 대남기사의 주제

주 제 명	기사건수	백분율(%)
외 교	57	30.4
법 률	15	8.0
경 제	16	8.6
군 사	21	11.2
정 치	48	25.7
교 육	13	7.0
언 론	10	5.3
인 권	7	3.7
계	187	100

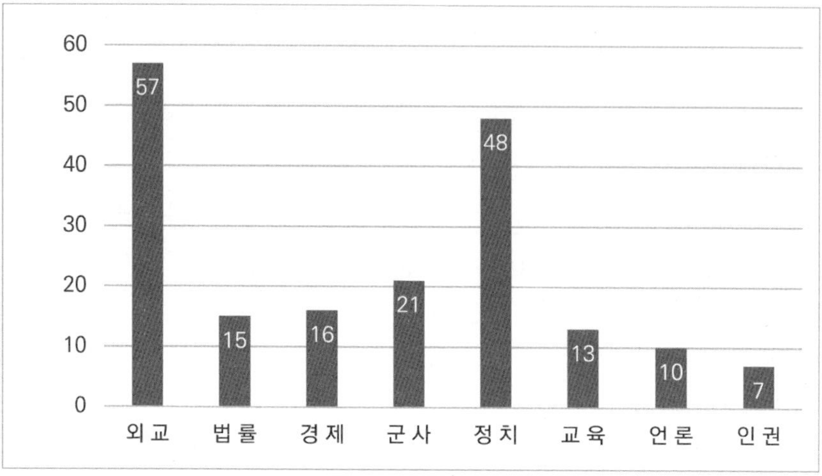

〈그림 3〉 로동신문 대남 기사의 주제

로동신문에서 쓰는 기사 용어 중에는 한국과 다른 표기법이 많았는데 북한의 두음법칙에 따라 로동, 력사 등의 표현이 많이 등장하고 비렬한, 론평, 리행, 련대, 란무, 리념, 민로당, 롱성 등의 단어가 자주 등장하여 이질감이 많이 느껴졌다. 한국의 폐지, 철폐는 페지, 철페로 표기했으며 왜곡은 외곡으로 표기하여 남북한간의 단어 이질화 경향이 매우 심각한 것으로 생각되었다. 특히 촛불의 경우 '초불'이라고 표기하여 한국과 확연히 다르게 표기했는데 발음도 '초뿔'이 아닌 '초불'로 발음하는지 궁금하였다.

한국 언론의 인용은 신문의 경우 한겨레 신문이 가장 많았고 방송뉴스는 CBS를 가장 많이 인용했으며 MBC, KBS, SBS를 인용한 기사도 다수 발견되었다. 조선일보, 중앙일보, 동아일보는 그 세신문을 조중동 보수신문이라고 비난할 때만 인용하였다.

로동신문의 대남기사는 나타난 결과와 외형상으로만 볼 때 북한당국의 주민들에 대한 대중설득이 효과가 있고 성공한 것으로 보일 수 있다. 매일매일 하루도 쉬지 않고 남한을 비방하고 극한적인 용어로 비난하는데 이른 바 반복효과가 있어서라도 남한의 부정적인 모습이 북한 주민들에게 전파되어 그들의 의도대로 설득 될 것이라고 생각할 수도 있다. 그러나 북한 주민들이 기회만 있으면 목숨을 걸고 탈북하려 하고 몰래 숨어서 남한의 방송이나 드라마 DVD를 보는 것은 북한의 대중 설득 작업이 그들 생각대로 성공적이라고 판단할 수 없다고 하겠다. 오늘날 방송과 통신, 인터넷이 발달하여 북한주민들이 한국의 실상을 아는 것이 별로 어렵지 않은 것이 현실이다. 남한 노동자들이 임금 인상 안하면 못살겠다고 시위하는 기사를 보면서 남한의 임금 인상을 주장하는 표현의 자유를 부러워할 수도 있을 것이고 또한 대통령을 비롯한 어느 누구라도 일반 시민이 그 잘못을 나무라는 것을 보면서 김정일과 지도자를 항상 영웅시, 신성시해야 하는 그들의 입장과 비교되었을 것이다. 로동신문 기사에 써 있는 대로 북한주민들이 믿는다고 보기 어려우며 오히려 기사 뒤에 숨겨져 있는 남한의 번영과 자유, 발전하는 모습을 행간을 통해 읽고 남한에 대한 동경을 갖게 될 수도 있다고 하겠다. 남한에 친북 좌파가 활동하는 것은 로동신문의 선동에 따른 것이라기보다는 서구사회와 마찬가지로 자본주의의 단점과 맹점에서 생겨난 자생적인 조직이라고들 말한다. 로동신문을 남한 사람들이 누구나 쉽게 접근해서 볼 수 있는 것이 아니기 때문에 친북 좌파의 활동을 로동신문의 영향이라고 볼 수도 없다. 예로부터 한국의 언론은 조선시대의 언관이나 성균관 유생들의 상소에서 볼 수 있듯이 위정자의 잘못을 간하는 것이 매우 중요한 기능의 하나였다. 로동신문은 북한정부의 잘잘못을 지적하기보다는 모든 통치 행위를 찬양하는 것이 일상화되어 있기 때문에 로동신문에 종사하는 그들 자신들도 언론인으로서의 보람을 느끼지 못할 것이라고 생각되었다.

북한 로동신문의 언론이념이 아무리 잘 정리되어 있다 할지라도 인민 대중이 따르지 않으면 북한신문의 언론 정책이 반영되지 않고 실천되지 않게 된다. 그러나 김일성 시대의 언론이념을 21세기에도 김정일이 그대로 적용하고 당과 정부의 정치사상과 정책만을 인민 대중에게 실천할 것을 설득하는 오늘날의 로동신문의 취재 편집방식은 현 시대에 가장 중요한 각종 정보와 자료를 싣지 않아 시대에 뒤떨어진 것일 뿐만 아니라 상명하달만 되고 민의상달은 안되는 일방 통행적 커뮤니케이션의 모순을 가지고 있다고 하겠다. 오늘날의 신문은 빠르고 정확한 정보를 제공하고 그때그때 시시각각으로 변화하고 있는 국가와 세계 정세에 발빠르게 대처하여 추세에 걸맞는 방법과 방향을 제시하는 신문이어야 국가와 사회 발전에 공헌하고 개인들에게도 많은 이익을 가져다 줄 수 있다. 그러나 로동신문을 비롯한 북한신문들은 정보화 사회를 역행하는 경직된 보도태도로 딱딱한 교조주의만을 독자들에게 강요하고 있어 정보의 구심점 역할을 못하고 있는 것이 현실이다.
로동신문은 정보화 기기가 비약적으로 발달하고 있는 현 시점에서 더 이상 언론을 통제할 수 없는 현실을 인식하고 휴대폰, 스마트폰, 인터넷 신문, 인터넷 방송 등 각종 통신 수단과 콘텐츠를 이용하여 진정한 정보화 언론으로 거듭나야 할 것이다.

_2000년 신문방송학과 김원태

* 필자는 연변대학교 개교 40주년 기념식 초청을 받고 1989년 8월 홍콩 → 북경 → 심양 → 연길 → 백두산을 10일간 여행하였다.

천안문사태 이후 북경

1. 한국인에 친밀감 표시

국교가 없는 나라, 40년 전에는 총부리를 맞대고 싸운 공산국가, 그리고 지금도 천안문사건으로 계엄령하에 있는 나라 중국에 필자는 혈혈단신으로 여행길에 올랐다. 막연한 두려움과 긴장감 속에 북경공항에 도착한 나는 호텔로 가는 택시를 잡아 탔다.

"일본사람입니까?"

스무살 정도의 청년기사는 천천히 차를 몰면서 내게 물었다.

"아니요."

"그럼 혹시 남조선 사람 아닙니까?"

이때 나는 메모지에 대답 대신 한자로 남조선 이라고 쓴 후 그위에 가위표를 하고는 다시 한국인이라고 썼다.

"아, 당신은 남조선, 그러니까 한국에서 온 사람이군요?"

그렇다고 하니 그는 대번에 엄지손가락을 세우며 남조선 최고라고 치켜세웠다. 그들의 입에 굳어진 남조선을 한국으로 바꿀 수는 없었으나 어쨌든 중국에서 처음 만난 중국인이 한국 사람을 최고라고 하니 기분이 매우 좋아서 나는 그에게 광주에서 사가지고 간 스타킹을 선물로 주었다.

단순히 여행객의 기분을 좋게 해주려는 운전사의 호의로만 생각했었는데 대부분 어디에서나 누구에게서나 한국인 아니 남조선인은 환영을 받았다. 호텔 종업원, 노동자, 상인, 신문기자, 대학교수에 이르기까지 그들은 한국 광주에서 온 외로운 나그네에게 친밀감을 표시했다. 그들은 한국의 도시 중 서울 이외에는 유일하게 광주를 알고 있었는데 천안문 사건과 유사했던 광주민주화 운동을 그들은 잘 기억하고 있었다. 한국이 좋다는 그들에게 그 이유를 물어본즉 대체로 세 가지로 대답하였다. 먼저, 역사적으로 볼 때 한국과 중국은 지리적으로 가까워 동일 문화권에서 장기간 교류해 왔다는 것이고 둘째, 한국은 조그만 나라이면서도 최근 경이적인 경제 성장을 했으며 셋째, 아시안게임과 서울올림픽에서 놀라운 저력을 보여주었다는 것이다.

북경의 한 호텔에 여장을 푼 나는 천안문 사건 이후의 북경이 현재 어떠한 상황에 처해 있는지를 알아보기 위해서 북경 시내 구석구석을 자전거를 타고 다니며 돌아보기로 했다. 북경시내 지도를 구해 가지고 이사람 저사람에게 물어가면서 제일 먼저 가본 곳은 천안문 광장이었다. 수백만 인파가 모여들었던 천안문 광장은 총에 착검한 군인들이 여기저기서 일반인의 통행을 통제하고 있었다. 간선도로에는 자동차와 자전거만 통행이 가능할 뿐이고 그것도 도중에 정차해서는 안되고 사진도 찍지 못하게 하였다. 드넓은 광장에는 소수의 외국인 단체 관광객들만이 사전허가를 받아야만 입장할 수가 있었다.

2. 불타버린 탱크 전시

텅 빈 광장은 무덤처럼 조용하기만 했다. 자유와 민주화를 외치던 수백만 군중은 어디로 간 것일까? 지축을 울리던 탱크와 장갑차들은 어디로 사라진 것일까? 아스팔트 위에 캐터필러 자국만을 남겨둔 채 탱크와 장갑차들은 자취를 감추었고 피흘리던 젊은 대학생들의 외침은 광장 어느 곳에서도 들려오지 않는다. 필자는 천안문에서 멀지 않은 곳에 있는 중국인민혁명군사박물관을 찾아보았다. 중국 공산당의 혁명과정을 전시하고 있는 이 박물관의 광장에 천안문사건 당시 군중들에 의해서 파괴되고 불태워진 차량들의 잔해가 전시되고 있었다.

탱크와 장갑차는 물론 버스와 트럭, 찌그러진 경찰 초소가 녹슬은 흉한 모습 그대로 한자리에 모아져 있는 것이다. 옆에 세워진 안내판에는 모두 1천2백80대의 차량이 파손 되었는데 그중 일부가 이곳에 전시돼 있다고 씌어 있었다. 많은 관람객들은 불과 두달 전의 대사건을 생생하게 기억하려는 듯 발길을 멈추고 부서진 차들을 응시하고 있었다.

3. 계엄령으로 경제타격

중국은 아직도 계엄령하에 있고 천안문광장의 통행이 통제되어 있기는 하나 북경 시내는 대체로 평온을 유지하고 있는 것처럼 보였다. 군인은 천안문과 주요 간선도로에서만 간간이 눈에 띌 뿐이고 시민들에게서는 어떠한 긴박감과 긴장감도 느껴지지 않았다. 거리에는 수많은 자전거의 행렬이 꼬리를 물고 무궤도 전차(전기버스)와 굴절버스, 택시들이 한데 어울려 혼잡을 빚고 있었다. 그 와중에 인력거와 짐실은 마차까지 뒤엉켜 다니고 있었다. 자전거를 개조해서 만든 세발 달린 인력거는 두 사람이 탈 수 있는 것으로 기본요금 6백원 정도를 받고 있다. 계엄령이 있지만 통행금지나 등화관제가 없어 일상생활에 별 지장을 받지 않고 살고 있다. 얼핏 목가적이기까지 한 북경의 풍경은 계엄령의 영향을 전혀 받지 않고 있다는 의미일까? 그렇지는 않았다. 북경의 집권층은 수많은 '폭도'들을 구속 처벌하고 있으며 북경대학생들은 하방(의무적으로 농촌이나 공장 지대에서 일정 기간 동안 봉사하게 하는 것) 시키고 있고 대학교수도 근로 작업에 나서게 하는 한편 새로이 학생과 인민에게 공산주의 이념교육을 강화하겠다고 밝힌 바 있다. 또한 미국과 일본 등의 사업가들은 불안한 중국 정세로 인하여 투자계획을 취소하거나 연기하였기 때문에 경제 발전이 시급한 중국 정부는 크게 당황하고 있다. 중국은 계엄령을 조기에 풀 것을 검토하였으나 아직 시기가 이르다고 판단한 듯, 10월께 가서야 계엄령 철회가 가능할 것이라는 보도가 있었다. 중국은 정치권 내부에서는 진통을 겪고 있지만 시민 생활은 뚜렷한 변화가 보이지 않았고 만리장성이나 고궁박물관등의 관광에는 아무런 통제나 불편이 없었다.

그런데 계엄령의 여파는 호텔 경기에 확실한 영향을 나타내고 있다. 구미 각국에서 수많은 관광객들이 밀어닥쳤던 천안문사건 이전에 비해서 호텔 객실 예약 및 판매율이 현저하게 떨어진 것이다. 구미 각국에서는 관광객들이 천안문사건 때 목숨을 걸고 탈출하던 악몽을 잊지 못해 북경을 찾기를 꺼리고 있다. 그래서인지 노랑머리에 코큰 서양인들을 호텔에서 만나보기가 쉽지 않고 호텔의 객실 판매율은 60%를 넘지 못하고 있다. 외국인 전문 상점에서는 파리를 날린다고 울상이고 한푼의 달러도 아쉬운 북경 정부에서는 외환보유고가 적어 호텔 주변의 암달러상들을 눈감아 주고 있는 형편이었다. 1백달러에 중국돈 3백62원이 공정환율이나 암달러상은 중국 내국인들의 화폐로 6백50~7백원까지 바꿔주고 있는 것이다. 중국은 내년에 있을 북경 아시안게임을 앞두고 외국인을 맞을 준비에 한창이어서 불원간 계엄령을 해제할 수밖에 없을 것으로 보인다.

민족교육의 전당 연변대학

1. 남남북녀 실감

남남북녀라는 말도 있지만 조선족(한민족) 여성들은 역시 아름다웠다. 우유빛 고운 살결에 서글서글하게 큰 눈, 날씬한 몸매와 상냥한 목소리를 가진 그들은 수수한 옷차림과 화장기 없는 얼굴이 오히려 청순한 아름다움을 풍겨 이역만리에서 온 나그네의 가슴을 설레게 했다. 그들은 한국적인 연약한 아름다움이라기 보다는 선이 분명하고 개성이 강한 대륙적 기질의 아름다움을 갖추고 있었다. 연변대학에서 안내차 나온 연변대 수학과 출신인 젊은 조선족 여성은 늘 화사한 미소를 띠우면서 우리를 대해주었기 때문에 스스럼없이 사사로운 질문을 던져보았다.

"결혼했나요?"

"저는 애인이 있어요."

"아, 그래요? 그럼 언제쯤 결혼할 건가요?"

"저는 작년에 결혼했답니다."

결혼했는데 애인이 있다니? 이해가 가지 않는 나에게 그녀는 예의 그 화사한 웃음을 지으며,

"우리는 결혼하면 그때부터 상대방을 애인이라고 부른답니다."하였다.

"그럼, 결혼 전에 사귀는 사람은 여기서 어떻게 부르지요?"

"이름을 부르거나 동무라고 하지요."

한국에서는 결혼 전에 남녀가 서로를 애인이라고 한다는 나의 설명을 그녀는 흥미롭게 듣는 듯 했으나 결혼해서 서로 사랑하며 사는 사람이 정말 애인이라고 주장하였다.

2. 대학설립에 자부심

중국 길림성 연변 조선족 자치주는 1952년 9월 3일 '중화인민공화국 민족구역 자치 실시요강에' 근거하여 구역 자치구로 탄생하였으며 1956년에 와서 자치구가 자치주로 변경되었다. 자치주내의 총인구는 1백88만명이며 그중 조선족은 76만명으로 41%에 이른다. 자치주의 수도 연길시의 인구는 18만명, 조선족은 57%를 차지한다. 자치주의 총면적은 4만2천7백 평방킬로미터로서 길림성 총면적의 약 4분의 1을 차지하고 있다.

이곳 연길에 뜻있는 민족지도자들과 조선족 모두가 혼연일체가 되어 민족대학을 세운 것은 1949년 4월 1일이었다. 이것은 자치주가 세워지기 전이었음은 물론 중국정부가 탄생(49년 10월 1일)하기도 전의 일이었기에 때문에 조선족은 이대학 설립에 대단한 자부심을 기지고 있다.

연변대학은 부지 43만 평방미터에 건평 11만 평방미터이고 현재 15개 학부에 28개 학과를 두고 있다. 재학생 수는 2천8백명, 졸업생 수는 1만5천명에 달한다. 대학원생은 석사과정 115명, 박사과정이 5명 있고 해외에서 유학 온 학생도 20여명 있다. 연변대학은 또 통신학부를 설치하고 있는데 여기에도 2천 5백명의 학생이 공부하고 있다. 도서관 장서는 56만권, 조선언어문화연구소 등 연구소는 모두 10개이며 교직원 1천1백14명 가운데 교수가 20명, 부교수 1백40명, 강사 3백명이 교육을 전담하고 있다.

연변대학은 올해 개교 40주년을 맞이하게 되었다. 40주년 기념 경축행사를 기획한 연변대학은 외국에서 올 손님과 졸업생들의 편의를 위해서 올해에 한해 8월 16일을 40주년 기념일로 정하고 대대적인 기념행사와 국제학술대회를 개최하였다.

3. 담양출신 정판룡 부총장

8월 16일 아침 10시에 시작된 개교 40주년 기념식은 강당을 가득 채운 수백명의 졸업생들과 교직원, 중국정부 내빈, 국내외 교수들로 대만원을 이룬 가운데 두 시간 동안 진행되었고 이 역사적인 광경은 텔레비젼으로도 방송되었다. 총장의 기념사, 내빈 축사, 각처에서 보내온 축전과 축하 메시지가 낭독되었는데 우리말이 공용어로 사용되었다. 특이한 것은 모든 순서를 우리말로 진행하고 이어서 낭독자 자신이 자기 말을 중국어로 번역해 낭독하는 것이었다. 이곳에 모인 사람들은 지난 40년의 세월과 연변대학의 놀라운 발전에 매우 감격해 있었다. 졸업생 대표의 인사말과 교가를 끝으로 대단원의 막을 내린 이날의 기념식이 끝난 후에도 사람들을 우레와 같은 박수를 그칠 줄 몰랐다. 그것은 연변대학을 만들고 키워온 대학 당국자에게 보내는 박수이자 어려운 가운데서도 열심히 공부한 자신들에 대한 박수요 중국에서 살면서도 이러한 훌륭한 대학으로 이끈 조선족 전부에게 보내는 감사의 박수였다.

이보다 앞서 8월 13일과 14일에는 40주년 기념 국제학술대회가 열렸다. 중국과 외국에서 모인 2백여명의 조선족 학자들이 분과별로 나뉘어 한민족에 관한 여러가지 문제를 진지하게 발표하고 뜨겁게 토론하였다. 이와 같은 대규모의 기념행사와 국제학술대회의 기획과 진행은 이고장 담양 출신인 정판룡 부총장의 주도로 이루어졌다. 그는 고향에서 온 교수라고 필자를 각별히 반겨주었다. 일곱 살 때 고향을 떠났으나 항상 마음은 고향에 가 있노라고 한 그는 광주에 외삼촌이 생존해 계셔서 가까운 시일 안에 꼭 광주를 찾아가겠노라고 하면서 광주에 가면 전남대와 연변대간의 자매결연을 맺을 것을 희망한다고 하였다.

4. 손잡고 아리랑 합창

8월 15일은 조선족의 큰 명절의 하나인 노인절이었다. 연변에는 광복절은 없고 노인절이 고유명절이다. 노인절에는 조선족들이 전 가족을 동반해서 한복차림으로 공원에 나와 씨름, 윷놀이등 민속놀이를 즐기고 고유음식을 먹고 장구치고 춤추며 하루를 보낸다. 이날 노인절 행사에는 국제학술대회에 참석한 학자들도 자리를 같이 하였다. 이들 중 한국과 북한학자들이 서로 서먹서먹해지자 정판룡 부총장은 같이 어깨동무를 하도록 유도하고는 남북한 사람들과 연변사람들이 모두 아는 노래를 부를 것을 요청하였다. 처음에 어색해하던 남북한 학자들은 누군가가 아리랑을 선창하자 같이 어깨동무를 한채로 덩실덩실 춤을 추면서 목이 터져라 하고 아리랑을 부르고 도라지를 부르고 또 고향의 봄을 불렀다. 정치는 무엇이고 이념은 또 무엇이란 말인가? 남북한 학자들의 몸은 춤을 추고 입은 노래를 부르고 있었으나 눈에서는 뜨거운 눈물이 하염없이 흘렀다. 피는 과연 물보다 진한 것이었다.

조선족 동포들의 생활상

1. 비행기 놓치고…

필자의 중국여행중 가장 큰 실수는 연길 가는 비행기편을 놓친 것이었다. 연변대학에 가려면 북경공항에서 심양을 거쳐 연길시로 가야 했다. 당연히 전화 한통으로 예약이 될 줄 알고 서두르지 않았던 것이 불찰이었다. 중국내 항공여행은 컴퓨터 연락망이 구성돼 있지 않아 예약하기가 어렵다는 사실을 뒤늦게 알았으나 이미 때는 늦었다. 비행기표를 가지고도 좌석을 얻지 못한 나는 북경공항에 가서 공항 직원에게 사정 사정한 끝에 겨우 심양까지 가는 비행기 좌석을 구했다. 그러나 공항 직원은 심양 연길노선의 좌석은 심양에 가서 알아보라고 했다. 불안한 가운데 심양에 도착해 보니 좌석이 없는 것이었다.

광활한 중국땅, 아는 사람 한사람 없고 말도 통하지 않는 곳에서 미아가 돼 홀로 내동댕이쳐져 버린 것이다. 눈앞이 캄캄했다. 이러한 사태는 전혀 예상하지 못했기 때문에 사전 대비도 마음의 준비도 없었다. 이곳은 국교가 없는 나라이고 공산국가이며 더구나 계엄령하에 있지 않는가. 이곳에서 납치나 강도 등 큰일을 당하게 되면 누구에게 호소를 하고 누가 나를 보호해 줄 것인가 하고 생각하니 앞길이 막막하기만 했다. 나는 공항대합실에 주저앉아 어찌할 바를 모르고 애꿎은 담배만 태우고 있었다.

"동무는 혹시 남조선에서 오신 분 아니십니까?"

중국 땅에서 처음 듣는 우리말에 놀라 쳐다보니 웬 30대 중반의 남자가 묻는 것이었다. 한편으로 반가우면서도 한편으로는 겁이 더럭 났다. 혹시 북한 요원이 아닐까 해서였다. 경계의 눈빛으로 쳐다보는 나에게 그는

"역시 제 짐작이 맞군요. 조선족은 척 보면 알 수 있습니다."

하면서 자기 소개를 했다. 손동구씨. 그는 심양공항을 출입하는 조선족 택시 운전기사였다. 그의 신분을 알고 난 후에야 나는 비로소 안도의 숨을 내쉬면서 현재 내가 처해 있는 상황을 얘기했더니 자기가 도와주겠다면서 염려 말라고 했다. 나는 구세주를 만난 기분이었다. 손동구씨의 도움으로 이틀 후에 떠나는 비행기 좌석을 구한 다음 그의 택시를 타고 심양 시내로 향했다.

2. 동포집 2박3일

시내로 가는 택시 속에서 나는 그에게 한 가지 제안을 했다. 호텔로

갈 것이 아니라 그의 집으로 가자고 한 것이다. 우리 동포들이 어떻게 살고 있는가를 직접 체험하면서 살펴볼 좋은 기회라고 생각됐기 때문이다. 빈민가에 있기 때문에 너무 누추해서 곤란하다는 그를 설득해서 나는 그의 집에서 2박 3일을 지내게 되었다. 이런 경우를 전화위복이라고 했던가.

심양시는 인구 5백만의 대도시이다. 그중에서 조선족 10만명이 시내 네곳에 모여 살고 있었다. 우리말로 교육시키는 조선족 국민학교가 13개, 중학교 6개, 고등학교가 1개 있어서 이곳 동포들은 연변 못지않게 우리말을 잘했고 교육열도 높았다. 손동구씨가 사는 집은 심양시 화평구 서탑가로 동포들이 2만명 가량 모여 사는 변두리 지역이다. 대문이 없는 작은 집에서 방 2개는 손씨 내외와 딸, 73세 되는 할머니가 살고 또다른 작은 방에서 손씨의 누나와 매부가 아들 하나와 살고 있었다.

그들의 주거 환경은 매우 좋지 않은 편이었다. 연길시에서도 그랬지만 정전이 잦았고 수도물도 가끔 단수되곤 했다. 집에는 화장실과 목욕탕이 없어 공동변소를 사용하였다. 난방은 북한에서 들여온 유연탄인 조개탄을 썼는데 연기와 냄새가 심했다. 조선족을 포함한 중국인의 월급은 우리 돈으로 2만원이 채 못된다. 주식과 부식 값은 싸지만 전자 제품, 카메라, 자전거 등은 몇달 치 월급을 모아야 장만할 수 있다. 손씨네는 냉장고와 선풍기가 없었고, 다만 흑백 텔레비젼이 있었는데 다섯달 치 월급을 모아 겨우 산 것이라고 했다. 그러한 어려운 환경 속에서도 고국에서 온 손님이라고 그들은 필자에게 정성을 다해주었다. 그날 저녁에는 온가족이 둘러앉아 중국식 만두를 빚고 가지 순대를 만들었다. 가지 순대는 처음보는 음식이었는데 회색빛 큰 가지를 가로로 잘라 그속에 볶음밥을 다져 넣은 것인데 맛이 아주 좋았다.

3. 한국방송 잘 들려

밤 9시가 되자 손씨는 라디오를 틀었다. 라디오에서는 KBS사회교육방송(중파)이 한국에서 듣는 것과 같이 또렷이 들렸다. 「보고싶은 얼굴 듣고 싶은 목소리」라는 타이틀의 이 한 시간짜리 프로는 중국 조선족의 최고 인기 프로그램이었다. 길림성, 요녕성, 흑룡강성 청취자들의 희망곡과 고국의 소식이 방송되었는데 가요는 흘러간 노래가 많았다. 김영훈·고춘자의 만담도 재미있어 했다. 사회교육방송을 열심히 듣기 때문에 한국 사정에 밝게 되고 한국가요도 많이 알게 된다고 해 아는 노래를 한 곡 불러달라고 청해 보았다. 몇 번의 사양 끝에 손씨의 부인이 '찔레꽃'이라는 노래를 구성지게 불러 주었다.

KBS에서는 이곳 청취자들이 편지를 보내면 그들의 요청에 따라 한글 사전, 소설책, 가요 테이프 등을 무료로 보내주고 있었는데 손씨네는 한국 화보를 KBS로부터 받았다고 내게 보여주었다. 북한방송도 듣느냐는 나의 물음에 별 재미가 없어서 기의 안듣는다는 대답이었다.

손씨와 그의 매부와 같이 얘기를 나누는 중에 이곳에서 중국인이 차별하지는 않느냐고 묻자 중국인들은 오히려 조선족들을 매우 존경한다고 대답했다. 중국인에 비해 조선족은 부지런하고 깨끗했다. 예로부터 조선족은 우수한 민족이며 문화 수준이 높은 민족, 교육열이 높은 민족으로 알려져 있었다. 조선족의 우수성을 인정하는 뚜렷한 증거가 한 자녀 갖기가 제도화 돼있는 중국에서 조선족만은 두 자녀까지 가질 수 있도록 허용된 것이라고 주장했으며 중국돈 중에는 한복을 입은 조선족 여성을 그려 넣은 돈이 있다고 자랑삼아 보여 주기도 했다.

늙으신 부모에게 매우 지성스럽고 부부 사이의 금슬이 좋았으며 아이들도 바르고 건강하게 키우고 있는 손씨와 조선족들. 그들은 민족적 자부심을 가지고 우리의 말과 옛 전통을 잘 지키며 가난해도 화목하고 평화롭게 살고 있었다. 잘산다는 것은 무엇인가? 잘먹고 잘입고 사는 것만이 잘 사는 것인가? 손씨집에서 머문 2박3일은 나로 하여금 사람이 사는 방식에 대해 많은 것을 생각하게 해주었다.

민족의 영봉, 백두산

나는 지금 책상머리에 있는 조약돌을 바라보면서 이 글을 쓰고 있다. 이 조약돌은 백두산 천지 주변에서 10여 개를 기념으로 가져온 것이다. 이 조그만 조약돌을 볼 때마다 백두산에 오르던 감격과 흥분을 되새기게 된다.

1. 불함산등 여러이름

백두산은 중국에서는 장백산이라고 부른다. 예로부터 이산은 불함산, 개마대산, 도태산, 태백 등 여러 가지 이름으로 불려왔다. 삼국유사에는 태백의 신화를 다음과 같이 소개하고 있다.

'아득한 옛날 천세의 아들 환웅이 인간 세상에 뜻을 두어 천제께서 보시기에 태백이 널리 인간을 이롭게 할 만한 곳이라. 무리 삼천을 딸려 보내니 기슭에 처음 흰옷 입은 민족이 깃들도다. 여기가 곧 태백산 신단수 아래였다. 환웅은 단군 왕검을 낳으셨으니 태백은 단군의 고향이요 곧 배달 겨레의 발원지이다.'

우리민족은 단군의 자손으로 이곳에 터를 잡고 이곳에서부터 한반도 쪽으로 민족정기가 뻗어나간 것이다. 그래서 우리민족이면 누구나가 보고 싶어하는 영산이며 애국가 가사에도 첫 소절에 나와 있음은 주지의 사실이다. 아름답고 장엄한 경관을 보여주고 있는 이산에 오르면 티끌같은 인간의 고개가 절로 숙여진다.

2. 정상까지 도로개설

89년 8월 17일 이 민족의 영산에 오르는 영광스러운 기회를 가졌다. 그 전날 밤에는 가벼운 흥분과 부푼 기대로 소풍 가는 아이처럼 잠을 이루지 못했다.

연변대학측의 안내로 각국에서 모인 24명의 교수가 새벽부터 서둘러서 백두산을 향해 떠난 것이다. 태고적 원시림이 울창한 숲 사이로 우리 일행을 실은 버스는 기운차게 나아갔다. 때묻지 않은 신비스러운 산은 조용하기만 했다.

창밖에서는 향긋한 나무 향내가 고향 냄새처럼 다가오고 있었다. 비포장도로이기는 했지만 도로는 산 정상까지 뚫려 있었다. 그것은 중국의 토목기술이 좋아서가 아니라 산의 굴곡이 심하지 않고 평탄한 때문이었다. 그래서 급커브 길이나 깍아지른 절벽, 급경사 지역이 전혀 없는 밋밋한 산길이 계속 이어지고 있었다. 내년 북경 아시안게임에 올 관광객을 대비해서 군데군데에서 시멘트 포장작업을 벌이고 있었다. 내년 봄까지는 산 정상까지 시멘트 포장이 완공될 것이라고 했다. 버스 타는 시간만 약 7시간 걸린 끝에 백두산 바로 밑에 있는 천지호텔에 당도하게 되었다. 이곳에서 간편한 복장으로 갈아 입은 우리는 곧 천지를 향해 발걸음을 재촉했다. 얼마 걷지 않아 않아서 안내인이 가리키는 쪽을 바라보니 하늘에서 산꼭대기로 직접 떨어지는 장엄한 폭포가 보였다. 하늘에서 비단 폭을 내리고 있는 것 같은 폭포의 길이는 68 미터. 해발 2천 미터의 고공에서 천지의 물이 폭포가 되어 떨어지고 있었다. 이 폭포 소리는 백두산 골짜기를 뒤흔들고 물보라가 흩날려 폭포 주위에 영롱한 7색 무지개를 드리우고 있었다.

3. 변덕심한 기상변화

장백폭포를 돌아 경사 75도의 가파른 들길을 기어오르자 갑자기 구름이 휘몰아쳐 주위가 어두워지는 것이 아닌가. 백두산의 기상이 변화무쌍하다는 얘기는 들었지만 천지를 코앞에 두고 짙은 구름 때문에 백두산 정상을 못본다면 평생의 한이 되지 않을 수 없다. 부지런히 천지까지 달려가보니 장백폭포 쪽에서 불어오는 바람에 구름이 밀려나면서 천지가 서서히 그 모습을 드러내기 시작했다. 아! 드디어 나는 백두산 천지에 온 것이다. 백두산은 태고 때부터 간직해온 그렇게 아름답고 웅장한 모습으로 널찍한 품속 가득히 나를 안아 주었다. 나는 소리쳐 외치고 싶었다. 나는 목놓아 울고 싶었다. 부모 앞에 떼쓰는 아이처럼. 왜 우리민족은 갈라져 살아야 하는가, 왜 하루면 올 수 있는 이 산을 홍콩, 북경을 거쳐 몇날 며칠을 걸려 와야만 했는가를 단군 할아버지께 묻고 하소연해보고 싶었다. 나는 천지 앞에서 한반도 쪽을 향해 절을 했다. 그리고 빌었다. 민족의 통일을 이룩하게 해달라고.

4. 풍부한 동식물자원

백두산 정상 가까이까지는 완만한 경사를 보여왔으나 천지 주변에는 높은 봉우리와 기암괴석이 끝없이 장엄하게 펼쳐져 있었다. 제일 높은 봉우리는 한반도 쪽의 백두봉으로 2,749 미터이고 천지 주위로 16개의 거대한 봉우리들이 천지를 둘러싸고 있었다. 이조 실록에는 백두산이 1597년 8월과 1668년 4월, 1702년 4월 등 세 차례 폭발한 기록이 있고 지금도 휴화산인 백두산 주위에는 크고 작은 온천이 많이 있다. 천지의 맑은 물을 손바닥으로 떠 마셨다. 천지의 물은 유리처럼 맑고 물맛은 얼음처럼 시원했다. 천지에는 항상 샘물이 솟아나와 그물이 장백폭포를 거쳐 중국 송화강의 원류를 이루었다. 천지의 넓이는 21.4평방미터, 둘레는 4.8 킬로미터, 수면둘레 13.1 킬로미터이고 해발 2,155 미터에 위치하고 있다. 평균 수심은 204 미터, 최대 수심은 312.7 미터의 거대한 바다 같은 호수였다.

백두산에는 1천8백여종이나 되는 야생 동식물 자원이 고스란히 보존돼 있다. 백두산에서만 나는 미인송은 전나무처럼 곧고 키가 큰 소나무로 이름 그대로 매우 아름다웠다. 불로초도 이곳에서만 나는 약용식물이다. 인삼, 산삼, 영지, 서향, 두향 등 많은 약용 식물이 있어 중국의 한약재는 모두 이곳에서 공급되고 있다. 동물류로는 척추 동물만 해도 3백여종이 있으며 호랑이, 꽃사슴, 고라니, 담비, 수달, 곰, 여우 등이 많이 서식하고 있다. 중국의 녹용을 높이 평가하는 것은 백두산에서 사는 사슴이 약초를 많이 먹고 자연 상태에서 자라기 때문이라고 한다.

나는 떨어지지 않는 발걸음을 옮겨 하산해야 했다. 쳧지 주변의 조약돌을 한웅큼 집어들고 나는 어렸을 때부터 익히 들어 알던 백두산 노래를 큰 소리로 불렀다.

"백두산 뻗어 내려 반도 삼천리 무궁화 이 강산에 역사 반만년 대대로 이어 사는 우리 삼천만 빛나도다 그 이름 대한이로세"

조선족의 우리말 신문·방송

1. 연변일보 4만부발행

필자가 안내인과 함께 연변일보사 건물에 도착했을 때는 퇴근 시간인 오후 5시 무렵이었다.

거기에는 엘리베이터를 설치한 공간이 덩그렇게 비어 있을 뿐 엘리베이터는 보이지 않았다. 안내인은 이 건물은 올해 완공한 것이고 승강기는 내년 초에 가서야 가설될 것이라고 설명하였다. 우리는 터덜터덜 10층까지 걸어가는 수밖에 없었다.

'요즘 우리 공사에서 애기 엄마들에게 리상적인 선물(접철식 애기차)

을 마련했어요. 체적이 작고 가벼우며 외관이 아름답고 설계가 합리하여 애기 엄마들에게나 애기들에게나 참 안성맞춤하지요. 전화 : 518-014 지점 : 삼꽃거리 17호.'

8월 12일자 연변일보 4면 하단에 난 유모차 광고 내용이다. 연변일보의 이날 1면 톱기사는 인민일보 11일자 사설을 한글로 번역 소개한 것이었다. 내용은 공직자 기강 확립에 관한 것. 1면에는 그밖에 동창회 기사와 우수 교원에 관한 것 그리고 사진 두 장이 실렸다. 2면에는 여자 모델 7명이 펼쳐 보이는 시체옷(유행옷)의 사진과 '의형제들'이라는 제목의 연재 소설이, 3면에는 안도현에 있는 상점과 기업의 사진 및 간략한 소개말이, 4면에는 시정의 화제거리와 생활정보 및 광고가 실렸다. 연변일보는 매일 4면을 발행하는데 순한글판 가로쓰기 신문이나 지질및 인쇄상태는 좋지 않았다. 발행부수는 4만부. 주정부 소식과 사진, 사건기사, 외신, 만화, 가십, 광고 등 다양한 기사를 싣고 있어 딱딱한 사회주의 신문일 것이라는 선입견을 말끔히 씻어 주었다.

2. 순한글 가로쓰기 사용

중국에는 우리말 신문이 많이 발행되고 있다. 길림성의 길림신문, 연길시의 연변일보, 흑룡강성 하얼빈의 흑룡강신문, 심양의 료녕신문, 그밖에도 중국조선족 소년보, 외국기사를 소개하는 종합참고, 방송전문 주간지 연변 라지오 텔레비전 신문 등이 있다. 그중에서도 가장 오래되고 많이 읽히는 신문이 연변일보이다. 1948년 4월 1일 창간된 이 신문은 52년 4월 24일부터는 신문 기사에 한자를 사용하지 않았으며 56년 3월 1일에는 제호까지 한글로 바꾸었다. 또한 56년 1월에는 가로쓰기를 단행했는데 다른 한글신문들도 뒤따라 한글전용에 가로쓰기를 채택한다. 58년 1월 1일부터는 주3회씩 한문판 연변일보도 같이 발행하기 시작했다. 62년 당시 수상 주은래가 연변을 방문한 자리에서 연변일보

조선문판은 더욱 잘 간행되어야 한다고 격려하는 등 중국정부의 관심도 크다. 사원 3백90명중 대졸 이상이 71.7%를 차지하고 있다. 연변일보를 비롯한 한글신문들은 신문을 통해 민족의 얼을 지키고 자부심을 갖게하며 미풍양속을 보존하게 하는 등 민족교육 및 단합에 커다란 역할을 하고 있다.

필자는 연변인민방송국 1급 아나운서인 김은숙씨의 안내로 연변인민방송국을 돌아볼 기회가 있었다. 방송국 건물은 낡은 편이었고 방송요원도 많지 않았으나 우리말 방송을 한다는 자부심과 열의는 대단했다. 방송기재는 일제와 화란제를 많이 사용하고 있었으나 텔레비전에는 한국에서 수억원 어치의 방송기재를 기증해서 효과적으로 사용하고 있었다. 김은숙씨의 남편은 텔레비전 방송 PD였다.

3. 연변 방송국 역사

부부방송인인 이들의 식사 초대로 그들의 층집(아파트)을 방문하여 즐거운 시간을 가졌다. 부부방송인인데도 중국의 전화사정이 좋지 않아 그들 집에는 아직 전화가 없었다. 나는 그들과의 대화를 통해 중국의 한국어방송에 대한 여러 가지를 소상히 알 수 있었다.

중국에는 라디오 4개, 텔레비전 1개가 한국어방송을 하고 있다. 라디오는 연변인민방송, 흑룡강성 인민방송, 중앙인민방송의 민족부, 북경 국제방송의 조선말 편집부 등이 있고 텔레비전은 한민족만이 운영하는 연변TV가 있다. 연변인민방송국은 48년 11월 1일에 설립되었다. 그러나 실지 방송은 이보다 앞서 일제 지배하에 있던 31년 4월 1일이었다. 49년 하반기에 들어서서 중앙방송국의 중요 프로그램을 제외하고는 완전히 조선어만을 사용해서 방송하였다. 56년 9월 1일에는 중국어 프로그램을 개설했는데 주파수를 따로 할당해서 우리말과 중국어를 번갈아 가며 방송했다. 65년 9월에 모택동은 훌륭한 방송국을 만들기 위해서는 전 중국인민과 전세계인민을 위해 봉사해야 한다면서 방송사업을 위한 특별교시를 했다. 연변인민방송은 현재 출력 1,000 Kw로 방송하고 있다.

4. 민족을 하나로 묶는 끈

연변TV방송은 73년에 설립되었다. 텔레비전 수상기는 80년에 1만대였던 것이 85년 36만대였다. 텔레비전 개국 초에는 조선족과 중국인이 함께 운영하다가 82년 이후에는 조선족 1백20여명이 독자적으로 운영해 나가고 있다. 연변주 전체로는 송신소까지 포함해서 1천 4백명의 직원이 연변TV를 위해 일하고 있다. 한국의 지방TV 방송시간이 전체의 8% 정도인데 비해 연변은 40%를 자체 제작 프로로 충당하고 있다. 방송시간은 평일 오후 6시30분~10시, 일요일은 이 시간대 외에 오전 8시~낮12시까지가 추가된다. 라디오와 TV뉴스는 한국과는 달리 모두 녹음으로 제작 방송하고 있었다. 뉴스 이외에도 다큐멘터리 드라마, 코미디, 어린이 프로 등 다양하며 일본 드라마 '오싱'을 더빙해서 연속방송으로 내보내기도 했다.

연변 조선족의 신문과 방송은 다 같이 한민족의 대화통로로 민족 동질성 유지와 우리의 전통문화 보존과 창달에 큰 몫을 하고 있고 이 언론매체들이 민족을 하나로 묶는 끈이 되고 있음을 흐뭇한 마음으로 확인할 수 있었다.

_1989년 무등일보 한달간 연재

아빠의 보물이야기

우리 가족 화보

할아버지 가족

조부모 원석섭·김종원

외조부모 고기현·민은선
(맨 좌측 고영희)

김원태·고영희 약혼(1975)

김원태·고영희 결혼(1975)

주례 김찬선 아나운서(1975)

신방과 동료 교수들(2001)

신방과 제자들 입학 30주년 모임(2018)

아나운서 동기 모임(2020)

김원태 연대박사와 3대(1988)

부녀 연대박사(2010)

헌정 보도사진전(2012)

고영희 고1때 MBC에서 생방송 '엄마 내 얘기좀 들어보세요'를 1년간 담당(1961)

외대 2학년(1968)

외대 3학년(1969)

일영 뱃놀이(1969)

외대방송CC(1967)

홍도(2001)

금강산(2005)

꽃을 준 남자(2008)

일본(2010)

서안 진시황능(2014)

푸른별 한옥펜션 잔디마당(2016)

베트남 하롱베이 키스바위 앞(2017)

함평 국화축제장에서(2017)

상생의 손(2019)

김원태·고영희 합동 칠순(2020)

평양 개선문(2005)

개성 박연폭포(2006)

백두산 천지(2007)

우즈베키스탄 사마르칸트(2006)

마이산 김성훈·전선식 부부와(2006)

캄보디아(2011)

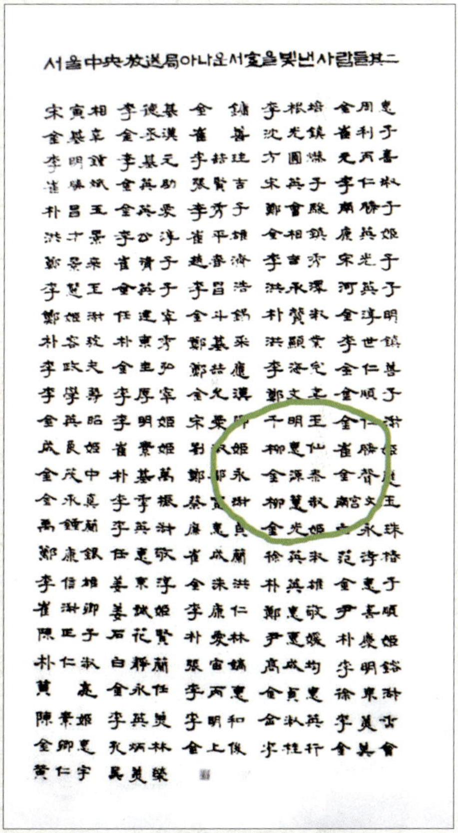

KBS 아나운서실을 빛낸 사람들 족자에
金源泰가 쓰여 있다

광주MBC에서 1997년부터 2년간 밤의 초대석 프로 진행

MBC 명사가요초대석에 출연 '바위섬'을 불러 최고상을 받다(1998)

큰딸 김지원·김정우 결혼(2006)

결혼2(2006)

결혼3(2006)

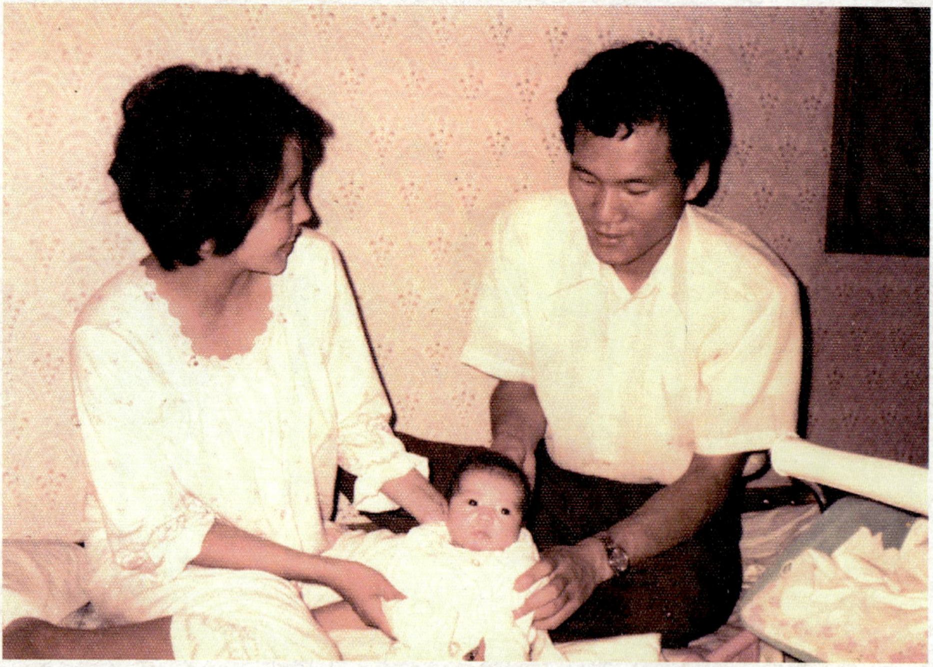

김지원 출생(1976)

김지원 유아시절1(1979)

김지원 유아시절2(1979)

김지원 전대 영문과 졸업(1999)

김지원 고전무용(2004)

김지원 결혼식 한복(2006)

세부 신혼여행1(2006)

신혼여행2(2006)

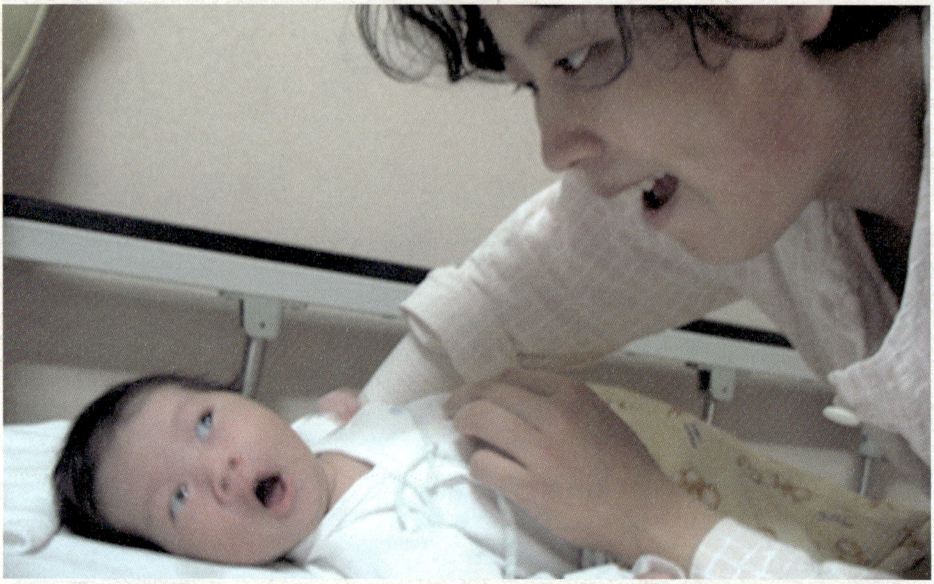

김희서와 김지원1(2007)

김희서와 김지원2(2007)

김희서 돌(2008)

김희서와 부모(2008)

김희서와 뽀로로(2010)

김희서와 김지원3(2010)

김지원 4인가족(2010)

김준서 돌(2011)

김준서 도령복(2013)

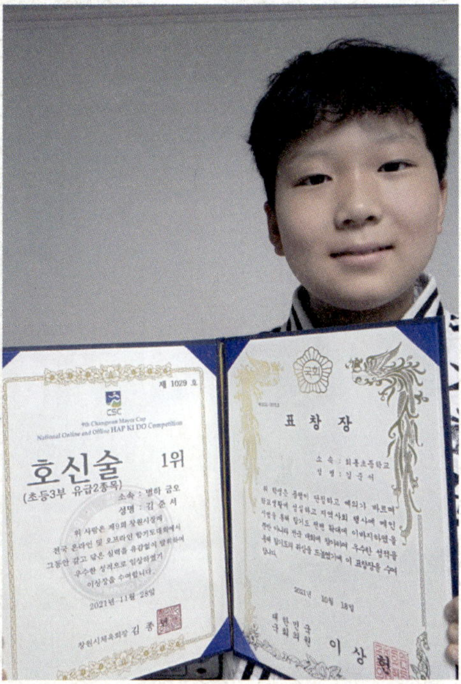

김준서 합기도 표창장(2021)

김희서 첼로(2019)

피아노 3중주(2021)

김정우 담임목사 취임(2021)

둘째딸 김문영·염명섭 결혼1(2016)

결혼2(2016)

김문영 전대 영문과 졸업(2001)

김문영 드럼(2009)

김문영 춤(2011)

아프리카 여행(2004)

노르웨이 신혼여행1(2016)

신혼여행2(2016)

염원 가족사진1(2017)

염원 가족사진2(2019)

염원 가족사진3(2021)

염원 돌(2018)

염원 유아1(2018)

염원 유아2(2018)

원이와 선율(2017)

염원 유아3(2020)

푸른별 한옥에서(폴란드 친구들, 2019)

김문영 가족(제주도, 2018)

헤비메탈 해머링 대표 염명섭(맨 우측)

해머링 공연모습(2019)

셋째 김연주·장석준 결혼1(2010)

결혼2(2010)

결혼3(2010)

김연주 부부 뽀뽀(2010)

하객 외가식구들(2010)

김연주 연대 석사 졸업(2003)

연대 독수리상 앞에서(2010)

김연주 연대 여성학 박사 졸업(2010)

신혼여행 북경1(2010)

신혼여행2(2010)

선율 백일, 조부모와 함께(2015)

장선율 돌1(2016)

장선율 돌2(2016)

장선율 돌3(2016)

장선율 돌4(2016)

장선율 발가락(2015)

장선율 천사의 미소(2017)

장선율 춤(2018)

장선율 어린이1(2021)

장선율 어린이2(2021)

장석준 특강(2019)

김연주 특강(2019)

아들 김도연·원윤경 결혼1(2019)

결혼2(2019)

결혼3(2019)

세 자매와 새신부(2019)

김도연백일(1986)

김은호백일(2020)

김도연 돌1(1987)

김도연 돌2(1987)

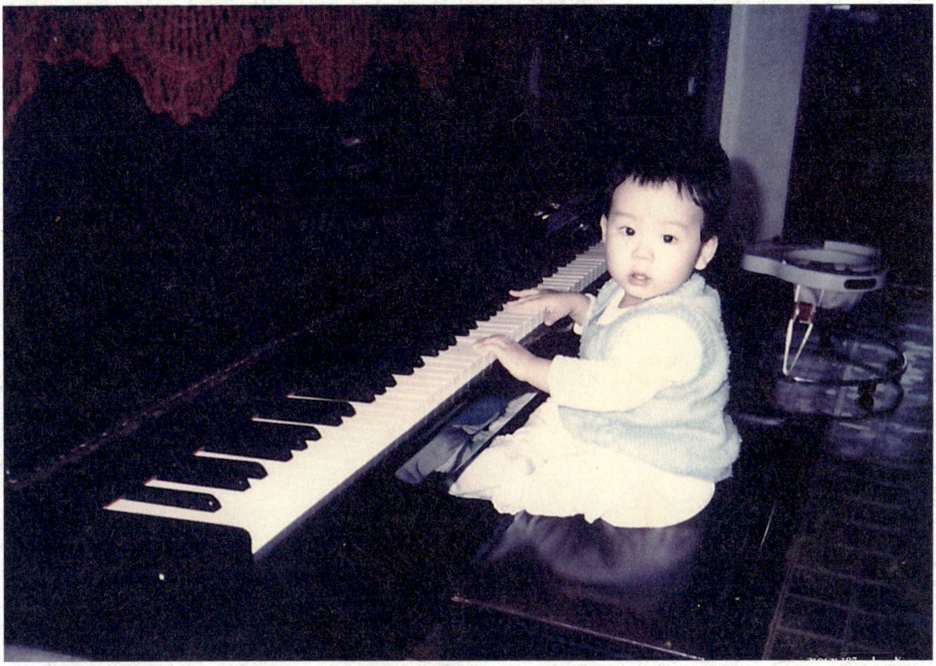

김도연 피아노(1988)

김은호 피아노(2021)

김도연 승마(1991)

김도연 유치원생(1993)

미국 디즈니랜드(1993)

미국 요세미티 폭포 앞에서(1993)

김도연 공군병사(2006)

자은도에서 만난 김수미와 함께(2008)

김도연밴드 노시그날 공연1(2009)

노시그날 공연2(2009)

고대 국문과 영문과 복수전공 졸업1(2011)

고대졸업2(2011)

고대졸업3(2011)

미국 신혼여행1(2019)

신혼여행2(2019)

김도연 콘민대표 한국경제TV 출연(2020)

김은호 돌1(2021)

김은호 돌2(2021)

김은호 돌3 외조부모님과 함께(2021)

장기 조기교육(2021)

김은호네 가족(2021)

김은호 웃음(2021)

보림사에서 조부모님과 함께(2021)

푸른별 한옥펜션 전경

푸른별 설경

푸른별 고드름

푸른별 석등

푸른별 정자앞

함평 주포한옥마을 석양

함평 돌머리해변 석양

김원태의 국전입선작 하르멍의 자장가(1978)

김문영·김연주 쌍둥이 돌1(1979)

쌍둥이 돌2(1979)

도연이네 가족1(1986)

도연이네 가족2(1986)

도연이네 가족3(1987)

도연이네 가족4(1999)

도연이네 가족5(2005)

도연이네 가족6(2007)

도연이네 가족7(2008)

4남매1(1988)

4남매2(1988)

4남매3(2005)

4남매4(2008)

우리가족들의 표정

푸른별한옥 모임(2020)

미국이모 내외와 함께(1993)

외갓집가족(1995)

한울림(전대교수 부부모임) 청산도에서(2007)

경기여고 100주년 기념식에서 5모녀상을 받다(민은선·고영수·고영자·고영화·고영희, 2008)

우리 가족 가계도

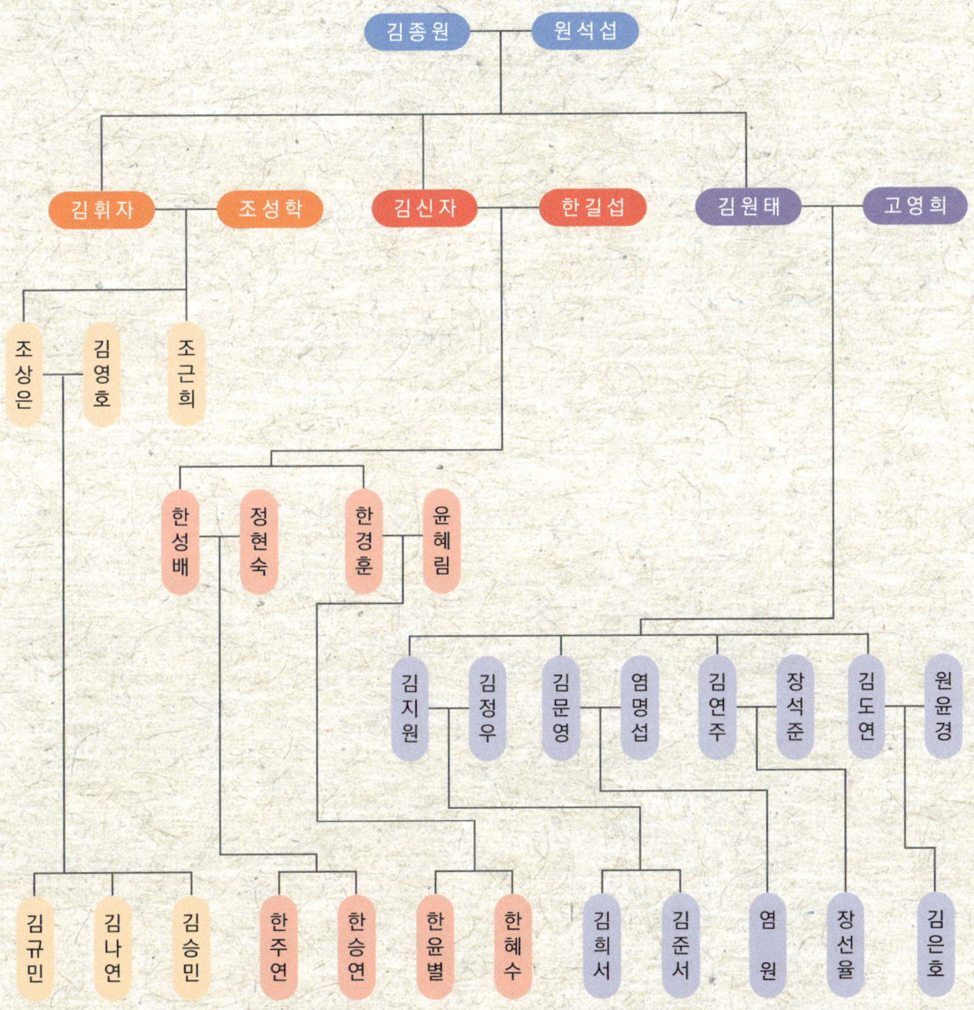
김종원
원석섭
김휘자
조성학
김신자
한길섭
김원태
고영희
조상은
김영호
조근희
한성배
정현숙
한경훈
윤혜림
김지원
김정우
김문영
염명섭
김연주
장석준
김도연
원윤경
김규민
김나연
김승민
한주연
한승연
한윤별
한혜수
김희서
김준서
염 원
장선율
김은호

우리 가족 자료

이름	생년월일	결혼
김원태	1947년 3월 26일생	1975년 11월 1일 결혼
고영희	1950년 4월 27일생	··
김지원	1976년 8월 4일생	2006년 6월 24일 결혼
김정우	1972년 4월 10일생	··
김희서	2007년 4월 16일생	
김준서	2010년 3월 7일생	
김문영	1978년 9월 17일생	2016년 4월 23일 결혼
염명섭	1977년 8월 9일생	··
염 원	2017년 3월 24일생	
김연주	1978년 9월 17일생	2010년 10월 2일 결혼
장석준	1971년 8월 4일생	··
장선율	2016년 1월 16일생	
김도연	1986년 1월 10일생	2019년 6월 22일 결혼
원윤경	1990년 2월 20일생	··
김은호	2020년 8월 15일생	

푸른별한옥펜션

홈페이지 https://kkwwtt.modoo.at

블로그 http://blog.naver.com/kb9101149